宗教文化译丛

印度佛教史

〔日〕马田行啟 著

宋立道 译

商务印书馆
创于1897 The Commercial Press

馬田行啟

印度佛教史

根据日本东京早稻田大学出版部 1917 年版译出

“宗教文化译丛”总序

遥想远古，文明伊始。散居在世界各地的初民，碍于山高水险，路途遥远，彼此很难了解。然而，天各一方的群落却各自发明了语言文字，发现了火的用途，使用了工具。他们在大自然留下了印记，逐渐建立了相对稳定的家庭、部落和族群。人们的劳作和交往所留下的符号，经过大浪淘沙般地筛选和积淀后，便形成了文化。

在纷纭复杂的文化形态中，有一种形态叫“宗教”。如果说哲学源于人的好奇心和疑问，那么宗教则以相信超自然力量的存在为前提。如果说哲学的功用是教人如何思维，训练的是人的理性认知能力，那么宗教则是教人怎样行为。即把从信仰而来的价值与礼法落实于生活，教人做“君子”，让社会有范序。信而后行，是宗教的一大特点。

宗教现象，极为普遍。亚非拉美，天涯海角，凡有人群的地方，大都离不开宗教生活。自远古及今，宗教虽有兴衰嬗变，但从未止息。宗教本身形式多样，如拜物图腾、万物有灵、通神巫术、多神信仰、主神膜拜、唯一神教，林林总总，构成了纷纭复杂、光怪陆离的宗教光谱。宗教有大有小，信众多者为大，信众寡者为小。宗教有区域性的，也有跨区域性的或世界性的。世界性宗教包括基督教、伊斯兰教、佛教等大教。还有的宗教，因为信众为单一民族，被视为民族性宗教，如犹太教、印度教、祆教、神道教等。宗教犹如一面硕大无朋的神圣之网，笼罩着全世界大大小小的民族和亿万信众，其影响既广泛又久远。

宗教的功能是满足人的宗教生活需要。阶级社会，人有差等，但无人不需精神安顿。而宗教之于酋长与族人、君主与臣民、贵族与平民、总统与公民，皆不分贵贱，一视同仁地慰藉其精神。有时，人不满足于生活的平淡无奇，需要一种仪式感，这时，宗教便当仁不让。个人需要内在的道德，家庭、社会、国家需要伦理和秩序，宗教虽然不能“包打天下”，却可以成为不可多得的选项。人心需要温暖，贫民需要救济，宗教常常能够雪中送炭，带给需要者慈爱和关怀，衣食或资金。人是社会的动物，宗教恰巧有团体生活，方便社交，有利于人们建立互信和友谊。

“太阳照好人，也照歹人。”宗教劝人积德行善，远离邪恶，但并非所有的“善男信女”都是仁人君子，歹徒恶人也不乏其例。宗教也不总是和平的使者。小到个人权斗、“人肉炸弹”，大到“9·11”空难，更大的还有“十字军东征”“三十年战争”“纳粹大屠杀”。凡此种种大小纷争、冲突、战争和屠戮，都有宗教如影随形。美国学者亨廷顿早在1993年就曾预言：未来的冲突将发生在几大宗教文明之间。姑且不说“文明”之间是否“应该”发生冲突，宗教冲突或与之相关的各种“事件”时有发生，却是一个不争的事实。

既然宗教极其既深且广的影响是事实存在，那么介绍和诠释宗教经典，阐释教义学说，研究宗教历史、宗教与政治、经济，以及宗教间的关系等理论和现实问题，就有了“充足的理由”和“必要”。

1873年，马克斯·缪勒出版了《宗教学导论》，其中首次使用了“宗教学”概念。从此，宗教研究成了一门学科，与文学、历史学、哲学、社会学、心理学、民族学等并驾齐驱。在宗教学内部，宗教哲学、宗教人类学、宗教社会学、宗教心理学等分支也随之出现，成就了泰勒、韦伯、蒂利希、詹姆斯、布伯、巴特、莫尔特曼、尼布尔、汉斯·昆等一大批宗教思想家。1964年，根据毛泽东主席批示的精神，中国社会科学院组建了世界宗教研究所。从此以后，宗教学和更广意义的宗教研究也渐次在社会主义中国生根、开花、结果，在学术界独树一帜，为世人所瞩目。

宗教经典的翻译、诠释与研究，自古有之，时盛时衰，绵延不绝。中国唐代的玄奘、义净，历经千辛万苦西行取经，而后毕生翻译佛典，成为佛教界的佳话；葛洪、寇谦之、陶弘景承续、改革道教，各成一时之盛；早期的犹太贤哲研讨《托拉》、编纂《塔木德》，开启了《圣经》之后的拉比犹太教；奥利金、德尔图良、奥古斯丁等教父，解经释经，对于厘定基督教教义，功莫大焉；斐洛、迈蒙尼德等犹太哲人诠释《圣经》，调和理性与信仰，增益了犹太教；托马斯·阿奎那、邓斯·司格脱、威廉·奥康等神学大师，建立并发展了宏大深邃的经院哲学，把基督教神学推到了顶峰。还须指出，传教士们，包括基督教教士和佛教高僧大德，致力于各自宗教的本土化，著书立说，融通异教，铺设了跨宗教和多元文化对话的桥梁。

学生的学习，学者的研究，都离不开书。而在某个特定的历史时期，外著移译，显得尤为必要和重要。试想，假如没有严复译的《天演论》《法意》，没有陈望道译的《共产党宣言》、傅雷译的法国小说、朱生豪译的莎士比亚诗歌与戏剧，等等，中国的思想文化界乃至政治、经济、社会等各个领域，是一个什么景象？假如没有贺麟、蓝公武、王太庆、苗力田、陈修斋、梁志学、何兆武等前辈学者翻译的西方哲学名著，中国的哲学界将是什么状态？假如没有宗教学以及犹太教、基督教、伊斯兰教、佛教等宗教经典或研究性著作的翻译出版，我们的宗教学研究会是何等模样？虽说“试想”，但实际上根本“无法设想”。无疑，中国自古以来不乏学问和智慧，但是中国向来缺少严格意义上的学科和学术方法论。现代以来中国分门别类的学科和学术研究是“西学东渐”的结果，而“西学东渐”是与外籍汉译分不开的。没有外籍的汉译，就没有现代中国的思想文化和学术。此论一点也不夸张。

众所周知，在出版界商务印书馆以出版学术著作著称，尤其以出版汉译名著闻名于世。远的不说，“文革”后上大学的文科学子，以及众多的人文社科爱好者，无不受益于商务印书馆的“汉译世界学术名著丛书”，我本人就是在这套丛书的滋养熏陶下走上学术之路的。

为了满足众多宗教研究者和爱好者的需要，商务印书馆在以前出版出过的“宗教文化译丛”的基础上进行了改版，并扩大了选题范围。此次出版的译丛涵盖了宗教研究的诸多领域，所选原作皆为各教经典或学术力作，译者多为行家里手，译作质量堪属上乘。

宗教文化，树大根深，名篇巨制，浩如烟海，非几十本译作可以穷尽。因此，我们在为商务印书馆刊行宗教文化译丛而欢欣鼓舞的同时，也期待该丛书秉持开放原则，逐渐将各大宗教和宗教学研究的经典、权威性论著尽收囊中，一者泽被学林，繁荣学术；二者惠及普通读者，引导大众正确认识宗教。能否如愿以偿？是所望焉。谨序。

傅有德

2019 年 9 月 22 日

目　录

第二篇 佛教分派的时代

第三篇 佛教发达的时代

第四篇 佛教衰颓的时代

前　言

因对于物质文明感到欠缺而瞩目于精神文明，对西方文明感觉不满而憧憬东方文明，这是近代以来吾人的一般倾向。由于此之心理倾向，人们的目光多关注东方文明的精华，于是注意到佛教。不过，此处所说之佛教，仅为泛泛一名。佛教内涵，甚为丰富。若论外延，亦颇广泛。佛教的思想纷纭而多有歧义，对于佛教能够具体了解且深入研究的，得其法者实在不多，不能不谓是某种憾事也。于此，本书著者所用的研究方法，乃是历史过程的探索法。因此，它首先要显明这是人所共知的佛教历史。先不谈印度的佛教史，近代以来吾等日本人所撰的与西洋人的相关著述，恐怕已经有几十种之多。大致说来，泰西佛教研究著作，详于原始佛教而疏于大乘佛教史之梳理。反之，我们日本人的著述，则精于大乘佛教的考察而疏于小乘系统。此殊为一大憾事矣。就印度佛教的研究而言，大体说来，精粗详略得宜的作品，甚为稀罕。

本书著者夙以研究印度佛教为志向。亦在早稻田大学多年讲授印度佛教史。平时颇为留意印度佛教的兴衰，以及大小乘佛教的发展与消长关系。因而其关注者，在从总体上对印度佛教作系统把握，也想对上面说到的缺陷作某种补充，并得到学术界有识者的纠正。再者，今天的印度佛教史研究可以说仍然处在资料的积累与搜集的阶段。因此，如果现在就要求内容充实、组织完备，到底是不可能的事。以是之故，著者也就只能企望逐步修改与充实，渐趋完备。眼下只能尽力而为，做力所能及的贡献。本书最初计划是在历史叙述中添加对于诸印度宗教和西洋思想的比较研究。但那样一来，就会增加很多篇幅，不得已只能放弃。又本书写作对象为普通读者，因之刻意达成简明平易。同时也考虑研究者的方便，着眼提出问题提供资料。

本书校对只能尽量著意，若仍有错讹遗漏，敬希读者见谅。他日再版，定当修正。此乞恕矣。

著者谨识

大正六年（1917 年）三月

绪　论

一、佛教研究的重要性

若比较东西文明特点，东洋文明体现为宏观、笼统及包容，反之西洋文明则微观而条分缕析。相应于此，东洋文明具概括性而非科学性，西洋文明则具系统及科学性。以是观之，自思想观念论，西洋思想之特征，在善恶、正邪、真妄、自他之二分对立，神人之间也是相互悬隔。反之，若论东洋思想，则往往舍一切分别，合神人之界为一。换言之，一以平等一如之眼光，混合过程与目标；一则用差别各异的眼光，对置目标与过程。姑勿论，上面说法为总体观察之视角，但也还是显示了东西文明的基本区别。虽然，吾人必须懂得，任何一种完整之文明，均包含了两个方面的特点。近世以来，就自然科学之发展而论，东洋文明一直处于劣势状态，因之，人们对于西洋文明皆因有慊欠感觉，转而期待东洋文明者，近来渐多。然若以为此乃当然现象，恐亦非公允之言。须知，对东洋研究的热望，也部分地成为世界学术倾向之一端。当此之时，受东洋思想之养育而成长者，不应仅仅任由西人拣选开发东方宝库，满足于袖手旁观。而当起而自立，主动向世界介绍自己的文化，目的在调和东西文明，缔造更大之文明体系。此既为我日本国的责任，亦是东西方共同的义务。诚能如是，佛教作为东方宝库之重要组成部分，已有近三千年之历史。研究佛教，乃为有志于推介东洋文明者不敢懈怠之本分也。

另外，若观察东洋各国历史，现今佛教在其国尚存者姑勿论。以往曾有佛教流行而佛教曾作重大贡献者，譬如吾之日本国，今若谓曾得佛教极大恩赐，此语实不为过矣。至若他国，若佛教亦曾流行过之南洋诸岛，以及波斯（伊朗）及小亚细亚而西至罗马、希腊、埃及等地，考其遗迹，则无论东西世界，均受益于佛教之文化影响。以是言之，若不了解佛教，东洋各国自不待说，就是西洋世界对于文明之整体认识，也都无从谈起。

不单如此，若论信奉佛教的人口，今日世界有四亿之众。佛教因之也是世界上最大之宗教。其传播的地域横跨东洋西洋，是最广泛之文化现象。更不必说佛教教义，深奥广大，种类其繁。世上其他宗教罕有能与之并列者矣。佛教是人类文明史上极为稀罕的宝藏。因之对它的研究，不但是把握过去文明史的必要，也是对今日文明认识的必须，就是对明天的世界的瞻望，亦为不可缺之立足点矣。

二、佛教研究的方法

研究佛教，大致有两种方法：一是对其组织结构的研究，一是对其历史的考察。所谓组织结构的研究，是对佛教作平面的空间的审视、梳理。若用佛教的用语来说，这是一种实相的研究。与之相对的历史研究法，则是对该宗教作立体的考察。以佛教的用语来说，就是研究缘起关系。当然此二种研究途径，互为表里，密不可分。必不至于但取其一而尽舍其二也。

所谓组织的研究中，从形式和内容的不同出发，也可以有经典的与教理的两个方面，这也可以称为能诠与所诠两个方面。比如说，前者会有对从《法华经》与《起信论》的研究。后者的研究，若关系到《法华经》就可能有对“一念三千”的和真如缘起观的研讨。如果详细的区分，关于佛典的研究，可以有对根本圣典的研究、对于某一佛教本典的研究、对本典的注释，以及对基于本典的论疏的研究，还有对依据本典产生的宗派的研究，以及对于释论的研究。具体而言，这些是对经典或宗派的研究。例如，从本典上看，有对《阿弥陀经》或者对《华严经》的研究，也有对《法华经》《俱舍论》的研究。又若研究教理的话，有着眼于总体的一般性的或者局部的个别的研究。这样的宗教学研究，若就总体研究言，有俱舍论哲学或者赖耶缘起理论研究等。若就局部研究言，则有十玄门或者净土教研究。

其次，有历史的研究。其包括两个方面：理论与史实。由此而衍生出教理史及历史研究。亦即是说，一是对于佛教中诸理论的发展及演变的研究，一是有关佛教在时间中的一般过程研究。若对此细加分别，教理史中还有对因果关系发展的探究，也有对佛教中同异关系的分化的探究。二者是比较研究的两个侧面。举例言之，若论根本佛教与发达佛教（部派佛教），又若对于龙树的教义或天台教义的研究。前者可以对照上座部和大众部来加以说明。后者亦可以对照华严教理或天台教义来加以说明。又若论关于佛教事实史的研究，可以关注直接的佛教制度即教团的历史的研究，也可以关注一般的社会现象来作背景考察。这也是一种文化史的背景考察。举例而言，前者可以考察佛教教团的消长，以及佛教的流布状况；后者则可能涉及佛教的美术史的研究，也会用佛教与各时代政治王朝的关系来加以说明。

还有，除上述历史的区分，亦可以作地理的区分。从地域上可以分出南方佛教、北传佛教、中国佛教等，或者也可能考察佛教经典成立的年代、佛典翻译史的年代等。

佛教研究中有如此之多的分门别类。若欲从总体上把握佛教，其组织的研究有待于历史的研究，前者以后者作为基础。历史研究则因组织研究的完成而得以充实。不过，因为这样的研究展开，范围会显得过于宽泛。在实际的研究活动中，孰为主、孰为从，又如何划定局部范围的大小，都需要斟酌。再就研究的顺序而言，若为历史研究，先达到的是一般的总体历史概况；其次，若为组织的研究，则可以得到各个细部的知识。例而言之，历史研究可以把唯识说的佛教史地位当成主题；以组织为研究目标，若要发掘出自古以来幽暗不明的那些局部，大概要以教理为关键来细作挑剔。总而言之，印度佛教历史的整理颇为困难。只是这种困难，有若披荆斩棘以登山揽月，一路所历困难虽多，所获得的快乐亦不会少。苦乐相当，大有得益焉。

三、佛教史大观

公元前六世纪中期，佛陀释迦牟尼出生于中印度，以其教说和卓然于世之人格力量，感化当时社会。佛陀教说高尚其义而所行贴近实际人生，满足了当时人们的渴求之心。乐于追随其出家修道的人不下数千百人。至于信奉其说在家为居士的更是不计其数。不过，释迦生前，佛教流行的地区主要在中印度恒河流域的各个国家。到公元前三世纪中叶，中印之摩揭陀国有阿育王（Aśoka）出世，其以武力征服诸国一统五天竺。使本来即有普世性质之佛教遍布印度，甚至越出国境向北进入喜马拉雅山中，远播中亚各地。向南则跨海而进入锡兰岛，向东又抵于缅甸；向西则达于希腊、埃及。佛教于是从一地方性宗教一跃而成为世界性大宗教。在南亚、东南亚发展出南方佛教，在北方经西域而入东亚，由中国而朝鲜、日本，发展成北方佛教（北传佛教），给亚洲各地的文明以巨大的文化影响。其次，二世纪前半期，以西北印度为中心之中亚，又有迦腻色迦（Kaniska）王在巴克特里亚（Baktria，贵霜）护持佛教，给已经东渐的佛教以巨大推动力，令其在南亚臻于隆盛，直接进入中国。再从那里进入蒙藏地区、朝鲜半岛以及日本列岛。与此同时向西发展的佛教，播及波斯及小亚细亚。因是之故，佛教渐次向四面八方传递，当时亚洲南至暹罗、安南、苏门答腊和爪哇及南洋群岛，北方则包括俄罗斯之远东部分，均有佛教的身影。近代以来，佛教也已经在西洋欧美得到不少人的信奉。

以上所说乃佛教传播的大势。若依教会史发展角度着眼，佛灭二百年中，佛教僧伽发生分裂，形成对立之上座部及大众部。再二百年中间，佛教部派已经发展至十八部或二十部。及至佛灭七八百年，大乘佛教渐兴，依龙树、提婆、无著及世亲之先后问世，发展出大乘的空宗及有宗。此时的佛教教团，已经有大乘及小乘的分别。大乘内部，龙树与提婆之系统讲实相论，无著与世亲之缘起论与之判然有别。大小乘佛教都流行于印度以外各国，也形成了种种特殊的佛教宗派。各宗派之间既有向上的共同承传，亦有相互间的不同主张。另一方面，若就教理史着眼，各国的佛教宗派，既有各异的教义及组织形式，因而也就呈现了百花烂漫的壮丽景象。再因为各地各国的信仰、崇拜、仪式和习俗的差异，佛教更是表现出千姿百态。

然而，若回过头来考察印度这个佛教摇篮，从内部来看，佛教理论有着烦琐化与通俗化两个进向。这一理论发展过程导致佛教丧失其宗教意义。从外部来看，由于婆罗门教在公元一世纪开始复兴，随后的繁荣也就挤压了佛教的生存空间，再加上异民族入侵印度，也直接间接地压制了佛教的生存。所有这些导致佛教在八世纪以后渐次走向衰颓，到十二世纪终于在印度的中心地带完全绝迹。

四、佛教的圣典

古来对佛教即有大小乘的基本二分法。近世欧洲学者将印度佛教分为南北二种传统。南北之分的标准是地理上的。以中印度为中心，其南面的锡兰、缅甸等被称为南方佛教或者南传佛教。相对于此，尼泊尔、中国西藏与汉地、朝鲜及日本的佛教称为北传佛教。而爪哇这样的地方，虽然地理上属于南方，但在古代，看其教理却属于北传佛教。大概言之，南方为小乘，北方为大乘或者大小乘都有。而若以所传之经典的书写语言来看，北方是梵语佛教，南方则为巴利语佛教。

从根本上讲，南方之佛教开始于阿育王时代的摩哂陀来锡兰传教，亦有须那迦（Sonaka）长老到缅甸开教。至于其当时在南方用何种语言传道，亦有种种说法。锡兰方面认为公元前 85 年摩哂陀传来之佛典首次写定，当是以摩揭陀语言写成；四世纪半则改写为僧伽罗语，下一世纪（即五世纪）来自中印度的觉音（Buddhagosa）长老再将所有三藏本文及注释转写为巴利语文。觉音还因此添加了他自己的注疏。这就是今天南传佛教仍然在使用的巴利文经典。

其次，考察北传佛教的经典，其来源之地域甚广，不像南方佛教那样单一。国别不同，三藏内容也有一定差异，语言区别更大。例如，相对于尼泊尔之梵语经典，在中国则有或梵语或巴利语的经典，还有中国人翻译出来的汉语经典。至若青藏高原上则有藏文的、蒙文的以及汉文的经典。而我们日本，古来使用的是汉文佛典，近世则陆续有和译的佛典问世。

以上诸种圣典中内容最为丰富的当然是汉语文的经典。汉译佛典差不多包括了全部印度来源的佛典，如果说它也包含了南传佛教的经典，也没有什么不对的。从价值上看，汉译佛典最为重要，藏译佛典其次。这里如果我们着眼于自梵典译出的汉语经典，可以发现多方面的价值。不过如果我们注意南传佛教的巴利文佛典，从其中所保存的原始阶段的内容与经典形式，都可以获得对佛陀时代的佛教形态的直接认识。与北传的佛典相比较，巴利文佛典没有那么多的神异色彩。就研究者言，学术与历史的价值是不言而喻的。举例而言，欧洲人研究早期北方佛教，其中的神话成分起初令他们非常惊异。仓促之间他们得到一个结论，佛教是太阳神崇拜的一种。与此相对，当他们认真研究了巴利文佛典以后，便发现佛陀是一个真实的历史人物。

再者，近代以来，因为西方佛教研究渐兴，确实有不少令人赞叹的成果。西人触及佛学研究不过百年，其硕果已经有多方呈现。

特别是对于南传佛教的研究以及经典的翻译，规模已经达到可以称为有西文佛藏的地步。西方对于佛教研究的热忱与认真的态度，是值得东洋人学习的。

五、印度佛教史的区分

印度的佛教史应该如何划分，史家意见纷纭。亦有人说根本不可能加以分期。虽然，若就教理的发展来观察，仍然可以将印度佛教发展分为大致四个时期。

第一期：佛教初兴之时代（公元前六世纪中至公元前三世纪中，约为三百年）。此期的起点是佛陀诞世，终点则为阿育王朝消灭。此期中间，佛灭以后，教团内生出波澜，由是有分派别立之萌芽。大体上佛教保持了根本的教义学说；也正在此期，佛教内外弘通传播，形成一时之兴隆。此为就教团之发展而言者。若论佛教教理之发展史，此期宜称为根本佛教或原始佛教。

第二期：分派的时代（公元前三世纪中至二世纪末，其间约四百年）。此期当阿育王朝之灭亡至迦腻色迦王朝终结之时。于此中期，前一阶段佛教分派别立形势渐趋明显；或谓因对佛陀教法及戒律生出取舍轻重的不同意见而各派自造论释、自组教理，以致僧伽分裂，各行其是。此即所谓教派之分立时代。若就教理来看，此期亦可以称为小乘发达的时代。

第三期：发展时代（公元二世纪至七世纪末，此期大约五百年）。历史标志是迦腻色迦王朝之末至于戒日王朝终结。此期当中，前有教理思想之进一步分歧，因而转向各教理系统之形成。先有龙树应世，致佛教以划时代的发展；后有提婆、无著及世亲等大乘论师陆续出世，教理发展繁荣而至于鼎盛。佛教僧伽总体上亦就分裂为大乘与小乘两个阵营。两方都在理论上下功夫，扩充领域，于是形成印度佛教之全盛时代。故而，自教理言之，此为大乘兴隆时代。然因考虑小乘亦有发展，故从整体上称为佛教发展的时代。

第四期：衰微时代（八世纪初至十二世纪末，此期约为五百年）。是为自戒日王后期至犀那王朝终结。此一其间大乘佛教在发展，婆罗门教也在复兴，被称为印度教的新婆罗门教渐次形成。教内部呈现了理论化和世俗化两个倾向。佛教因受入侵的异族压力，逐步离开中印度恒河流域而向边远地带发展。需要说明的是，即令这个时期末了，它在印度也未完全绝迹，主要在边远地带延续，直至进入近现代社会。但无论如何，十二世纪时的伊斯兰教大举而入南亚，也就剥夺了佛教的生命，故此处的第四期遂以十二世纪末作为下限。

六、参考书

说印度佛教的研究资料，自然先应言及南传及北传的佛教史料，然后才是古印度以来的建筑、雕刻以及后来的汉文、日文以及西洋的出版著述。其所涉及的内容既多，可称千头万绪。本书为简明实用，只介绍一般的经典及著作，且本书是论及并引用的材料一并列于此，无论其是否算是参考之书。

（一）汉文资料

《阿育王传》七卷，安法钦译。

《阿弥陀经》一卷，后秦鸠摩罗什译。

《佛遗教经》一卷，后秦鸠摩罗什译。

《异部宗轮论》一卷，唐玄奘译。

《有部毗奈耶杂事》五十卷，唐义净译。

《过去现在因果经》四卷，宋求那跋陀罗译。

《华严经》八十卷，唐实汉难罗译。

《解深密经》五卷，元魏菩提流支译。

《五分律》三十卷，宋佛陀什译。

《高僧传》十四卷，梁慧皎撰。

《高僧法显传》一卷，东晋法显撰。

《杂阿含经》五十卷，宋求那跋陀罗译。

《慈恩传》十卷，唐慧立撰。

《四谛经》一卷，后汉安世高译。

《十诵律》六十一卷，后秦弗若多罗译。

《四分律》六十卷，东晋佛陀耶舍译。

《善见律毗婆娑》十八卷，齐众贤译。

《箭喻经》一卷，失译人名。

《增一阿含经》五十一卷，东晋僧伽提婆译。

《大唐求法高僧传》二卷，唐义净撰。

《大唐西域记》十二卷，唐玄奘撰。

《大般涅槃经（小）》三卷，东晋法显译。

《大般涅槃经（大）》四十卷，北凉昙无谶译。

《提婆菩萨传》一卷，后秦鸠摩罗什译。

《大般若波罗蜜多经》六百卷，唐玄奘译。

《长阿含经》二十二卷，后秦佛陀耶舍译。

《中阿含经》六十卷，东晋僧伽提婆译。

《转法轮经》一卷，后汉安世高译。

《南海寄归内法传》四卷，义净撰。

《婆薮盘豆法师传》一卷，陈真谛译。

《付法藏因缘传》六卷，元魏吉迦夜译。

《佛祖统纪》五十四卷，宋志盘撰。

《佛祖历代通载》三十六卷，元念常撰。

《佛本行经集》六十卷，隋阇那崛多译。

《普曜经》八卷，西晋法护。

《摩诃僧祇律》四十卷，东晋佛陀跋陀罗译。

《无量寿经》二卷，曹魏康僧铠译。

《妙法莲华经》七卷，后秦鸠摩罗什译。

《马鸣菩萨传》一卷，后秦鸠摩罗什译。

《龙树菩萨传》一卷，后秦鸠摩罗什译。

《楞伽经》四卷，求那跋陀罗译。

《历代三宝记》十五卷，费长房撰。

（二）西文资料

Alabaster. *The Wheel of the Law.*

Anguttara-Nikaya. ed. By Morris & E. Hardy.

Beal. *Romantic Legend of Śakya Buddha.*

Bigandet. *The Life of Legend of Gaudama.*

Buddha Vamsa. ed. By Morris.

Burnouf. *Introduction à l'histoire du bouddhisme indien.*

Cullavaga. ed. By Oldenberg.

Canningham. *Mahabodhi.*

Canningham. *Archeological Survey of India.*

Canningham. *The Stûpa of Barhut.*

Canningham. *Archeological Survey of India.*

Barhmann. *Buddha.*

Davids. *Buddhist Suttas.*

Davids. *Buddhism.*

Davids. *Buddhism: Its History and Literature.*

Davids. *Dialogues of the Buddha.*

Davids. *The Questions of Milinda.*

Davids. *Lecture on the Origin and Growth of Religion as illustrated by some points in the history of Indian Buddhism.*

Davids（mrs）. *Buddhist Manual of Psychological Ethics.*

Dammapada. tr. By Max Müller.

Gigha-Nikaya. ed. By David and Carpenter.

Dîpavamsa. ed and tr. By Oldenberg.

Duft. *The Chronology of India.*

Eitel. *Buddhism.*

Fausböl. *Sutta-Nipâta.*

Feer. *Introduction du buddhisme dans le Kashmir.*

Fick. *Die Sociale Griederung im nordöstilichen Indien zu Buddhas zeit.*

Füller. *Monograph on Buddha Śakyamuni's Birth-Place in the Nepalese Tara.*

Griffithis. *The Paintings in the Buddhist Cave-temples of Ajanṭâ.*

Grünwedel. *Buddhist Art in India.*

Hardy（Spence）. *Eastern Monachism.*

Hardy（Spence）. *The Legends and Theories of the Buddhists.*

Hardy（Spence）. *König Aśoka.*

Jataka. ed. By Cowell.

Kern. *Der Buddhismus und seine Geschte in Indieon.*

Kern. *Manual of Indian Buddhism.*

Mahâvagga. tr. By Davids & Oldenberg.

Mahâvamsa. ed. & tr. By Turnour.

Mahâvastu. ed. By Senart.

Majjhima-Nikaya. ed. By Trenchner & Chalmers.

Minayeff. *Recherches sur le buddhisme.*（tr. By Pompignan.）

Oldenberg. *Buddha.*

Pischel. *Leben und Lehre des Buddha.*

Pleyte. *Die Buddha-Legende in den Skulpturen der Temples von Bôrôbudur.*

Râjataramgini. ed. By Stein.

Rapson. *Indian Coints.*

Rea. *South Indian Buddhist Antiquities.*

Rockhill. *Life of Buddha.*

Secred Books of the East. vol. X; XI; XIII; XIV; Xvii; XX; XXXV; XXXVI; XLIX.

Samyutta-Nikaya. ed. By Feer.

Schlagintweit. *Buddhism in Tibet.*

Smith. *Aśoka.*

Smith. *The Early History of India.*

Smith. *The Remains near Kasia.*

Speyer. *Jâtaka-mâlâ.*

Stein. *Khotan.*

Târanâtha. *Geschchete des Buddhismus in Indien.* (tr. By Schiefner.)

Vinaya-Pitaka. tr. By Davids & Oldenberg.

Walleser. *Die Philosophische Grundlage des Lteren Buddhimus.*

Wassiliyef. *Buddhimus.* (tr. By Schiefner.)

Warren. *Buddhism in Translation.*

Windisch. *Mâra und Buddha.*

（三）日文资料

『阿育王事迹』一卷，森、大村合编。

『印度宗教史考』一卷，姊崎正治著。

『印度哲学宗教史』一卷，高楠、木村合著。

『印度の佛教』一卷，荻原云来述。

『印度佛教史纲』一卷，境野哲著。

『印度佛教史』一卷，堀谦德著。

『解说西域记』一卷，舟桥水哉著。

『根本佛教』一卷，姊崎正治著。

『小乘佛教史论』一卷，舟桥水哉著。

『增订释迦牟尼传』一卷，井上哲次郎著。

『大乘佛教史论』一卷，前田慧云著。

『美术上の释迦』一卷，堀谦德著。

『佛教概论』一卷，高木俊一著。

『佛教学概论』一卷，斋藤唯信著。

『佛教小史』一卷，藤井宣正著。

『佛教全书』四卷，宗教研究会。

『佛教统一论』三卷，村上专精著。

『佛教の美术和历史』一卷，小野玄妙著。

『佛典结集』一卷，松本文三郎著。

第一篇

佛教兴隆的时代

第一章　佛教兴隆时的印度

第一节　社会组织

世间任何人文事业均不可能孤立地发生，其必然与当时社会有各种交涉。若论及佛教在印度的兴起，必然关系到其社会环境，受到那个时代的直接或者间接的影响。不过，社会形势对于佛教中的历史人物的影响，有外在及内在两个方面。因此，若讨论佛教的兴起，先应讨论外部的社会背景。这里需要注意者有三：一是为克服当时之社会组织的缺陷而宣扬平等一味之宗教；二是为打破宗教界的流弊而实行道德奖励；三是为统一思想界的纷乱而塑造之目标。

首先论第一点。印度、埃及、希腊与中国乃四大文明古国，是世界上最早文明秩序的建立者。公元前 2000 年即呈现文明之曙光，而早在五、六世纪，印度已经有高度发展的文明。最先创造印度文明的是雅利安人（Aryan）。这些人最早居住在中亚，营游牧生活，公元前三千纪即向印度次大陆迁徙。其越过兴都库什山脉，一部分往西南进入波斯，一部分往东南而进入五河流域（Panjab）。在五河流域的雅利安人创造了古老的吠陀文明。其后他们沿恒河往下游向东南移动，公元前一千纪时已经遍布恒河流域，抵达恒河河口。然后他们从恒河流域向南再移动。到公元前500年雅利安人已经离开德干高原，往南进入南印度沿海地区并渡海来到锡兰。如有人所说，印度两大史诗——《摩诃婆罗多》和《罗摩衍那》，即是讲述雅利安人在次大陆与更早的当地人争斗的历史。前一史诗叙述了雅利安人在到达恒河河口以前的战争，后者则讲述了抵达锡兰以前的战争。史诗以拟个人的形式来叙述整个民族的生存斗争。按说法，先有五河流域的梵人国（Brahmavarta），其次则有梵仙地（Brahmarsidesa）之定居，这是吠陀文明之初至整个吠陀时代的事。其次，在恒河流域之“中国”地带（Madyadesa）居住的时代。此一时期的社会掌权者是婆罗门种姓。因之此时代也已经有了婆罗门教。佛教兴起在此之后，便称作佛教时代。这中间的过渡期一直延伸至佛教初兴时，这就是诸派勃兴之时代。不同的学派不同的主张都在这个时期涌现出来。

印度民族以农牧为生业，其开拓丛林以成田园，在一片片田园之间建立村落或者城邑，城邑与村落便集成国家。各国以国王治之。同时，同一民族经历一定岁月便产生内部的分裂，形成不同的部族，各各拥立族长，互为他异，争斗不息。同一民族中间，有时也是你死我活，争斗相当频繁。到佛陀出世时（公元前五世纪初）印度社会已经形成了大小许多国家割据对峙的局面。即是说，在当时的中印度，恒河南岸有摩揭陀族（Magadha），以王舍城为都，其王有统一全印度之雄图。它的北面是憍萨罗族（Kosala）所居，都于舍卫城。两族（或两国）都是强国。此时的摩揭陀，东北有鸯伽（Anga），都城为瞻波。与其隔河而居之离车毗族（Licchavi）则都于吠舍离。其他族国尚有迦尸（Kasi）、婆蹉（Vaccha）、末罗（Malâ）等。他们都在憍萨罗国周边，然各居其地，互为自他。又佛陀所出生的释迦族，其国都在迦毗罗卫。其地在中印度之北端，南面是憍萨罗国。而至佛陀晚年，摩揭陀国经过各种谋略而终于攻陷了对岸的吠舍离城，憍萨罗也兼并了佛陀的故国释迦族的迦毗罗卫城。

印度民族敬神观念极其诚笃，因之对于祭祀仪式非常重视。当其原始时代，雅利安人的族长就是祭司。彼时之宗教与政治即未可分。以后在族内分化出来祭司阶层，后者是专门从事祭祀的僧伽。更进一步则社会中分化出不同的职业，士农工商等。此时之雅利安社会中，职业都是子承父业世代相继，于是形成了种姓。占据社会最上层的是僧伽，其次则是武士王侯，再次则是庶民即农工商等。最下层的则是贱民，他们是当初被征服的土著，只能从事最低贱的职业。至僧侣成为社会最高权力执掌者时，四种姓制度已经形成。所谓四种姓，指婆罗门（Brahmana）、刹帝利（Ksatriya）、吠舍（Vaisya）以及首先是作为异族被统治之首陀罗（Sûdra）。四种姓制度正式确立于吠陀晚期，此制度所依据的法律经典是《摩奴法典》。

种姓制度规定了婆罗门的特权地位，规定了婆罗门的宗教义务，也规定了他们个人生活的过程。例如，规定每个婆罗门在一生中应该遵循的四个时期生活。此之四期成为婆罗门的责任与义务。一是梵志期（Brahmacarin），指其少年时代的学习生活。从7岁至11岁男孩要随老师学习吠陀经典。经几年而学业成就，才可以回到家中。二是家居期（Gŗnastha），这是中年时做家主的时期，娶妻生儿育女尽其家长的责任义务。当然也要主持婆罗门之家的祭祀仪式。三是林居期（Vânaprastha），壮年时代他们被认为应该过出家的生活。已经尽完了家长的责任，便应该退入森林，修其苦行，禅定思维。四是游行期（Parivrâjaka），一旦进入老年，便应当四处游走。这是修行已经完成，得到自心清净的阶段。此时的游行者已经能够安心立命，无需定居一处，而要各处旅泊，静待死亡。而他在死前的这段生活方式被称作乞士（Bhikşu）或者离者（Samnyâsin）或者行者（Yati）等。所谓四期只是符合宗教理想的某种设置。实际上实行起来有很多困难。但如果真的能够身体力行，必能得到整个社会的最大尊重。当初释迦牟尼离家求道时，所以得到人们的尊重，便是因为符合这一文化传统。

婆罗门阶级规定了四种姓的制度，又自居为社会顶层。其所确立的四行期生活方式，具有很强的宗教色彩。相对于婆罗门，其他的三个种姓则处于次要的地位。尤其是其中的首陀罗种姓，其备受侮辱，被称作“卑贱者”“野人”，他们是社会中最为低贱的阶级。以上三种姓又被称为“再生族（Dvija，通过宗教修行可以再生到高等种姓者）”，最后的贱民种姓则是“一生族（Ekajati，劣等而无望上生者）”。后者不许赞诵吠陀经典，也不能享有与其他种姓同样的法律保护。但正是这个四种姓制度以后引起了刹帝利种姓的不满，要求分享婆罗门的特权。怀着权利争取的愿望，刹帝利种姓最易于展开社会批判，希望去除他们认为的社会流弊，建立新的社会，实现宗教及政治的平等权利。释迦牟尼和他所创造的佛教就有着这样的权利要求。佛陀认为人的价值并不在于其出生时的社会地位，关键是在此生的道德修行。佛陀主张，如果出家进入修行教团，这就否定了他原来的种姓出身，实现了教团内的人人平等。出家的沙门释子无论其原来是什么样的种姓、姓氏，现在只有他的道德修养与宗教成就（所证智）可以衡量其地位。在释迦的教团中，像优波离这样贱民出身的也可以称为持律第一，列于佛十大弟子中。又释迦说法，不看对象的身份与出身，无论贫富贵贱，无论僧俗性别，都可以来到他跟前问礼听法。他们的弟子中既有国王、大臣、长者、富豪，也有猎户、农夫，甚至有盗贼与淫女。因此，释迦之游化世间，社会上下欣然仰其德风，追随而承奉其教。

第二节　释迦时代的宗教界

如果用一句话来概括佛教初兴时的印度宗教大势，可以称之为这是形式主义的宗教时代。徒具形式的不仅是指婆罗门的祭祀仪式，也指所谓四行期关于苦行、思维等的形式规定，即从形式刻板中透露出来的保守与拘泥。从而可以说，这个时代的印度民族，其宗教虔诚以及婆罗门阶级的权力嚣张，也都带有形式主义的特点。

号称印度最古老文明的吠陀集续（*Veda-samhita*），其中汇集了当时的宗教赞诵、歌咏、祭文咒语等。若仅就此论，称印度文明始于祭祀之术亦不为过。吠陀集续分为四个部分：一是《梨俱吠陀》（*Rgi-veda*），亦称《诵赞明论》，为祭祀歌咏的汇集；二是《娑摩吠陀》（*Sama-veda*），亦称《歌咏明论》，为祭祀时的诵赞汇集；三是《夜柔吠陀》（*Yajur-veda*），亦称《祭祀明论》，为献祭牺牲时的祭文合集；四是《阿闼婆吠陀》（*Atharva-veda*），亦称《禳灾明论》，为各种咒语咒文的汇合。就本论而言，最为重要的是《梨俱吠陀》这部经典。

《梨俱吠陀》的内容形成于公元前二千纪至公元一千纪。其当初为许多仙人（Şŗi，诗仙，即吟诵史诗或赞诵者）的口头作品，内容上反映了多种思想，然自总体上看，属于自然崇拜而泛神多神的玄想。在这些诗歌中，自然万物中的天地、日月、风雨、黎明都被视为种种神灵（Deva，天神）而崇拜。天神们被称赞其形象何等美丽与庄严，其能力何等奇妙和不可思议。通过称叹天神希望取得的效果则是保佑其家族繁荣，招福引寿而除其灾难。对于神的玄思经过发展，最终达到宇宙的源头，最高的神是天中之天，再下一步则是某种抽象的神格存在。

其次是《阿闼婆吠陀》，这是一部当时流行的祭祀咒语的合集。思想主旨也是役使鬼神，得善神的欢心，不受恶神病鬼的侵害。总之祛除灾难而求福德。完全视其为迷信观念并不为过。不过若比较上面两个宗教圣诗的合集的思想内容，可以发现《梨俱吠陀》是乐观主义的赞诵立场；而《阿闼婆吠陀》则是出自悲观立场的祈求。又前者是非常专业的祭祀操作，而后者则非常通俗；前者反映了贵族与社会上层的信仰，后者则为民间的社会下层的表白。这样的对比，也在一定程度上表现了印度民族的两重宗教观：一是贵族的，亦是发达的婆罗门教；一是世俗的甚至鄙俗的，流行于民间的信仰习俗。晚近而形成的印度教则大量吸收了这种民间信仰。特别需要指出的是，从《阿闼婆吠陀》中已经流露了以后作为印度宗教思想特点之一的那些苦界观、厌世观。这是必须记住的。

除了上面所说的四种吠陀。吠陀经典还有它的附属文书，这也称作末书或者后书。亦即这些合集中间还插入一些针对《吠陀经》的祭仪内容的指导，即具体操作方法（仪轨）。这些东西又被称为梵书（*Brahmaṇa*），梵书尚不是全部吠陀经附属内容，另外还有一类称作梵书后分的东西（梵书本典），以及作为祭祀的理论说明而写进去的森林书（Ananyaka）。稍晚一些时候，又出现了对于森林书的思想加以发挥而得到的哲学冥想及解说，称作奥义书（Upaṇisad）。如是看来，显而易见的是：印度的思想起源于对神的冥想，印度的文明最初也源自人们的宗教祭祀活动。思想制度是随此活动的丰富而逐步发展起来的。仪式不断地向着细密和烦琐发展，最后陷入了形式主义，这是可以想见的。

另外若从他处观察，我们可以知道，婆罗门祭祀的神圣化过程走向繁复的同时，司祭者的地位也在不断提高。职务的神圣化有助于祭司利用民众中的敬神性（虔诚性）。由此而造成的僧权扩张，一面将祭祀、祈祷推向神化，而为操作者自己附上不可思议的神力；另一面则通过令仪式复杂化和烦琐化而增添神秘性，同时也更重视奉献的供养物，也使血祭牺牲显得更有必要，同时鼓励人们作布施供养。这种祭祀宗教导致了大规模地奉献土地牲畜、金银财宝的仪式活动。最为盛大的供养法会便是苏摩祭（Soma）。这些靡费钱财徒具形式的烦琐仪式而为佛陀出世时印度社会中的典型宗教活动。

另一方面，当时的社会中还有这么一类宗教修行者，他们被称作苦修士或者沙门乞士。这些人仅从进食来看，就有粗食、节食乃至绝食的，更有以粪便为食的；从穿着上看，这些人或着破弊布片，或披覆毛发，也有裸形露体的；他们有的栖于树上，有的卧于露地；还有的于水火中起卧，有的自己故意拔除须发，有的练习屏气，有的长时间单举一臂或者单立一腿，也有的长期只是蹲伏，种种自伤自残身体和折磨精神的修炼方法，难尽枚举，不一而足。然如寻思彼等如此严苛实行是等修炼的动机，无非是求得一定功德而冀日后能生于天界。又若视彼修禅定行冥思者，少有怀高远宗教理想，而唯是徒行模仿、拘泥形式而已，统治当时宗教界的，只是这样的风气与习俗。简言之，此之时代潮流所信奉者是祭祀万能，当时之婆罗门教敝陋至极。

亦因此形式主义之敝风，整个宗教界道德涣散沦丧，根本无人考虑梵书中的宗教观念，如其中的业因业果、轮回转世的思想。时人虽然深具罪恶观，但那是自种姓出生而来的罪恶，而非自作业自造罪，无视后天伦理实行的教训。社会依《摩奴法典》来衡量社会成员，其赏罚细则虽然明确，但却无助于增进社会道德。实际生活中婆罗门阶级唯以祭祀为重，道德行为只有次要意义，一切违伦背德之事均可以用钱财行仪式而得到赎买。尤其不义的是，依据《摩奴法典》，婆罗门生来高贵而纯洁，首陀罗天然下劣。如前所说，整个社会如果依据种姓差别之先天规定来维系，则完全无公平正义可言；行血祭牺牲的宗教无慈悲可言；当时宗教倡行的是无视道德责任的修行，苦行也罢，禅定也罢，均无助于社会的向善风气，即令消极的道德补救也无人实行。正是在这种境况之下，社会亟待一大宗教家出世，以打破形式主义和道德冷漠，倡导精神主义，扫除颓敝的风气，奖励淳良，救济贫弱，唤起时代新风。佛陀教化世间的行迹，正是这个时代所期待的革命。彼之生于刹帝利种姓之家，不受婆罗门阶级的特权束缚，否认祭祀主义之价值，不拘于苦行厌生，不沉溺于冥思玄想，不讲究赞诵法仪，而倡导慈悲与平等，奖掖道德实行。佛陀所希望的只是在“僧权独霸、仪式万能”之外寻求新的解脱之道，或者恢复宗教的真精神。

第三节　释迦时代的思想界

一、古典思想

代表印度最古老思想之《梨俱吠陀》，在其末期已经形成了高远而深邃之宗教观念。随时代之推移，逐渐不再满足于自然现象之赞诵以及出自远古神话的模糊的解释。由是将目光转向多少有哲学性的关注方面，思索自然现象的本体，以及人类和生命的开端等。其中有了世界之太源（太初本源）所成就的生主（Prajâpati）、造一切者（Viśvakarman）、神我（Purusa）等观念，又从其通过赞诵祈祷所欲支配的诸神中提出了祈祷之神，即是所谓的祈祷主（Brtahmaņaspati，Bŗhaspati）的观念。又以为人之死亡乃由天上的夜摩（Yama，阎罗）所主管，并让自己的祖先和诸神都居住在天上。这样似乎已经形成了当时印度的人生观及未来观。

其次，如果以梵书之祭祀仪轨来看，其中之哲学思考尚不多。而其在说明祭仪时不免涉及相关之思想观念。特别到吠陀后期，祈祷、赞歌和咒文中都使用了含义相对中性的观念，其之指涉联结到了梵（Brâhman）上面。将其看成人格化的梵天（Brahman）。此之梵天又被视为世界的太源之生主。又最可注意者，此时已经有绝对独立的存在者即自生之梵（Brahmaśvayambhu）的观念。

不仅如此，至奥义书出现，已经对于“存在”有相当高远深刻的思想。且不说日后其对于吠檀多（Vedânta）玄学的影响，就是当时和后世的其他一切印度思想与宗教，恐怕直接或间接地都可以看到奥义书观念的影子。大概言之，梵书中已经有祭仪和理论的结合，因为玄想，致使仪式也有烦琐发展。两者各自发展的结果，既造成吠陀祭仪的形式主义，也造成哲学思辨的玄秘化。宗教制度的形式主义与宗教观念的玄秘化并行不悖，自由思想的驰骋为梵书提供了丰富的内容。

依据古梵书，其中心思想主张是：作为宇宙灵性的梵与个人的灵魂之神我（Âtman），其字义虽然不同，但其本来一体。这是一种唯心一元论的说法。从哲学认识的本源上来考察世界本源、宇宙实在，可以得到两个原点：一是向外的对于宇宙现象的客观关注，追寻的是世界存在的本体；另一则是向内的探求自我的本性，对生命的根源作主观的思考。换言之，吠陀经时代，“梵”之一词，仅用于赞歌、祈祷、咒文中。到梵书出现，“梵”才成为了宇宙的太源；而“我”之一语，在吠陀经中尚只表明“气息”，而进到梵书中间，“我”则成为自我与神我、灵魂之本性矣。虽然梵与我是两个词语，但同时又都是宇宙的本体与本源，只是同一个本体存在的别名。依据梵我一如之绝对一元论，根本就是同一个存在者。回顾审视如是之由根本单一而向杂多现象辐射之世界观，其以宇宙为假有幻影（mâyâ），而以单一为本体，现象世界之所以从单一中生起，根本的原因在无明的扰动。无明即是不知道不明白梵我本来是一。因此众生才兴造其业，于生死海中轮回不能出离，所以才遭受无尽的苦恼。因此若欲得苦恼解除，必须修行瑜伽，亦即观行。观行可得舍离欲望（kâma）解缚于五种感官，从而达到“明”（Vidya）——知道、知识、了解、智慧。明便是知道梵我一如，“我即是梵”（aham-brahma-asmi）、“汝即是梵”（tat-tvam-asi）。这样一来，业因业果的链接便已经中断，众生便归于原来的寂静的梵界，得到了梵涅槃（Brahma-nirvana），从而成为牟尼（Muni，静默者）。

以上是梵书的中心思想。由于梵书哲学的发展，生出高远的深刻的哲学思想。伴随这一过程，也就产生了偏重自我知识趋向玄思万能的观念，但它也产生出忽视道德修行的倾向。与此同时，则因其关注虚无宇宙观而轻视了现实社会，形成了徒具高迈理想憧憬的思潮。然而本应补此缺憾的婆罗门教，如前所说，已经陷于形式主义，且僧侣权力嚣张，又忽视道德实践及修养。因是之故，社会亟待一宗教人物出世，以实现梵书中所谓的高远理想，且又不落空于世间的道德人伦。而释迦牟尼当此之时创教立说，并重智慧与德行，倡导禅定，厘定戒律，平等看待在家与出家、理想与现实、当下与未来。从另一角度来看，梵书中的思想对于后世有深远影响，不但佛教而且其他婆罗门系分派都得到它的思想营养。梵书中尊重智慧、重视自由玄想的倾向，后来也成为诸宗教派别勃兴的有力原因。舍此亦不能有后世印度各学派兴旺的局面。

二、诸宗教学的勃兴

自公元前七世纪至公元前八世纪顷，向后之数百年间，印度思想界勃然兴起诸多宗教与哲学，可谓盛况空前。早期佛教中曾列举的六师外道（Şaţ-tirthakarâh），就是从古以来就有的状况。后世的佛教典籍列举了各种宗派及其“异见解”，数目达六十二种之多。佛教中通常称为六十二见，有时也说九十五见。近代学者分析，认为这些异见都属于从吠陀思想体系中衍生出来六派正统学说及三支异流。不过，从佛教方面看，九十五见或六十二见只是为了破斥邪见而作的方便拣选。仅就思想之作为“见”(daŗśana)而言，其作为学派在当时已经存在或者正在形成。但因为只是佛教兴起以后所作的回顾，所以被一律当成佛陀当世的严整思想。然若究其实，仍然只能是前前后后出现的思潮。可以断言者：佛陀时代，社会思想庞杂，异说蜂起仅此而已。大概言之，吠陀末期出现的厌世情绪，因时日推移而有发展。人们日益强烈地感受到理想与现实的落差。厌世的同时也就生起解脱的要求。追求解脱使人们更加转向宗教的玄想。而奥义书中的自由思想倾向加强了这方面的努力。婆罗门四期生活的原则教导，又提供了现成的修道途径。当时的人们多往山林中寻找幽静环境。一方面在荒野中或见求道沙门，或见修炼诸种苦行百般自虐者，或见修静坐禅的行者；另一方面则有其他种姓尤其是刹帝利种姓的求道者出来。他们破斥婆罗门的说法，宣扬新的修行途径；甚至有妇女出来谈玄论道。这个时代玄谈之风盛行于世。刹帝利种姓中多有思想特异之人，出来倡行新说，其所依据的思想来源也主要在奥义书中。也因为如此，倡新说者的论调也多与婆罗门的教义相投。正是在这种切磋唱和中间，养成萌生出诸种教说。

如是诸教说勃兴，异论百出，势所必然。婆罗门系统方面有六种见解（Şad-darśana），亦中正统之六派哲学。它们的根本立场大致是统一的，但对于其他“外教”则都有所争论与驳难。其六师是：①以阇伊弥尼（Jamini）为开祖的弥曼差派（Mimâmsâ，亦称前思维派）。其主张声为常住，目的在拥护吠陀经典的神权地位。②乔达摩（Gotama）为始祖之尼夜耶派（Nyaya，正理派）。其依据自家所创的正理（因明逻辑）而驳斥声常住派的观点。③以巴陀伐耶那（Bâdavayâna）为始祖的吠檀多派（后思维派），其继承奥义书的基本思想，主张绝对一元论。④迦比罗（Kapila）所创立的数论派（Sâmkhya），其以心为实在神我并以自性（Prakrit）为物质世界的起源。因此它所主张的是二元论。⑤以迦那陀（Kâṇada）为开祖的胜论派（Vaisesika），其所主张的是机械的多元论。⑥以波檀迦尼（Patañjali）为始祖的瑜伽派（Yoga），其主张鲜明的有神论立场。细想起来，这些宗教学派都是以吠陀经典为思想养料而发展起来的。吠陀经、梵书、奥义书等古代圣典内容庞杂、中心思想模糊，语句又过分地简略，因此往往可作多种解释，因此留下了异见产生的空间。哪怕像后来的吠檀多哲学，虽然其基本立场是坚持唯心一元论的立场，以奥义书的中心思想即梵我合一为依据。但其实奥义书中在叙述梵我合一时也不是那么果断与明晰。

除了正统六派哲学，又有异流三派和六师异说。异流三派除佛教外尚有以下两派：①斫婆迦（Sârvaka）所创的顺世派（Lokâyaka）其主张极端之现实主义和物质享受。它算是全体印度思想界的对立面。②以伐陀摩那（Vadhamana）为开祖的耆那教。其教派主张是以道德实践为先，强调信徒严修苦行，他们被称为苦行外道。从根本上否认吠陀经典有任何权威性，也不承认四种姓制度有什么合理性；哲学上他们主张心物二元论。其谓凡有生命者皆实有其心，无生命者实有其质。有生命者受无生命物质之桎梏，便产生了苦。若欲解脱这种桎梏，唯有依于一切智，由此才能得到圆满成就（Nityasiddha）。由此观之其字句表述与佛教非常相似。但它力主自我的常住且为实在。这一点与佛教根本上相冲突。不过耆那教出现的时间稍早于佛教，所以它对于后起的佛教，因为立场对立，起初也有加以迫害的事。

其次，所谓六师外道如下。①富兰那·迦叶波（Pâraṇa Kasyapa）宣称诸法虚空无有生灭，亦无有善恶业报。②末塞羯梨·瞿舍离子（Maskâri Gośaliputra）宣称众生之苦与乐，皆无因而生，自然而有。③阿耆多翅舍·钦婆罗（Ajitakesa Kambala）宣称现世受苦，来世得乐。④迦罗鸠陀·迦多衍那（Karakuda Kâtyâyana）宣称众生皆自在天（Mahaśvara，摩醯首罗）所造。自在天喜即众生得乐，自在天若瞋，众生受苦恼；一切罪福皆大自在天所作，非人所为。即令犯罪而不惭愧则不堕恶道，犯罪而惭愧则堕恶道。总之，种种诡论，无有定见。⑤珊阇耶·毗罗胝（Samjaya Vairatti）宣称求道无益，求而未能得，过八万劫生死，苦罪自然得尽。譬如自高山上往下抛线团，线尽自然中止。说种种修道无用。⑥尼乾陀·若提子（Nirgrantha Jñâputra）谓但凡苦乐罪福皆依前世之因，即令修道，亦不可断。其否定极端之苦行主义。亦主修道无用论。属于因果拨无的一类邪见。另外，这里说的六师外道，时间上与佛教发生同时或稍前。流行于当时之恒河流域，在中印度各国都有。以是佛教产生以后，佛陀在宣教时力陈其所说非理。此中之①⑥两种观点，世尊评破最多。

如是说来，佛教兴隆之时，印度思想界之状况混乱驳杂，异说蜂起，令世间无所适从。此之时代亟待伟大思想家出世，以澄清混乱，统一思想，令世人有所归趋。换言之，举世所期待者，并非徒有高远理想，更要有可实行之途径。不可沉溺于迷信而玩弄烦琐理论，不能偏于苦行也不能耽于享乐。符合救此乱世中民众之思想家与宗教改革家，须要体得高远的出世理想，又要自身具备至上的人格力量。不偏于苦乐两边，而能够奉行中道，才可以担负起指导一世众生的责任。在这种时际世尊便是应运而生的改革者与实践家。其举杯明于迷悟的根源所在，又能宣说简明的教理，而其人格又具感召力，足以化导人间。因此，佛教出世从一开始就得人心之翕然归向，可以说是势之必然。

［本章末附言］

1. 本来想对印度佛教之前的社会历史状况和思想状况作更详尽的介绍，此方面的参考书其实也不少，然本书宗旨主要以佛教兴起以后的发展为重点。故于佛教诞生前的情况只能在此稍作交代，就此打住。

2. 有一种看法认为，耆那教之开祖伐陀摩那与六师之一的尼乾陀·若提子本来是同一个人。然据佛典中资料，互有抵牾者均有。如果确系一人，何故经典中会有不同说法？权且悬置，以俟后来者思考研讨。

第二章　佛教的兴隆

第一节　佛陀略传

一、出生与修道

释迦族属于憍萨罗族之一支，居住在中印度北端（今之尼泊尔南境），应属虽小而富足之国家。公元前六世纪顷，该国之迦毗罗城城主净饭王（Suddodana）以同族之拘利城（Koli）城主阿菟释迦（Anusâkya）王女摩耶（Maya）为夫人。时净饭王 50 余岁，夫人 45 岁。诞一王子，命名悉达多（Śiddartha 意为成就），是即后来的佛陀释迦牟尼。时为公元前 564 年之阳春四月初八的早晨。其诞生处在拘利城郊之清净地兰毗尼园（Lumbini）内无忧树花之下（关于佛之生灭纪年有种种说法，今以公元前 485 年为其人灭年）。

然佛的生母于生产后七天即逝。于是其妹即佛之姨母波阇波提（Prajapati）代行养育之责。悉达多王子 7 岁时（或谓 8 岁）开始学习文武。15 岁时行仪式立为太子。16 岁时（亦有 17 岁、19 岁、20 岁的说法）其迎娶拘利城主善觉王（Suprabuddha）之女耶输陀罗（Yaśodharâ）为妃，而后得一子名罗睺罗。

悉达多太子天性悲观而厌世，好耽于沉思默想。其父担忧，为其选择良友以劝慰其悲愁。又为顺应天候变化，而为其建立御寒避暑的三时殿。殿以金银珠宝加以装饰。又挑选能歌善舞之宫嫔之人以作侍候。彼时之乔答摩太子，出则肥马轻车以至郊外游玩，入则多设种种娱乐务使其开心。虽然如此尽心令其快乐，但适增加太子之悲观情绪。某时太子见人农耕，人马疲惫；又见鸟兽鱼虫相互残害，夺命伤生，感而叹之；又或见世间生老病死诸种苦恼，人皆不能脱贵贱贫富之恨，因感人生无常、苦恼良多；又或见宫嫔夜中睡相凌乱，因感浮世美丑，往往虚伪，莫足凭恃。如是为悲观厌世所淹，转求无苦常住之真实解脱，志趣于涅槃妙境。遂于29岁之年，遁出王宫，舍弃荣华，成为求道沙门（其出家年龄古来有19岁、20岁、24岁、29岁等说法，其中以19岁或29岁两种说法最为有力。比较南北二传，29岁更近真实，因取此说。另外，关于佛传中诸年代，参看《佛教史学》第三编上著者之详细考辨）。

由此思之，太子不满于人们对于世间事物的俗见，欲透过表面现象而观察人生真相。世间人虽然以名闻利养为快乐幸福。太子以为真正的幸福并不在此，名利世物都是靠不住的东西。故其父王为使其快乐而千方百计所设置的娱乐，不仅不能令他欢欣，倒足于使其更陷悲观。换言之，太子认为，人生不过生死病苦。哪怕幸福快乐虽在现世，但那恰恰是以后痛苦的原因。因此，令太子深为苦恼的，并非是继位为王、种族繁荣、王室昌盛等，而是深睹痛苦世间之后而洞悉的人生本质。了解到如是世间的荣辱、富贵、快乐，俱为无实无常，毕竟是苦。太子考虑的大问题乃是如何脱离悲苦世间，而入住于常乐安稳之理想世界。相比之下，生死的问题要远比一门一家的爱眷更大。为寻解脱生死，太子被推向了出家修行的道路。

悉达多太子于是半夜时分偷偷出城，投身荒野，成为求道的乞士沙门。在当时的中印度摩揭陀国，这是吠陀文化的中心地。民间有许多离家出走的学者婆罗门，也有修行谋道的刹帝利。所有这些人在旷野中聚学，寻求出离生死的道理。城外修行者中有一位非常有名的苦行修士，名叫跋伽婆（Bhagava）。太子来到他跟前，听他的说教，看他的修行。但对其所许诺的死后升天的说法，仍然觉得不能满足。遂于某夜离他而去。太子其次跟随学习的老师是阿罗逻·迦兰摩（Arala Kalâma）和郁陀迦·罗摩子（Udraka Râmaputra）两位学者。此二人的见识比上一位跋伽婆要高明得多。他们都提倡禅定作为解脱法，前一位的禅定法可以达到无所有处（Âkiñavyatana）寂静，来世可住无想地。后一位的修法称为非想非非想处定（Naivasamjñâsamjñâyatana）。谓若修得此定，来世可以生在非想非非想处，那是最高的解脱之境。大概而言，当时的荒野修行者们所企望的也就只是通过禅定而达的停止思想的宁静。然而悉达多太子对这些老师和他们的宗教解脱境界都不满意。他认为这些仍然没有达到究竟解脱，仍然陷在生死法中。

如是言之，悉达多太子参访了当时的著名学者和修行者，寻问了所有可能的解脱之道，但始终没有得到满意的答案。最后决定自辟蹊径，自证出离的方法。他来到恒河的支流尼连禅（Nairanjana）河边，走入优娄频多（Ululva）苦修林中。认真地进行断食绝眠的修行，日夜探求解脱的方法。经过六年的苦行，他已经身体羸弱、皮仅附骨，某一天虚弱至极而昏厥倒地。即令如此，太子仍然没有获得真道。在终于领悟到这样的修行只是徒然消耗身体与精神之后，太子毅然放弃了苦修。他在尼连禅河中沐浴，洗去尘垢，并接受他人供养的乳糜。稍事恢复，再来到伽耶（Gaya），在一棵毕波罗树下（Pippala）端坐于一块大石头上，立下誓愿：若不得正觉，不起此座。凭此金刚不坏的大决心，更求解脱真法。因为佛在此作最后的证悟努力，伽耶以后被称为菩提伽耶——觉悟之伽耶，而毕波罗树便称为菩提树。

太子于此坚固的禅定中，终于一扫前前后后涌出的杂念与疑惑。他灭除了一切欲望与邪念，生出了清明的智慧。他以此智慧观察世间实相，知道了生死苦恼的产生完全是无明（Avidyâ）所致。以无明故生于我想，由我想生出诸种烦恼（Kleśa），因烦恼而造下善恶之业；业之聚集感招未来苦果，所以众生才沉沦于生死苦海。觉悟此理，也就知道了应该消灭无明我想，断业而除烦恼，因而不受作业带来的苦报。离苦而得解脱，达于涅槃的境界。这就是所谓的成等正觉。到这地步，求道沙门成无上觉悟，便是成佛，亦称为佛陀。亦即是对他而言，真理已经显现了如来（Taghâgata）面目。佛陀证道之时，据说是35岁（或曰30岁），是日为二月初八（亦有他说）。清晨旭日初升，东方云破，世界沉浸在无边的光明中。

二、成道以后

佛陀不欲一个人独自享受解脱之法。他愿以此妙法普惠人间，好让众生也都悉入涅槃妙境。佛陀先在古来的圣境波罗奈斯（Vârânasi，今为Beranes）城外的鹿野苑（Mŗgadava）第一次宣说他发现的真理。接受他的教化的是他在修行之初结识的憍陈如（Kaundinya）等五位比丘。这就是后来所说的初次转法轮（Dharmacakra Pravatana）。自此以后，佛陀于他宣说之教已经具足佛法僧三宝，成立了他的正法王国。佛教僧团成为拯救世界的基础。从此，佛陀所到之处，其广开甘露之门，转微妙法轮。他在尼连禅河边上教化了事火外道，得到五千弟子追随。其中为首的便是姓迦叶的两位婆罗门兄弟——优娄频罗（Ululva），其他还有那提（Nadia）以及伽耶（Gayâ）。他们都在自己改宗时带来了原本追随自己的数千弟子。早期的佛教僧团由是势力大增。佛陀又教化了当时的国王，比如频毗沙罗（Binvisara），后者为僧伽在王舍城外施建了竹林精舍（Veṇuvara-vihâra）。当其时又有舍利弗（Śariputra）、目犍连（Maudgalyâna）、大迦叶（Mahakaśyapa）等三大婆罗门，携其弟子二百五十人改教来归。一时教团内外，气象一新，基础强固。

之后佛陀曾往其故国传道，归省家乡迦毗罗卫城。他的父亲净饭王带领一批大臣、儿子罗睺罗、异母弟难陀（Nanda）、堂弟阿难（Ananda），还有提婆达多（Devadatta）、阿冕娄陀（Anuruddha）一应王家子弟都皈依了佛教。加入僧伽的还有贱民出身的优波离等人。佛陀又往憍萨罗国的都城舍卫城弘化，在那里教化了波斯匿王（Prasenajit）、大富商须达多（Sudatta）以及他的妻子毗舍佉（Viśyâkhâ）等人。须达多奉献了有名的祇园精舍（Jetavana-vihara），而毗舍佉奉献出东园之鹿子母堂（Mṛgâra-mutâh-prâsâda）。佛陀又往王舍城对岸之吠舍离城住锡，于城外之大林（Mahâvana）之中得施其地以建重阁讲堂（Kūtagâla-sâla），又在西方憍赏弥城（Kosambi）得人施舍而建瞿史罗园（Ghoşirâma）。

佛成道五年后其父王薨。其姨母波阇波提及妻耶输陀罗等释迦族女子俱出家。起先出家的只有男性，后来也有了女性，称比丘尼。而在家的佛教徒则男性称为优婆塞（Upâsaka，近善男），女性称为优婆夷（Upâsika，近善女）。

如此，佛陀在从成道至入灭的四十五年中，以摩揭陀和憍萨罗两国为一南一北的弘道中心，往复游行，在中印度传教。佛陀以巧妙的譬喻广征博引，说意味深远的因缘故事；其不择僧俗贤愚，不嫌贫富贵贱，也不问男女老壮，各各应机教化。佛陀有极高之人格魅力，其感伏八方，闻其说法者无不动容感佩，以是佛陀所往，人皆得其安慰得其促进。又佛陀常住之精舍园林，聚集以听其教诲者常过千数，佛陀在世时教团就已经相当发展了。

佛之多数弟子中，最有名的是十大弟子，其中有智慧第一之舍利弗、神通第一之目犍连、修定第一之大迦叶、论议第一之迦旃延（Kasyapa）（以上皆为婆罗门出身），又有多闻第一之阿难、天眼第一之阿㝹娄陀、密行第一之罗睺罗（以上皆为刹帝利出身），解空第一之须菩提（Subhūti）、辩才第一之富楼那（Pūrna）（以上皆为吠舍出身），又有持律第一之优波罗（首陀罗出身）；其重要之弟子尚有三迦叶、难陀、憍陈如、阿湿缚恃（Aśvajit）等诸长老（Therâ）。又优婆塞中之有名者，有摩揭陀国王频毗娑罗及阿阇世（Ajataśatra）、憍萨罗国王波斯匿，以及频娑王的御医耆婆（Jivaka）、舍卫城的大富商须达等；而优婆夷中，有名的有频娑王的夫人韦希提（Vaidehi）、波斯匿王的夫人末利以及女儿胜鬘（Śrimâla）、达多之妻善生（Sujatâ）、舍卫城富豪之妻毗舍怯、吠舍离城之淫女菴摩罗（Amarapahi）等。是诸信徒或施舍林园精舍于僧团，或供养衣食及日常所需。据传当时僧团每日所需即达百车以上。

然而教团扩张，所化区域渐大，内部不免有所分歧，自外部也有嫉妒迫害中伤。佛弟子之间并不能时时保证遵循佛陀训诫。僧团中也不免混有心怀不善、品行紊乱、为无德之事的长老，以致佛陀也不能时时顾及；外道攻击佛教，往往以妇人也来闻法以作流言，以中伤佛陀人格；亦有煽动俗众，扰乱僧团者；亦有以暴力相侵伤害佛弟子者。尤为突出者是教唆阿阇世王以囚禁其父王，甚至屡屡蓄意谋害佛陀的；不法的僧伽成员，也有蛊惑僧众，企图另组僧团的。然此等来自内部的违害，通常为时不长；而来自外部的中伤，均以佛陀品德光明磊落而未能得逞。

至于佛陀之游行教化区域，东起自瞻波（Campâ），西迄憍赏弥、摩偷罗（Mathūrâ），南起摩揭陀国境，而北至迦毗罗卫国。其范围大小若日本之本州地方。在此区域以内最大的教学中心则在竹林精舍及祇园精舍。较小的说法处则更多。又王舍城外之灵鹫山（Gṛdhragūta）以温泉林（Tapodarâma）、吠舍离城外弥猴河畔则有牛角一地，又拘尸那罗城外有娑罗双林处，迦毗罗卫城外有尼俱卢陀林（Nyagrodha）等说法处。佛之栖止山冈林园还有多处。

由是，佛在成道以后第四十五年的夏天，因在吠舍离城外竹林村（Beluvana）夏安居后入灭。佛在此前不久自知即将入灭并向弟子作预告。然后其向北方游行，走向拘尸那罗城方向，沿途教诫弟子信众。在熙连若跋提河（Hiranyavati）畔进入娑罗林中。在这里最后教诫一位叫须跋陀罗（Śubhadra）的和一位叫老婆罗门的，佛陀接受他们作弟子。然后向随行的全体作最后训诫。于夜半时分入寂，进入了大涅槃。是时为公元前485年的2月15日。

佛的寿数为 80 岁。

佛之遗骸受到了拘尸那罗城的末罗族的无上礼敬。葬礼也在这里举行，遗体奉安于城外之天冠寺（Makuta-bhadana-caitya）。在举行毗荼（Jhapeta）之后，佛骨舍利为来自摩揭陀、迦毗罗卫等八个地方的信众分奉，各各回国起造佛塔奉祀。这就是佛教中的佛塔崇拜和舍利崇拜的开端。

关于佛灭的年代，古来有五十多种说法。其中确实有凭据而为今天仍然认可的仅有几种。这几种是史家可以考据以证明的。它们是众圣点记说、《善见律毗婆沙》（又称《善见律》）之证、锡兰史记及传说、希腊的史料。

众圣点记说认为，唐之开元十八年为佛灭后的 1216 年。传按《善见律》的说法，阿育王在佛灭后 218 年即位。又摩哂陀在锡兰开教在佛灭后第 236 年。而锡兰的传说和史记都谓佛灭在公元前 543 年。而且阿育王登基上距其祖父之即位有五十六年。希腊史料则谓旃陀罗笈多王即位元年是公元纪年的 326—312 年。把以上的材料放到一起考虑再推定佛灭年代，暂时不考虑在这些基本材料之外是否有可能还有其他信息来源。

以上种种佛灭的年代，唯众圣点记说最是简明。其所厘定公元前 485 年的说法较适当。以此作根据，可以对照律藏本文，符合优波离以来所传的说法，而且每年作一点记的做法也不太可能出错。而若与其他方面来源的材料比对，至少它是最不可能出错的一种，因此不得不承认这是最为合理的推定。其次，依据传说及史料，佛灭年代是倒着逆推上去的，得到 543 年。这也算是一种简便可靠的办法。便若是以之对照旃陀罗笈多王的即位年代，则恐怕不得不说缺少绝对之确实性。即是说，若以锡兰王统之起点与佛灭在同一年，则实际上发生了六十年左右的差距。还有，《善见律毗婆沙》之说法、锡兰传说与希腊史料都不是各自独立的东西，可以对照比较而相互补充，然后得出佛灭的年代推定。然而，此中希腊史料理当可靠，但又有几十年的时间对不上，所以才导致史家多方解释而成为种种异说。我们今天所见的佛灭年代的说法分歧，若究其实，都是从这里来的。今若自《善见律》和锡兰史来推算旃陀罗笈多王之即位年代，乃在佛灭后 218 年（即阿育王即位之年）前面的五十六年。是年应即佛灭后 162 年。若再用众圣点记中得到的佛灭纪年来作比较，则旃陀罗笈多王即位时是公元前 323 年。这恰好与史密斯氏与弗利特氏据希腊史料所推定的年代相近。再者，今日之吾人，遽难断定希腊史料之准确优劣。以是，吾姑且依从上面的说法，定旃陀罗笈多王即位之年为公元前 323 年，再依据它来推定佛灭之年为公元前 485 年。再说，此之年代，也可以得到锡兰之《岛史》及《大史》之补证。依前二史书，阿育王即位在公元前 264 年，与上说的差距不过两年。以是足可言偶然之巧合已有近乎真实的一面吧。

第二节　佛陀的教法

一、序说

佛陀在四十五年间说法教人，为使一世间众生出离生死苦恼大海，以达于常住安乐之涅槃境界。换言之，佛陀布教，在令世人转迷为悟。以其目的平实，故绝无炫耀高远的道理之必要。如果把佛陀的教法看作精致之哲学体系，恐不免有失堕之危险。佛陀的教法弘传与其视为哲学宣讲，莫若将其视为佛陀人格的感召。但佛陀弘教说法，并不单单是宣扬对某物某人的崇拜，而是从无神论立场出发，宣讲某种依据自身理性而可以实践修行的宗教。其过程是转迷，其目的是成悟，也就是达到涅槃胜境。这是一种智慧与实践并重的教义。因此，佛陀立教的本旨并不像其他的一些情感宗教，仅仅要求信众虔诚信仰皈依，无有理性主义的成分。佛陀的教训中，自然已经包含有哲学的道理，就此而论，佛法是理性宗教而非情感宗教。若寻其原委，则因为佛教本来产生于重视思辨且偏重智慧的印度。一方面佛陀出世就是为了一扫当时笼罩印土的混乱思想，为统一精神而寻求目标。因此，佛教的使命就来自以灵魂发展为目标的传统，也因为这一传统的自然发展，哪怕在佛灭以后，佛教僧团中仍然有人致力于理论组织与体系化，令佛教向着理性的方向前进。

然后，佛陀所宣说的是怎样的教法呢？实在说来，这是自古以来佛教就面对的大问题，也是它的大困难。佛灭后大小乘佛教的论师们也都是为解决这个问题而努力。他们千方百计地用自己的理解来呈现这个问题。例如，有关说法宣教的形式，有一种说法认为，释迦牟尼自从成道而至入寂，其所宣说者只是同一个内容同一个道理的反复申说；也有的说佛陀说法宣教有一个由浅入深不断演进的过程。而这后一种说法，对于顺序性又有不同的解释。而如果讨论佛所说法的内容，更是众说纷纭、莫衷一是，不知如何才能加以统一。话虽如此，据现代以来的佛教历史研究，总结佛的教法大概，可以得出其根本的教理，它就是四正谛；而其关于实践修行的教导，便得到了三学体系。虽然，从根本上看，四种圣谛也是包含在三学体系中的。因此我们可以说，要言之，佛陀之教就是四正谛之理。依此道理，其他任何道理也都服务于对四谛的说明。它们或以四谛作为基础，抽引其中的某个部分加以发挥。除了时间上有先有后，所说的内容与宣说的方式不同，但所关注的始终是听法者的接受程度。对机说法的提倡，正好显示了佛教之教人度人的实际目的。

无论如何，所谓四谛之论，最初只是佛陀在菩提树下实修体证的成果，为了有利于后来者以简明扼要的恰当组织。此中的道理佛陀自己当初在鹿野苑初转法轮时曾宣示于人，以后以随其在不同的时机与地宜而几度加以广略不同的发挥，所谓正说反说、一说再说。如果从佛教全体的教理来看，可以知道四正谛确实是根本的教义基础。即是说，佛教的道理无论有几多分衍，但如果从整体上加以总结，无非是两个方面：其一是宗教上的因果论，其二是哲学上的宇宙论。两种理论并不是相互间没有关系的各自论域，而只是同一问题的两个方面。取决于从哪个角度来审视问题。此外，若论因果之说，亦可以有二：一是弄清生起迷妄苦界的因果，称作迷界生起论；另一是还灭迷妄，弄清如何达到常寂安稳的悟界，找出开悟的原因，这是离苦得乐，是为悟界生起论。相应地宇宙论也可以分为两种：一是横向地从空间上看宇宙万有的实相，称为实相论。另一则是纵向地即从时间之流中去观察缘起，此称为缘起论。简约地说，可以知道，有两种因果论以及缘起–实相的两种观法。佛教的教法无论如何广泛，分支无论如何细密，都不会离开这二种观法与论法之任一。正是基于这个基础，佛法有大小乘，有圣净二门、显密二门、教禅二门。所有这些法门都在这个二分的体系中。不在此必居于彼，势无例外。而在佛陀的说法过程中，针对此二根本问题加以比较与抉择，进行最贴切宣示的正是四谛之论。四谛者，前面的苦集二谛揭示迷界生起的因果，然后灭道二谛又揭示悟界的生起因果。又苦灭二谛即是实相论，而集道二谛则是缘起论。这样分开来讲，是说四谛之理不单是佛陀的根本教义，也是全体佛教的根本教义。恰当的例子就是大乘佛教至极的经典《法华经》，其中便以四谛法轮作为无始久远本佛的说法：

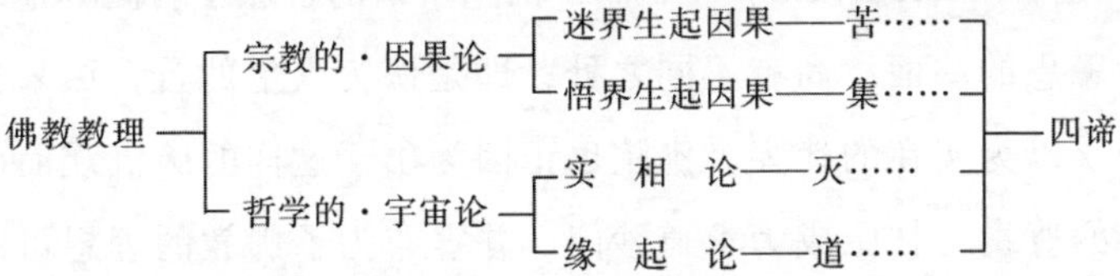

二、四圣谛

四圣谛（Catuari-arya-satyâm）亦称为四真谛，略称为四谛。谛者，真实不虚之义。四谛又可以译为四种真理或真相。第一是苦谛（Dukha-satya），谓现实世间中，无论有情与无情悉以苦状为真相或实际。说起来，这是一种厌世的世界观和人生观，而这种厌世的情绪来源于无常的看法。照佛陀的说法，此世间以生老病死之四大苦为开端，爱者别离（Priya-viprayoga）、怨者憎会（Apriya-samprayoga）、求而不得（Yad api icchan pariyeşamâņo na labhate tad），总是以执着而依附五蕴（Samkşepat pañca-upadânâ-skandhâ，五取缘）之苦。因为诸如此类的痛苦充满世间，所以无有快乐。究极地看，贪爱执着才是生死苦恼的根本。因此，这个世界毕竟只是苦的世界，然而众生昏迷而不自省所以沉沦苦海，因于生死，永难出离。

如斯之苦界观即厌世观，大约也不是佛陀特有的教义。前章中已经提到，这是印度整个思想界中共通的观念。比如，数论哲学探究动机的根本，就是要达到这样的认识，以消灭三苦，即内在的苦（内苦，在于来自身体内部的忧恼疾病）、外在的苦（Afhibantika，外苦，来自外部的伤害），以及来自天罚、宿命等的天苦（Ādidaivika）。然而，佛陀所谓的苦除了有同其他印度一般思想的一面，尚有不同之处，即是认为人生的苦，更来自对自身误以为实在的迷妄。佛陀也正因为出于这样的厌世观而放弃王子的尊贵，甘愿成为求道沙门，并宣布为了佛教的理想可以忍受难行的苦行。

第二是集谛（Samudaya-satya）。若更准确地说，叫苦集谛（Dukha-samdaya-satya）。此“集”为招集和成熟之义。按佛陀之见，世间事物无一不在因果关系中，无论何等微细的事物都没有例外。因此，生此无常世界，忍受种种痛苦，经历惨痛之人生，都是必然之事。而说到为什么会有此惨痛的人生，婆罗门教把原因归结为来自外部，比如来自大自在天的主宰与安排。佛陀不同意这种说法，他认为人生的痛苦来自人自身的造作，而这种造作缘于无明，即不了解世界的真相，因此才生出种种的执着欲望。执着欲望在身口意三个方面种下种种业（Karma），即潜在的势力。这些潜在力量集合起来，就会感召业报，亦即是苦果。这就是业集苦果的原因。简而言之，业是苦果的近因，而无明、烦恼是苦果的远因。因为有无明欲望，所以众生会起我想，即对于自我的执着。从这个意义上，“我想”就是苦果的根源。而现在的苦果是过去惑业的结果，未来的苦果又因为现在的惑业而导致。又因为苦果存在，惑业始终相伴，所以惑、业、苦虽然是三，互为因果，其实又是一个东西，无始以来，循环相续，无有停止。因此，众生反反复复沉沦于六趣中，受无尽的苦。如此，以业因而感生苦果，导致苦界生起，这就是业感缘起的说法。但佛陀是对内在和外在的自我都不承认的，其对内在的灵魂之我的否定是佛陀教义与其他宗教根本不同的地方。佛教虽然承认业因与业果，但却不承认作为轮回主体的灵魂我。

第三是灭谛（Nirodha-satya）。准确地讲，灭谛是苦灭谛（Dukha-nirodha-satya）。此既为佛教的解脱论，也是理想论。即是说，依前二谛，可以明白现世的苦的来源，知道生起此种苦果的原因。因此，就可以知道，如消灭了现在的业因与苦果，就可以达到常住安乐的涅槃境界。按佛陀的说法，苦果所生的近因是业，而业则依惑而生，惑之展开是更为根本的无明。依无明而生我想，因我想而生成种种执着与欲望。换言之，若不知世间真相，误想本来不存在的我为实在，这是根本的妄想。在这种根本的迷妄基础上于是才有惑生出，于是造业，感召后来的苦果。因此欲灭苦果，先须灭造业之因。要灭造的因，就得断出我想。欲断我想，须得观察世界的真相，关键是知道本来无我。如是，若知本来无我，则懂得根本的轮回主体是以我想为依据而造业的结果。懂得这点，轮回的链条也就被打断了。既然因此而不再造业，也就不会再感召苦果，从而从生死苦海中解脱出来，亦是超绝六趣。于是达到苦灭而入涅槃，得究竟解脱。达到这种境地的，便称作阿罗汉（Arhan）。

如是，以无我而解脱，以业为轮回主体的主张，正是佛陀特有的教义。别的宗教派别，把我当作轮回的主体，把解脱视为自我的永恒续存。所主张的是一种物与我的二元存在论。然而，佛陀认为只要保存了自我幻相，就必须会有随之而生的烦恼。因此，佛陀以为其他任何宗教派别的解脱都不是究竟之道，他就建立了以绝对无我的解脱观。

第四是道谛（Marga-satya）。准确地称作苦灭道谛（Dukha-nirodha-marga-satya）。这是显示达到苦灭的解脱涅槃之果的原因之道法真相。此即佛教的修行道德论、伦理道德论。按佛陀的说法，达到解脱涅槃果的真道法，既不是外道所宣扬的追求快乐，也不是另外一些外道所宣扬的苦修，而是离开苦乐两边的中道（Madya-pratipada）。而佛陀对于这个中道行法，因人而异，有不同的说法。初转法轮时，佛讲八正道（Ariyastangika-margah）；入灭之时他讲三十七道品；关于日常生活中的行为，他规定了佛戒律，设计了不同阶次的禅定。然而，若就根本要点论，佛陀强调的是持戒而得身心清净，禅定而使心专注一处，以清净智慧来观察世界真相，以达到断尽诸惑。这里的戒定慧，就是佛教的三学体系。

以上是基于四圣谛的解说。如前所述，前二谛讲苦界生起与迷界流转的因果关系，后二谛讲悟界生起迷界还灭的因果关系。因此前二谛又称为世间的因果，后二谛则称出世间的因果。

四谛 ┬ 苦←集……迷界流转的因果 ┐
　　 └ 灭←道……悟界生起的因果 ┴ 迷悟二种因果
　　　(果)(因)

三、十二缘起

佛陀之根本教义，有如上所说之四圣谛。若四谛之论，不仅是对迷悟两种因果之组织、表述，更是佛陀之成道内省过程之详尽揭示。尤其苦集二谛，即说苦界生起顺序之十二因果环节。其教义便是十二因缘（Dvadasa-pratya-samut-pâda）。彼又称为十二支等。在佛陀的言教中占有重要地位。不过若单从思想路径上来考察，其反而可以视为四谛的教义基础。十二因缘的支数有时也可以只有八支、九支或者十地支等。

十二缘起之解说，推广开去，可以配置在三世之间；狭义地看，也适用于哪怕一个刹那。总之，可以从多个角度加以解说。今以配合三世过往来加以说明，说到未来所生之老死（Jarâ-marâna）等诸苦之受，毕竟要在未来才生（Jati）。而彼时之生起乃现世之业堆积的结果。在此意义上生谓之有（Bhava）业，而尚好倾向于取（Upadana）。取者，取著之义。于事物有取，又称作贪。贪者，贪爱（Tŗşņa）之义。由贪爱而起对于外界之苦乐等感觉，即受（Vedâna）。而受之所生，要与外界有所接触（Sparsa）。触者，依于眼耳鼻舌身意之六种感官（谓六处，Şad ayatana）而起；六处使身心结合而有个体，即名色（Nâmarūpa）之所有处。于名色上识（Vijñâna）发挥其了别作用。而此现在身体是过去业之所行（Samskâra）结果，行是依于惑即无明所造。一切诸苦所依生之根本原因是根本无明。以上略说十二因缘各环节，是中生、老死等是未来之果。此两果的直接原因是现在之爱、取、有三者。以“无明、行”为过去之因，招感“识、名色、六处、触、受”等现在五果；

复以“爱、取、有”为现在之三因，招感“生、老死”等未来之两果。对其他宗教只论现在一世或现在、未来二世，此三世因果论实为佛教教理之一大特色。这样，三世之间的这种因果关系称为三世两重因果。又若以此配惑、业、苦之三道，未来两果与现在五果即是苦；有之与行，为过去现在之业；取、爱、无明，谓为过去现在之惑。苦界生死中，惑业时时相伴故，惑业苦三循环相续，亦是，十二因缘亦互为因果，循环相续，永无止息。今以苦集二谛配是十二因缘，图示于下：

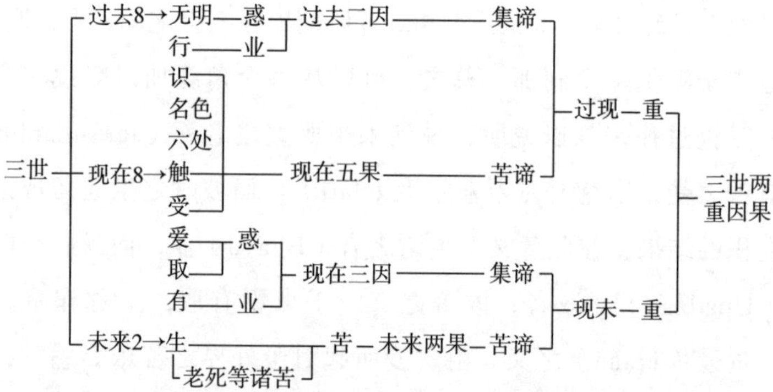

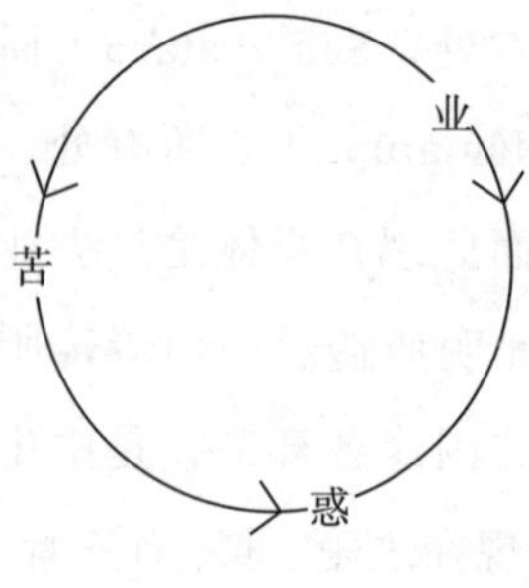

四、世界观

佛陀认为世间乃充满生死苦恼之处所。苦恼如果灭除，则可以得常住安乐之涅槃境界。此为前面已经说过了的。依于此见，佛陀从两个方向来观察此苦恼世界。此一是自现实观察而得出的世界观，一则是从理想出发而得到的世界观。自现实观察，世界乃有迷妄苦恼之生死界；若自理想方面来观察，世界是可以有常住安稳的涅槃。用哲学之语言来说，这里有两个层面的世界：现象世界与本体世界。若论此二世界的不同。一为受因缘支配的消极的现实世界，由因缘性而生灭变化的世界；而理想的世界则离于因缘支配，因此不生不灭，恒常寂静。前者也称为有为（Samşkŗta）的即依因缘而生灭的世界，后者乃无为的（Asamşkŗta）即不依赖因缘因此无有造作的世界。

然而，有为与无为、生死与涅槃的界限在哪里呢？佛陀把世界分成五种构造成分，称为五种积集或蕴集。蕴集亦简称为蕴。所以有为世界由五蕴（Panca-skandah）组成。所谓五蕴，即：①色蕴（Rūpaskandha），即有质碍的物质总体。如地水火风等根本的四大（四种元素）、四大所成的五根（眼耳鼻舌身之五官）以及五根的所对境之五境（色、声、香、味、触）；②受蕴（Vedana-sk.），即依五根五境而生之诸种感觉；③想蕴（Samjñā-sk.），即支配感觉之知觉；④行蕴（Samskāra-sk.），即不属于其他四蕴的一切心、作用及物心或特殊关系上生起的非物非心的现象（例如，思、欲这样的心的作用，生、住、异、灭这样的现象等）；⑤识蕴（Vijñāna-sk.），即起认识了别作用的眼、耳、鼻、舌、身、意之六识。另外，行蕴之“行”乃是“造作”之义。但其他四蕴所以不名为“行”而另外给予命名，只是因为摄行法少故。行蕴则摄行法多，故称“行”作为总名。又所谓“识”名为心之对外界事物的识别作用；而所谓“意”，用以名称心之对内的事理的思量作用。以作用不同，故名称有异，而其本体本来为一。总而言之，世界乃因五蕴结合而成立，依不同的组合而分别生出有情、无情等百千万种现象。然而，五蕴结合并非一成不变，而随因缘结合的差异而别；又据因缘有离散有集合故，其生成之结果也各各差别，成诸现象，时间上有生灭起伏，故不存在不变与常住；究空间上有离合聚散，也就不能固著、凝住。约而言之，有为世界亦化无常矣。故吾人说诸行无常。所谓诸行，诸种迁流之义也。

如若诸行无常是现实世界的真相，则在此生灭变化的世界之上有所谓常一的主宰之自我存在；（同理）全体之内部亦绝不可能有此自我存在。如若假“我”之名以说此存在者，也只有生灭起伏之变化过程而已。前后相连继起，故显示暂时假相，勉强说维系此过程而已。恰如于流水、瀑布、旋火之轮，虽说有彼等这些事物，但它们其实并无实体。若于此我本无实体却以为有实体者，不过是因为现象复杂而生出的眩惑迷妄。见我非有谓得正见，以是谓诸法无我（Anatta）。“无”者，无实。非实即空。然众生于此不知，谓于此世间有常住之我。依于此之我想执着生种种惑，从而造作诸业。若知诸行无常、诸法无我，其便离于惑处而得寂静涅槃。

这样看来，则有为无为、苦之与乐、无常或常住、生死与涅槃的差别，都是以我想之有无作为基础的。众生但凡有我想生起，便会肯定生灭之现象世界，也就会执着于有为苦恼的世间。反之，若能灭绝我想，与此同时也就脱离了因缘生灭的关系，把握了无为安乐的涅槃界。就佛教而言，无我观在其教法体系中占有何等重要的地位，是非常显明的事。

五、世界的分类

佛陀认为世界有五种组合要素，即依五蕴而合成的世界，以色之粗细可以分出色界（Rupa-dhatu）与无色界（Arupa-dhatu）。而如果依欲的多寡来衡量，色界又可以分为欲界与色界。总说起来，色、无色、欲的世界称为三界。无色界以微细色蕴和其他四蕴而成立，色界以五蕴而成立。欲界以食、色、眠三欲旺盛而为特点。

以上，依照不同的成分搭配而区分的世界，是从道德价值上的不同而作的分类。于是，作为有情之各受果报的轮回世界而区分成五趣（Pāñnca-gatayah）或六趣（Ṣad-gatayah）；还可以作更细微的区分，便是二十五有或者二十九有。但三界六趣二十五有的分类法，在佛陀的当世就已经是很流行的宇宙构造论了。大约并不是佛陀所独创，从分类上看并无重大意义。但其以道德价值来区分世界，又很有宗教特色。

所谓五趣，即地狱（Naraka）、饿鬼（Preta）、畜生（Tiryagiyoni）、人间（Manusya）、天上（Deva）。如果加上修罗（Asura）。则成为六趣。又所谓二十五有者，如下所示。①四洲（四种存在界），其分在须弥山之东南西北四面。南方为赡部洲（Daksina-Jambu），东方为胜神洲（Purvavideha），西方为牛贺洲（Apara-godhanya），北方为俱卢洲（Utarakuru）。②四恶趣（四种存在），即地狱、饿鬼、畜生、修罗。③六欲天（六种存在），即尚在欲界中天界的四天王天（持国、广目、多闻、增长四天）、忉利天（Trayastrimsah）、夜摩天（Yama）、兜率天（Tusita）、化乐天（Nirmanarati）、他化自在天（Paranirmita）。④梵天（此为一种存在）。⑤无想天（Asanjnasattva）。⑥那含天（Śuddhavāsa）。⑦四禅天（其中有自初禅天至四禅天的四种存在）。⑧四空处天（这四种存在为空无边处天、识无边处天、无所有处天、非想非非想处天）。以上八种连同其下属的分类一共有二十五种有。若加上那含天之作五分的话，便成为二十九种有。此中的四洲、四恶趣、六欲天之十四有属于欲界；梵天以上至四禅天有七天（若那含天再细分，则为十天），无论七天还是十天，均属色界。四空处天则是无色界。从六欲天以上，是天上之界域。

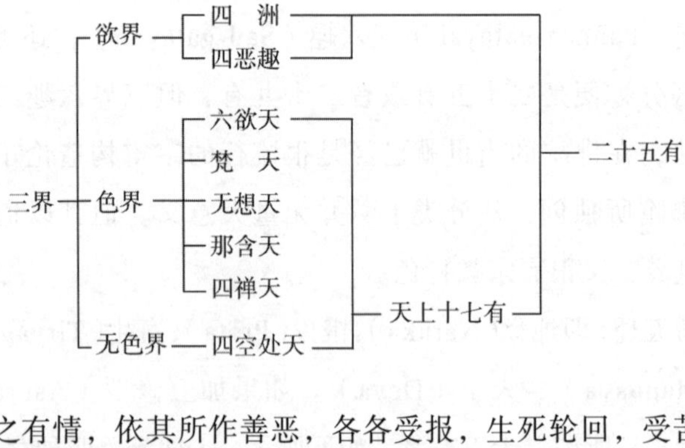

此之有情，依其所作善恶，各各受报，生死轮回，受苦其间。此名有为界。自地狱到修罗，其中为人者，苦乐各半；生天上者则为乐世界。大约言之，迷界中之乐不过相对乐，以究竟而论，仍然不脱于轮回。以是故，三界六趣为毕竟苦世界。而超绝三界之大乐，唯于究竟解脱才能得到。若非超绝三界之阿罗汉，概莫能有此乐。准此原则，可以明了，唯佛陀能以绝对无我之涅槃，而得最高至上解脱。而若是阿罗逻迦兰、郁多罗罗摩子等辈，以及其他外道，其不过脱离六趣，仍在不完全之解脱境也。

六、烦恼与解脱

苦界生起之六道轮回，其原因在于业。所谓业，乃依惑造作之烦恼。因此，欲求解脱，必须断诸疑惑，停止作业，才能还灭苦界，超脱三界。然若论谓惑有何等种类？其中大致可分两类：根本之惑及枝末之惑。此二种惑分别属于智性惑及情感惑。智性之惑因不解四谛之理而有，所得惑则迷于道理；感情之惑则迷于诸法事相，名迷事之惑。又前者强力，若能见四谛理，则可以顿然断破，故称其为见惑；后者力量不强，然极不易断除。只能积累思维，渐渐破除，其名思惑。又如果自修行上而言，前者称见道所断之惑，后者为修道所断之惑。略称则为修惑。

见惑有十，亦名十使。使者，烦恼驱心而生偏差，名为边。此外，令心受缚之偏差亦为边，亦名结（Samyojana）、缠（Paryavasthana）、缚（Bhandana）等。有情随逐而作用细微者，称随眠；令有情流转于生死之边，名为流（Ogha）；破身口之堤，令生泄漏而损善根苗稼之边，名漏。众多恶名皆附烦恼中。所谓十使：①身见（Satkāyadŗşţi），以身体为实有因而执有我之惑；②边见（Antagraha-dŗşţi），执着于或断灭或常住之偏差的惑见；③邪见（Mithya-dŗşţi），拒不信因果法则；④见取见（dŗşţi-parāmartśa），即固执于错误己见；⑤戒禁取见（Śila-vrata-parāmartśa-dŗşţi），即执着于至涅槃真道的种种禁戒的见解；⑥贪欲（Rāga）；⑦瞋恚（Dveşa）；⑧愚痴（Moha）；⑨慢（Māna）；⑩疑（Vicikitsa）。此之十使，初五快利易断，谓五利使（Pañca-tikşņa-dūta）；后之五使迟钝难断，谓五钝使（Pañca-kleśa-dūta）。以上皆见惑。

其次思惑。以体区分贪、瞋、痴、慢，可有九品。总之，乃仍然残留之情绪之惑。故又称枝末惑（或称随惑），其有无渐（Ahrikya）、无愧（Anala-trāpya）、悭（Irşya）、嫉（Mātrarya）等十九种。

- 惑
  - 本惑
    - 见惑（迷理之惑）— 十使（五利使、五钝使）
    - 思惑（迷事之惑）— 九品（体为贪、瞋、痴、慢）
  - 随惑 ——（无惭等十九种）

若断尽以上诸惑，可证涅槃解脱，谓之断惑证理。以为断除惑疑而得证真理之意也。因为涅槃是证理而得的，于现身所得的涅槃，依过去业因所受的业果仍会残留下来，所以称为有余依涅槃（Sopadhiśeşa-nirvāņa）。至于业因业果都被完全消灭的涅槃，称为无余依涅槃（Nirpadhiśeşa-nirvāņa）。所谓“余依”指业果之体也。譬喻而言，前者好比已有之火不再添加柴火，不免有余火余烬。后者则已经薪尽火灭，无有一丝热气。佛陀在伽耶菩提树下所得，及佛弟子们修行所得的，是有余依涅槃。而佛陀在拘尸那罗娑罗双林中实现的则是无余依涅槃。自然，一切证道得解脱的人若逝去，也是无余依涅槃。

其次，涅槃是任何人都可以修正而得的。而修行者的根机有速有迟，而修行者断惑的有所区别，因此所得之果是可以划分出一定阶次的。就是说，利根之人可以顿悟，其中下者现身而可以至有余涅槃；钝根之人现世一生不能得证，必须再来世上，再历多生，渐渐积累，才可期证。又因为见惑易断，思惑难断，所断之惑又有不同种类，能断之人又有不同位次。今略述其理。首先，依其本位与预备位，而有凡位与圣位的区别。以若以贤位论，亦有二分。圣位可以再分四果。每一果的前提随有四向；凡位则依前期或后期而分为内凡与外凡，合内外一共有七种贤位。

凡位之第一是五停心位（停止五种过心之位），即修以下五种观法之结果：①观世界之不净模样而治贪欲之心，称作不净观；②以慈悲心观一切众生以治瞋恚心，谓之慈悲观；③观诸法因缘生以治愚痴心，谓因缘观；④观五蕴十八界等以治有我见，谓界差别观；⑤数呼吸以治散乱心，谓数息观（亦有以③为数息观、④为因缘观、⑤为念佛观而不列界差别观者）。凡位之第二为观别相处位（各别观诸法相之位）：①观身不净；②观受不乐；③观心无常；④观法无我。凡位之第三则为观总相念处位（与第二不同之总观）：合起来观身受心法四者之不净、苦、无常、无我之位。以上三位为凡位之凡，称“外凡”。

以下则为内凡位者。亦即是凡位第四之暖位。此中观四谛道理之智火将发，携带有暖位，勤为止恶作善。第五是顶位，此位中智慧渐明，犹如来至山顶，进则入于圣位，若后退则有堕恶趣之虞，故称顶位。第六为忍位（同于认位），此位中智慧更明能够信任四谛之理。第七为世第一位（亦称为第一法位），此位中最上则为未断惑之有漏世间，过此即入圣位本位。

圣位中，第一则为预流向和预流果（Surotapanna-phala），以断三界见惑而预入最初之圣位流类，故得其名。向者（Pratipannaka）趋向得果之中途，犹言尚在修行道路中间也。第二则为一来向及一来果（Sakṛdāgāmin-phala），此中半断欲界思惑，再有一度来生此世间则全部思惑断尽。第三则为不来向及不来果（Anagāmin-phala），此中全断欲界思惑，已至不需再来此欲界之位。第四为无学位及无果位（Arhat-phala），到此全断于见思之惑，超绝三界，已经不再有任何可修学之法。此是阿罗汉位。此即为佛教修行之极致，即究竟解脱的境地，现身而得涅槃。不再于三界中受生死境地，因此名曰"不生"。又因为杀死烦恼之贼的意思，名叫"杀贼"。又因为受人天之供养，若有人施可得果报，所以又称为"应供"。又以离于诸恶，故称"离恶"。另外，若依圣位修行不同阶次的特性，预流位因已断尽诸惑，可称见道位（Darśana-mārga）。一来及不还位由于思惑未断尽，故称修道位（Bhāvanā-mārga），而无学位也就可以称为无学道（Aśaiksa-mārga）。

- 位次
  - 凡位
    - 外凡——五停心位、别相念处位、总相念处位
    - 内凡——暖位、顶位、忍位、世第一位
  - 圣位
    - 一果——预流（须陀洹）—（一向、一果）—见道
    - 二果——一来（斯陀含）—（一向、一果）—修道
    - 三果——不还（阿那含）—（一向、一果）—修道
    - 四果——无学（阿罗汉）—（一向、一果）—无学道

七、涅槃的意义

断尽诸惑，切断业因业果的锁链，超绝三界，于解脱生死轮回苦恼处得静寂无为涅槃。佛陀对生死界的苦恼详加说明，相对

而言，对于涅槃界倒没有反复申说，细细叮咛。大致说来，佛陀每每以譬喻示说解脱之紧迫性，谓人生如在火聚中，早早脱出为要；又若人被毒箭所中，拔除至为紧急。与其坐火聚中思考、带着毒箭较量，何如先脱出苦海，再作断惑证理的工夫——事有轻重缓急矣。相对而言，考究苦灭之涅槃状态则不是那么紧要的。

话虽如此，吾人今当对此稍加说明。先说“涅槃”一语，本义为“吹（风）”为“（消）灭”。其由动词字根“消、灭（Nir-）”转成形容词性之“Nirvāṇa”，再成为名词化的现在这个模样。在印度“熄灭”一语被用来指灭苦的解脱状态。龙树弟子提婆曾经举出不少例子以示这个意思。仅小乘、外道的说法就有二十余种。从上面的意思看，其根本含义无疑是消极的。也就是说“除去炎热才得清凉”的意思，或者“除暗才得明”的意思，强调的是“消除”“消灭”“否定”的意义。如果实现了灭苦，自然可以有安乐的正面憧憬。只不过，这种安乐不是世间通常所说的快乐安稳，也不是在这个世界上能够真正实现的安稳快乐。只有离开生死轮回，不再有生死，才能超越苦乐二边的偏向，才有永远不灭的大安乐。又此境地超绝三界，是绝对无分别与差别的状态。其中断除了一切相对性，自然远离语言思维，不再有任何差别性的认识活动，进入了不可说不可知的境界。这种境界，处于相对境的语言无能说明。这种绝对只有从反面加以揭示，只能说“不是什么什么”或者形容其“像是什么什么”才能勉强接近它的本然。因此在离于动摇的含意上，可以说涅槃是“寂静”；在离于因缘的含意上，它是“无为”；在无可排遣的意义上，它是“无下”；在灭烦恼的意义上，它是“无流”；在离却虚伪的意义上，它是“真如”；

它是不离诸法体性的法性，是契符于世界真相的实相。若要呼其名，积极地说它是《大般涅槃经》中的“常乐我净”四德。不过涅槃通常只能用相对界的语言来描述，因此我们勉强地描述它：说涅槃之常是超出世界的断常；涅槃之乐出离普通的快乐；涅槃的我，隔绝于俗见解中的我或非我；涅槃的净，超越世俗之净与不净。再者，世人往往见到涅槃消极一面的意义，误会其就是虚无。这种误会源于把生灭变化的现象界当成实有。佛陀对于如斯的谬误，曾有一个譬喻说明。其说牛无马性，马无牛性，不可以其中之任一为实有而以另外一个为非有。如是不可以因涅槃无生死相而谓涅槃非有。涅槃是积极的实在之物。换言之，相对于无常而有常住，相对于苦而有乐，相对于无我而有真我，相对于不净而有真清净，相对于虚妄而有真实，相对于差别而有平等，相对于现象而有实在。

八、实践修行法

佛教乃宗教而非哲学，因此其所重视者不仅在实行。理论之价值在于其为行动的前提。作为教义基础的四谛道理，如果从佛教教法目的着眼，它是以灭谛为中心的理论，也是以解脱为目的的教条。又如果从方法上着眼，它又是以道谛为中心的教义，以实践修行为目的的教法体系。

佛陀初转法轮时，说修行的根本在于中道，所谓中道，即是八正道。而佛在入灭时，其更说四念处（Caturi-smṛti-upasthānāni）、四正勤（Caturi-samyak-pradhānāni）、四如意足（Caturi-rṛddhi-padah）、五根（Pañca-indryāni）、五力（Pañca-bālani）、七觉支（Sapta-bodhi-añgani）的教法，它们合起来成为三十七道品。

不过七觉支中最重要的仍然是八正道，其他的六支不过是八正道的分说别说。三十七道品并非是另外的修行法。又九品是十一品的简约。戒定慧被归结成为一项。

（1）四念处（住）。于凡位之总别二念相修习之欢法，对色蕴之身（Kāya）、受蕴之受（Vedana）、识蕴之心（Citta）、想行二蕴之法（Dharma）这四境，破四种颠倒见，观不乐不净，无常无我。盖所谓念处者，指心专注一处而善忆把持。

（2）四正勤（亦称四正断、四意断）。于凡位之暖位修行，对四念处之内观，念内外行为转为清净。即未生恶弊令不生，已生恶弊令消灭；未生之善令其生，已生之善令其增长。总之，一心勤修不懈。

（3）四如意足（亦名四神足）。于凡位之顶位修行。修此行者得诸种如意，或成就六种神通（神足能、天眼通、天耳通、他心通、宿命通、漏尽通），得身心自在之行法，其谓欲如意足（依于禅定，依心力得欲之如意，非行四正勤）、念如意足（忆持愿望，一心禅定）、精进如意足（不间断之精进修行）、慧如意足（以智慧观诸法）。即此之四者。

（4）五根以及（5）五力者，谓信（Sraddha）、进（Viriya，精进）、念（Smrti）、定（Samardhi）、慧（Prajñā）。从生诸善法的根本因行角度看，称为根（indriya）；而从破恶法之果德上看，其名为力（Bala）。信者，谓信三宝，得预流果；进，谓止恶作善，修四正勤；念，谓止于正念；修，谓修四念处；定谓禅定；慧谓证悟四谛之理。以上五名为佛教修行的大纲。

（6）七觉支（七菩提分）。谓念觉支（Smṛti-bodhi-angah），

指思念忆持善法，令心平静；择法觉支（Dharmapravicaya-angah），指择别法之真伪而去伪存真；精进觉支（Viriya-angah），谓精进修行真法；喜觉支，指住于真法之喜悦；轻安觉支（Prasrabdhi-angah），指身心轻安；定觉支（Samadhi-angah），即修禅定；舍觉支（Upekṣa-angah），指能令心平等。此之七法，以能够拣择真伪善恶，有助于四谛之理的觉悟，故称为觉支。但此七觉支，并非继续之行；但当行则行，若有乐观悲观的倾向，则应恢复中道，止怠惰或放逸，慰病苦之应用手段。像佛教这样的无神论宗教，这种不走极端的修行极有必要。

（7）八正道（八支圣道）。以其中正契符于四谛道理，故用能到涅槃之至理而名称之。七科中，此八正道所含名法最多。亦即为正见（Samyag-dṛṣṭi），指正观四谛理，深信迷悟之因果及解脱；正思维（Samyak-samkalpa），指正确思维四谛之理，离于贪瞋恚害意；正语（Samyag-vāca），指离诸语过；正业（Samyag-karmanta），指离诸身过；正命（Samyag-ajiva），指离诸邪命生活之法；正精进（Samyag-vyāyāma），指止恶作善之不懈努力；正念（Samiyag-smṛtti），指忆持正法不忘；正定（Samyag-samadhi），指令身心寂静，止散乱心，心专注一境。

以上七科类别如次：①慧——四念处、慧如意足、慧根慧力、择法觉支、正见、正思维；②定——四如意足、定根定力、定觉支、正定；③念——四念处、念如意足、念根念力、念觉支、正念；④进——四正勤、进如意足、进根进力、进觉支、正精进；⑤信——信根、信力、正见；⑥静——喜觉支、轻安觉支、舍觉支；⑦戒——四正勤、正语、正业、正命。

又若配合三学即“戒定慧”，则成如下：

慧 → 慧　信　念

定 → 定　念　进　信　静

戒 → 进　信　戒

即说，念之对境，以明记不忘为本旨，因之念通于定慧；而（精）进以专注修行努力为本旨，以定为主而通于戒；信则认知于境，令心清净且除于惑，故通于定慧二者。其他若戒定慧，则与三学各各相当。

九、三学

佛教修行，约要言之，可以归结为三学，即戒定慧。三学与七觉支的关系，上面如图已示。若自修行的功夫而观佛教全体。毕竟可以此三学作为总结。因而此处对三学之引申作解说。

前面反复说过，佛教之根本目的在断惑取证，若要达到这个目的，非依据明慧，即开发智慧不可。但此智慧并非平时所说的知识或经验智得，而是超越一切经验的出世之智。但此智慧，佛教中称之无漏智。欲具斯智，必据一定之法。禅是非修不可的。即说，修此禅定可以摄持诸根，令心集于一处，可以拂去任何相对性的杂虑，最终令智慧显现。不过，修禅虽定得智慧，但并不是随便什么世间的行为可以达到的。具体说，先得有内外清净，排除一切的污秽。故于此处必须强调守戒的必要性。三学中，慧是目的，戒定二者服务于成就智慧。辅助的手段。然如前边所示，若非戒定，到底慧不可得。因此戒定之与慧有不可分割的关系。实际的修行中，不可忽略其重要性。换言之，戒定慧三者之间，虽然有主有次，但却不存在孰重孰轻的价值差异。若为佛弟子，无论何人，都非修此三学不可。

第一是戒（Śila，尸罗）。其积极意义在做善，而消极意义在防非，以离于心口意的三业过犯。对于修行者，其规范所作所为使不逸出佛教伦理意义是显而易见的。当初佛陀初转法轮，只说到正语、正业、正命，尚未有更细密的行为规定。以后佛以僧团中弟子们的行为难免有紊乱之处，以为要防止来自僧团外部的讥嫌，逐渐对于戒法逐步增加，形成轻重及大小的种种戒法规定。至佛灭之时，戒法已经达到两百余条。因此都被称作"别解脱"（亦即波提木叉，Pratimokşa，意为各别遵守，以免于过犯矣），这些又都分为八类。

（1）不共住（波罗夷，Pārajika），亦作断头、无余产。犯此戒为重罪，再不得于僧团中与大伙共住。此罪具体说有四：杀生、偷盗、淫及妄语。

（2）僧残（僧伽婆尸娑，Samghavaśeşa）。在一个时期中要受僧团排斥。但若能悔罪，仍可以再住于僧伽中。相对于前面的重罪，此罪较轻，系相关于色食住及语言等的十三种过失。

（3）不定（阿尼耶多，Aniyata）。自己不说，他人未必能够知道的犯戒行为，分为两种：于隐蔽处或公开处的过犯。

（4）舍堕（尼萨耆波逸提，Nisargika-pāpattikah）。这指的是不依僧团集体约定而私蓄衣、钵、金钱等。若放弃交公成为集体的财产则不再有过失。

（5）堕（波夷提，Pāpattika）。只要通过忏悔就可以免去的罪过。这属于轻罪，据说有九十种或九十二种。

（6）说罪（提舍尼，Deśana）。自己坦白即可以免罪。也属轻罪，有四种。对僧团的同道哪怕一人坦白即可，多与饮食相关。

（7）众学（Śata-saikṣa），也名应学。此指日常生活中一些细微规定，常因忽视而犯过，轻戒有七十五种或谓有百数。

（8）灭诤（Adhikavaṇa-samatha）。此旨在免除僧伽内部的无谓争论而保证团结的七条规定。

以上一共八种戒合有二百五十条。这些都是比丘应当遵守的戒律规定。比丘尼则需要遵守更多的规定。而出家众若能够持守此诸戒律，则具有无上功德，因之，比丘戒和比丘尼戒被称为“具足戒（Upasanipada）”。要言之，守戒令出家人身口意三业清净，以助长定慧二学。这是佛制戒的本意（不过，佛灭后佛教戒律细则究竟经历了几多变化，已不可明）。除上面所说，又有优婆塞之五戒（Pañca-śila），即不杀、不盗、不邪淫、不妄语，亦不饮酒。又有十戒，其为防身三业（不杀生、不偷盗、不邪淫），防口四业（不妄语、不两舌、来恶口、不绮语），防意三业（不贪欲、不瞋恚、不邪见）。

其次乃定（Samadhi），亦译等持或禅那、静虑等。谓心集中于一境，不散乱，不偏喜不偏悲，致身心轻安，达于善法，生无漏智之行法。依此法有不可思议之功德力。已如前说。定分为八段，名为八定；又初半四定，故有四禅八定。亦即言，初半四定在色界定中，后半四定在无色界定中。前半称为禅，与后半相区别。又欲界有散心界，其中受欲炽盛，唯修行可以克服。以修定的缘故，称欲界定为修得定；修色、无色二界定，称生得定。

第一初禅，心一境性，于智境寻求伺察，于情境则舍喜乐而平安。第二禅离于寻（求）伺察而唯感到喜乐舍（平静）。第三禅唯感觉离喜舍乐。第四禅唯离喜乐，得舍清静和念清静。所有四禅，本质上均为“心一境性”。第五为空无边处定（Akāśānam-Nyāyatana），离杂粗色想，观无边虚空。第六为识无边处定（Vijñānam-Nyāyatana），离于外界之空观，观察内界之无边识。第七为无所有处定（Ākinca-Nyāyatana），俱离于空与识二观，心离所有、平等无差别之无想观。第八为非想非非想处定（Naivasamjñā-nasamjñā-yatana），离识处有想，亦离于无所有处之无想状态。以上为八定，要之，迷妄本源乃一切相对之观念，因无而有，因有而无。若完全离于有无相对之想，使寂静之精神状态臻于极致，因而住于此之境地，先生起无漏智，以观诸法实相，于是可以断诸惑矣。

再次，慧为伴随修定进境而渐次显明之智。其最终显现者是无漏清净之大智慧。可以辨明诸法自相之共相（共性）、证悟四谛之理，成就断惑解脱之最高甚深微妙的心之作用。

以上所述，乃佛教正行之第一义，即是出世间所应为。但是，问题在于在家佛弟子并不能都一律出家修行。他们仍然只有皈依三宝做优婆塞、优婆夷，因而也只能采取第二义的修行法，居于世间进行简易而必要的修行。此之必要修行，如前已述，即十戒五戒之类。若能坚持这些戒律，亦有善根果报，来世生于人间或天上，享受福乐；或者亦可再作出世的修行。佛教亦向在家佛徒说少欲知足、柔和忍辱、忠孝友爱、信实勤勉、慈悲布施等道德，劝奖在家者实行自励。强调虽然居家，于出世行中，亦可以坚持四正勤、八正道的适切修行法。

再者，对以上所说之世出世间修行法加以总结，可以得到六波罗蜜之到达彼岸的法门。此六波罗蜜，谓布施（Dāna，檀那）、持戒（Śila，羼提）、精进（Virya，毗梨耶）、禅定（Dhyana，禅那）、智慧（Prajñā）六者。布施为积极之做善，可以去除自利之贪欲心；持戒为消极之止恶，可摄持善根；忍辱则忍耐他害，不起报复之心，又能堪忍诸患。其他诸度（波罗蜜）如前边已述。不过，此之六度亦从三学而出，自不待言。可见下图：

六度：施 戒 忍 精进 禅 慧

三学：戒 定 慧

第三节 佛弟子的团体——僧伽

佛教修行，以戒律成身口意三业清净。以禅定而心注一境以扫除杂念，以智慧证悟四谛道理，断尽诸惑。此皆上面已说。然实行这些修持，入涅槃境成阿罗汉。对于居家而忍受烦累生活干扰的居士殊难如愿，以其家庭及社会生活关系诸缘不能一时断尽，而出家生活难以实行矣。此外，在家生活，若要保证修行永续不退，自他之间相互策励，彼此慰藉而为增上，实为不易。因此，以修行为目标，奉法教者自然聚集，结成以佛陀为中心之修道团体，亦即佛教僧伽。这样的组织早在佛陀在世时已经形成。当时印度社会也是宗教界习以为常的现象，无论婆罗门教抑或耆那教抑或像阿逻罗迦兰及郁多罗罗摩子这样的苦行者，都有会结成类似的团体。

最初的佛教僧伽当是佛陀在鹿野苑所集合的憍陈如等五位追随者，即佛经里说的五比丘。稍后又有迦叶率领千人来皈依。僧团自是急剧扩大。更有舍利弗、目犍连、大迦叶等随附，僧团基础由是得以巩固。待到频毗娑罗王、须达多长老皈依佛教时，外护的力量大大加强。于是佛陀成道以后数年，僧伽已经蔚然成势。佛陀宣扬平等一味之宗教，欲令众生悉得解脱。虽然说起来佛陀并不拒绝任何人入教，但其实也是希望人们尽量参与的意思。因此，一开始，凡有想加入僧团的，只要表达愿望，佛陀都是允准的。志愿出家者，只需要当着诸位长者，三唱皈依佛法僧三宝，愿意接受十戒，也就成为了僧伽之一员。所谓十戒，也就是十重禁戒。又因佛教沙弥（Śramanera，亦称勤策男，意为比丘的后补者）须受持十戒。所以此亦称沙弥戒。十戒为不杀、不盗、不淫、不妄语、不饮酒、离高广大床、离花鬘装饰、离歌舞伎乐、离金银财富、离非时之食。① 十戒应是最重要的戒法。另外出家之人行仪上还有一些规定，如应该剃除须发、身着粗服即袈裟等。当然还会有一些细琐的要求需要满足的。例如，出家者需要年满 7 岁，若还处在以下的关系中，都得经责任人的同意才能出家：父母尚在世的、欠有他人债务的、官府中的吏员、军人、奴隶等。再者，若身体有病、若是残障之人（佛教中称为“不具”——“不具备”“不完全”

① “离高广大床”亦有作“不食肉”，“离花鬘装饰”亦有作“不邪见”，“离歌舞伎乐”亦有作“不毁”，“离金银财富”亦有作“不谤”，“离非时之食”亦有作“不欺诳”。

的意思）、若年龄太老都不宜出家。所以如此，一则为了不受权利人的追诉指责，也是为了保证僧伽质量和正常的修行活动。当然也是为了杜绝有的人只是为了混口饭吃而加入僧伽。

沙弥在僧团中生活到满 20 岁时可以再授以具足戒，成为正式比丘。起初担任授戒师的就是佛陀本人。以后教团扩大，传播到遥远的边疆，佛陀便委托他人代行授戒职责。戒师先是要求至少五人，后来增至十位才算如法。受戒的申请人须当着僧众表明自己出家的目的，此谓“告白大众”。又应三唱（高声重复三次）皈依佛皈依法皈依僧。这个程序称为“一白三羯磨”或谓“白四羯磨”。

因为袈裟有三种，故称“三衣”（Tri-civaram），亦即①贴身穿的安陀衣；②披覆上下的僧伽梨衣（Sanghali），此亦称为“覆衣”（正装）；③外衣（Uttarāsangha），郁多罗僧伽衣。这是僧伽内行仪式时的穿着。三种服装都要求必须朴素无华。无论对自己、他人还是大众，都不令其生贪著心。许多时候，衣服是用别人抛弃的布片连缀而做成的。或者接受信众的布施，把布帛割裂成片再缝缀成衣。至若僧人们的食物，按规定应来自乞讨，可以食用以充饥就行，不应再有任何挑拣，也不应有即好坏嫌爱的评论。又凡乞食必须避开豪富人家。如果是鱼肉、兽肉之类，也同婆罗门教或耆那教中的某些支派一样禁止食用，但若确信不是专门为自己宰杀的肉类或者并未亲见其被杀，这样的肉算是可以食用的。再者，若在卧病期间，或者当作药用的，也可以食用。还有，一天只能用食一次，称一日一食，不许间食。又若非病患之人，不许食用牛乳、乳糜、生酥、熟酥、油蜜等，因为那算是美味食物。至于出家人的居住，可以住都市或者村落附近之林院洞窟之精舍，亦许可住在山中或者深林内，也可以住树下或者石上。僧人聚居的精舍称众园，亦名僧伽蓝（Sangharāma）。此名沿用至今，即平时所称的伽蓝。

比丘所拥有的财产，认可的有作更衣备用的三衣，另有带（衣带）、乞钵、剃刀、针、滤水囊、座具。此外一切长物皆是非法，禁止拥有。此中的三衣、乞钵、滤水器、座具名“比丘六物”。僧伽的集体生活，日出即起洗面漱口之后，整理衣单而行禅定，或听佛陀说法。午前出外乞食，进食须在正午以前。日头过中以后仍行禅定或者听佛说法。若有问题与体会均可以向佛当面呈告，听佛裁决评判。天黑即寝。日常生活中一切均依照戒律所定。平时里不作闲谈杂谈，于修道无关无益之事，一律不说不做。僧伽的主业就是修持，也就是禅定闻法以期得证。比丘精进修行只为涅槃证道。不过，佛陀与比丘们也有时会出远门，往各地游行，很少有长居一地。间歇性的迁徙也是修道的一部分。每年雨季的三个月（四月十五至七月十五，或五月十五至八月十五）僧团行雨安居（Varsa-vasana）的仪式。盖每年此时即夏季大雨滂沱，河水泛滥，出游不便。草木茂盛而虫蛇横行，为不伤生也为不被毒蛇猛兽所伤害而不出行。夏安居制度在当时亦非仅佛教中实行，其他宗教教派也有安居之事。

如是之生活规范，目的在于保证僧伽大众少欲知足，精勤修道。宗旨简明，生活朴素，明确易行，不碍正道。基本的生活条件也是为了免除像婆罗门教及耆那教等的苦行修持法，保证佛陀主张的中道修持法得以实行。僧伽中的所有佛弟子都奉行这一中道原则。

佛教对于婆罗门教的祭祀万能和形式主义持反对态度。佛教的兴起也正因为其务实的修行方法。佛教中不实行赞诵、祈祷、礼拜、供牺等仪式。佛陀所强调的仅仅是首先个体为了自己的出离而努力修行，许诺可以达到最终的涅槃妙果。佛教制度从形式上，只有简明的授戒仪，其他方面则要求僧人们自省自律、相互策励，因此规定了大众集会的羯磨制度。这样的会集场合，例行的是布萨（Uposatha）和自恣（Pavāraṇā）。布萨原本也是婆罗门教所采取的一种仪式，每月四次，半月的八及十五日（小月时则为十四日）举行。与这种祭祀仪不同的是，佛教在集会时由僧众背诵戒条，以集体复习纪律要求，让有犯戒律者自行告白，大众对其实行处分，或接受或破门（开除）或令忏悔（以除罪）。又所谓自恣仪在夏安居结束时，僧团在出门游行前举行。届时僧众有两天集会。会上自我检查各各告白坐夏期间的无犯戒过失，若有违犯，依轻重加以处分。僧伽本来是以佛陀为中心而集成的自治团体，平时成员在各地游行，随处而居。这样的流动团体，无论人数或是住处都不确定，只有在精舍伽蓝这样的地方才有共有的财产，离开僧院伽蓝，乞讨所得、人员分享都不确定，生活与修行都只能由僧人们随宜行事、便宜考核。到了后期，即像目犍连、舍利弗、大迦叶等大弟子们得到佛的委托，领众修行，各团体也有数百人时，才能自行教诲、培养僧伽。此时，佛教僧伽已经不再是聚居一处，济济一堂。至此，制度性的戒律与仪式尤其显得重要。佛灭以后，也还有好多远处的僧伽不能参加佛的葬礼。此时的佛教僧团，人数众多，但具体人数是多少，完全不能明了。吾等今日所知，佛成道后的一两年中，当时的僧团大众当有一千两百五十人左右。自此以后，来参加者络绎不绝，无有确数，大约有一千五百至两千人左右。

组成僧伽大众的有沙门，即比丘和比丘尼。也有作为其后补的沙弥、沙弥尼（Śramaņemika，勤策女）和式叉摩那（Sikşamaņa，学戒女），后者指已经是沙弥尼但尚待两个月试验期才能转正成为正式沙弥尼的出家女性。

以上五众为僧伽成员。然而，广义的僧伽集体可以有七众，即另外还有持三归五戒的在家的佛弟子，称优婆塞和优婆夷以及仅在一昼夜之间持八戒（Ashtanga-śila）、五戒的男女。还有不涂饰花香鬘、不歌舞欢听、不眠坐高广华丽床座及不食非时之食的在家守戒的男女。后面的这一类称为近住（近于圣者而住），他们也算是僧伽的准成员。

以上之比丘、比丘尼、优婆塞、优婆夷称为僧伽四众，加上不包括近住的其他三众，便有僧伽七众的说法。又僧伽可以从性别上区分为比丘僧伽、比丘尼僧伽，也可以分为已经获得解脱的长老众和尚与未解脱的在学地者。前者称为可供养僧伽（Sakkineyya-sangha），后者称假设僧伽（Sammuti-sangha）。

第三章　佛灭后当时的佛教

第一节　佛之入灭与佛教

若观察当前世界上的所有历史性大宗教，无不因某个教祖而承传延续，也无不经历了教祖去世后的变迁与发展。佛教当然亦不例外。它在佛陀辞世以后发生了显著的变化，这正是佛教史之研究有所必须的地方。不过，佛陀的遗教所历变化虽多，最需要考察的仍然是它所处的社会环境的变迁。因此，叙述佛教的历史，最为重要的莫过于究明佛之入灭与佛教的关系，即佛灭对于佛教的影响。

无论何种宗教，若欲保存其历史存在，至少需要三个条件：教祖、教法与教徒者三。在佛教而言，此即为佛法僧三宝。无疑，若无教祖、教法，自然没有教徒。就是教祖出世而不说法，也不会有教徒之事。无教法肯定无教祖可言。在大乘佛教看来，无有教理而只有修持，只是自利的独觉（Pratyeka-buddha），并不可取。而只有自觉觉他的佛和作为后补者的修学的菩萨，才是应该肯定的价值。如果有教祖与教法而无教徒，宗教在历史中自然不能续存，因为离开了人，在社会中全无社会作用力。由是，必须强调上面说的三种条件，是宗教历史存在的必须前提。若论佛教，以三宝为皈依对象，特别把僧宝称为传灯的法器。然而若论出现的先后，教祖的出世自然先于其他二者。以此为因，佛宝为三宝根本。即是说，宗教体验的内容塑造了教祖的人格。人格的外部显示便是教法与人格感化。以此才能感召宗教信徒。具体到佛教，佛陀具有伟岸而圆满的非常人格，因此有广大无边之智德和慈悲救济的力量，因此也才能为信徒们所依靠并成为其信仰目光的中心，才能成为教法的体现，也才有了修行的目标、教团的核心基础。因此，在这个意义上，如果离开了教祖释迦牟尼，佛教僧伽也就失去了意义。

佛陀一朝辞世，佛教徒骤失其慈父、医王和师祖一样的宗教领袖，自然会有巨大的缺憾，因此亟须寻求某种补偿。而能够成为此种补偿物的，也就是对佛陀舍利遗物和佛迹遗址的崇拜。与这些尚留存于世的物质崇拜一道，人们从精神上还转向了对佛祖遗法遗诫之遗教的崇拜。具体而言，佛陀在入灭以前，曾经留下遗诫。让弟子们在他辞世以后，一律以生前的教法和戒律为师，以其教法为明灯、为依恃。不可以再靠别的任何东西作精神支柱。因此，其弟子们均如其所教，把教法与戒律作为教主的替代。佛陀在世与入寂，发生在须臾之间。佛若活着，佛祖就是人们所见的教法依据本身，一旦佛离去，教法之中再无原来的人格中心。这样一来，如何理解佛生前所说的话，成为问题的关键。与此相关，如何用理解来处理佛灭后有关僧伽修行与生活中的事务，令修行者继续前进，仍然可以一朝开悟，便成为了紧要的急务。再者佛陀生前主要强调的是实践，而不主张对教理过分纠结，因此其教法中有许多随宜而实用，但在理论上不甚完备的地方。佛灭后的佛教徒或迟或早都会感到这种不足。这便是佛灭后佛教的教理发展及组织分化的根本原因。

加之，佛灭后客观上为教徒们提供了解决理论与实践问题的可能性。即是说，针对佛陀入灭自身所带来的问题，首先人们会思考：佛智是不是也会消灭呢？佛的能力是有限的呢，还是无限的呢？这些问题属于佛身观方面。还有涅槃观方面的思考。除了亟待解答的理论问题，还需要对抗来自外部的挑战，如何对待外道的、婆罗门教的质难？如何协调僧团内部的认识？这些都迫使佛教要对教理加以澄清说明与发展创造。

从另一方面看，佛陀是大众的信仰对象，而不是神。对佛的依赖和崇拜，最初因为从佛陀人格的景仰可以获得信心满足；其次，对人格的崇信很容易转向对佛陀所说的话的信靠，于是依据佛法（教理）而可以达到理性的满足。尤其佛灭后，无论从感情还是从理智上都需要崇信佛法。这种情感信靠就是信心本身。佛灭后，信众的追慕思念自然会更加强烈。一方面，再生解脱的思想与这种思念信靠结合，产生出佛陀的本因行及本生（Jakata）思想；另一方面，结合善行生天的思想，也产生出往生兜率天的愿求。更进一步，结合发展了的教理与观念，也发展出佛身观及佛土观，人们相信十方三世均有佛存在，阿弥陀佛在西方净土世界，也是希望追随者能往生到那里去。这就是最初的对于未来佛弥勒和其他世界的佛陀的信仰。

若再观察其他方面，由于佛灭，教团失去了最高的精神领袖。现在只能由几位大弟子长老来做统领。因之从归属上便失去了原来的统一性。加上教团在扩张，地理上各地方的教团就有一定的疏隔。各地的风土人情也不会一样，整个佛教教团的思想及理论形式都会发生一定的变化，多数佛教徒迟早会对面临的问题和佛陀的遗教产生异见。这种感情上的、理论上的、习惯上的差异就会导致分裂。因此，佛教的进一步发展也就意味着从理论上和组织上有分宗立派的可能。

第二节 王舍城结集

佛灭后，佛教中的大事便是王舍城结集。其事发生在佛灭后之第一个雨季。此次结集的目的在于决定佛的遗诫及其教法的正统内容，并消除僧伽内部的异议。大迦叶主持了这次结集，当时参与者有五百大阿罗汉。结集大会上，僧众会诵了佛陀生前所说的教诲。因为是首次会诵，故称第一次结集。因其会诵的地方在王舍城，故又称为王舍城结集；又因当时有参加者是五百比丘，故亦称五百集法。

今观此事，以佛陀将欲入灭，大迦叶率领了五百位比丘前往探视。在从波罗城往拘尸那罗的途中，遇见了一位手执莲花的外道，才知道佛陀已经入寂七天了。一时僧众中，断惑者以能观诸行无常，萧然而居。未断惑者皆大悲恸，失声痛哭。大迦叶只好劝谕大家，说诸行无常、聚者定离的道理。然而，此时却有一位晚年才出家的老比丘（亦有说此是外道的）向大众言：佛在世时，吾等受其戒律所束，诸不自由。从今以后，吾等可以自行其是矣。其竟以佛灭为喜事。大迦叶见此状，才说：佛灭仅七日，便有此等愚痴比丘吐愚痴之言。若时日既久，背法犯戒之事岂不更甚？寻思应乘今时佛之直弟子尚存于世，宜以集会以确定佛之遗诫遗法，以免他日有人唱邪法异端，紊乱戒律。

此为发端，随后又有舍利弗、目犍连两大弟子入寂。大迦叶趋往佛灭处行毗荼之仪。随后向僧团大众提出，应往王舍城行结集大会。得到大众赞同。当时又有摩揭陀国悔改归教的阿阇世王的赞助，于该城外倍诃罗山（Vaihara）七叶窟（Septaparna）立精舍作会场。由是在佛灭后第一个雨季之二月二日（六月十七）开始结集。当时中有五百大阿罗汉与会。大迦叶为上首。先是找持律第一之优波离逐一诵出戒律各条，针对戒律当初之制时、制处、因缘、对机、制规、犯戒一一会诵，加以确定；次由多闻第一之阿难陀针对各种题目的佛所教法而诵出，亦对说法、说处、因缘、对机、领解一一确定。此之与会大众共同诵经，历经七个月才完成。又有一种说法，大迦叶在结集大会以后，向阿阇世王进言：为纪念佛灭，自今以后摩揭陀国改元而以佛灭之年为新纪元的元年。因此，后世方有佛历。

如是之结集内容涉及佛之教法与戒律。南传佛教所传之律文叙述如下。第一，是戒律（律藏，Vinaya-pittaka）。一是大别解脱律（即前章所叙之戒）。二是比丘尼别解脱律。它包括不共住波罗夷八戒、僧残僧伽婆尸沙十七戒、舍堕尼沙耆波夷提三十戒、堕波夷提六十六戒（又说百七十八戒）、说罪波罗提提舍尼八戒、众学七十五戒（又说百戒）、灭诤法七戒（或除之）。三是杂事（Khandaka），又谓为聚。四是三摈四羯磨（波利婆罗 Pārivara），又谓附属。第二，是法藏（Sutta-pitaka）：五部经（Pañca-pittaka）。一是长部经典（Dīgha-nikāya），汉译长阿含（Dīgha-āgama），以《梵网经》开头。二是中部经典（Majjhima-nikāya），汉译中阿含（Majjhima-āgama）。

三是相应部经典（Samyutta-nikāya），汉译杂阿含（Samyutta-āgama）。四是增支部经典（Aṅguttara-nikāya），汉译增一阿含（Ekottarikāgama）。五是小部经典（Khuddaka-nikāya），汉译杂阿含（Khuttaka-āgama）。上面前四在北传佛教经典中称“四阿含”。而杂部者，为四部以外的一切杂经。

上述情况为南传佛教之结集说法。北传中又增加了论藏部分，即“阿毗达磨（Abhidharma）”这一部分。因以成为三藏结集之说。以是大小乘之间各有三藏结集的讲法。又有说界外有一千人众，因未得允许到界内去，遂在七叶窟外自行结集，也集诵经、律、论、杂藏和禁咒五藏。不过，说到论藏（阿毗达磨），它是佛教中的哲学讨论，完全是佛陀的亲教直弟子们所制作的。想必佛陀灭后首次结集时，尚无此类作品。再者，如果说所谓大乘三藏、杂藏、禁咒在此时已经存在的话，殊难采信。再说，界外结集的事恐怕也是后来假托而附会的。不管怎么说，杂藏中可能有大乘说法也不奇怪，而经典形式的大乘经却是后来很久才有的。大乘的出现已经是佛教内部对原始佛教的某些论点有所排斥以后的事。这样一来，当初结集时就只有经与律两个部分。若谓结集时还有别的部类完成，实在是不可能的事。再有，小乘经律二藏之诵出当确信无疑，以其内容大都明确而无有含糊。论藏诵出则不甚明确，内容最初并不清楚。又界内结集，主要的诵出人和地点场所非常明白。相对于此，界外结集，孰为主持、孰为主诵，诵出之场所亦都不有明说。若当作确凿之历史事实加以证明，不可不谓困难重重。但以大迦叶为上首之界内结集而言，不过只有五百人参加，即令其理由是免除人多喧闹，而那些被排斥在界外的僧众，又当怀有多少不满；且在长达七个月之时期内，这些比丘终日游荡于窟外，心怀不满抱怨之状，势难想象。为排遣彼等之内心愤懑，又会编造出多少故事流言呢？界外结集的异说，从根本上讲，恐怕就源出于此。另外，后世由大众部别立而发展出来的大乘教，至其兴起以后，总会自谓渊源甚早，将源头回溯到尽量早的原点上，故可以想见，在五百结集之时就有了界外结集的喧闹。

其次，前面所举之经律二藏的内容及其分类，是南方所传的说法。如斯内容及分类或者当初即依据南方后来形成之传统制作出来，亦未可知。是否尽可采信，犹可考虑。但大致说来，其接近真相原貌，差可想象。此处可以作为参考者，推测应是觉音论师之律部注释。对照《善见律毗婆沙》（*Śudarsana-vinaya-vibhasa*）列出现存之南北三藏如下：

三藏（现存）	《善见律毗婆沙》中所列
律藏	毗奈耶律
一 波罗夷	一 二种波罗木叉（相当于上面之一、二）
二 波夷提	二 二十三蹇陀（相当于上面之大品小品）
三 大品	三 波利婆罗（附属）
四 小品	
五 附属	
经藏	修多罗藏
一 长部经典（梵网经起首之三十四经）	一 长阿含［梵网经起首之四（三）十四经］
二 中部经典（根本说经为首之百五十二经）	二 中阿含［初根、牟罗波利耶二（一）五二经］

续表

三 杂部经典(天杂等二千八百八十九经)	三 僧述多(乌伽多罗阿婆陀那为首之七千七百六十二经)
四 增一部(一集千二百九十二经)	四 鸯掘多罗(折多波利耶陀那为首之九千五百五十七经)
五 小部(含以下之十五部)	五 屈陀迦(含以下诸部)
1. 小诵(Khuttaka)	1. 法句
2. 法名(dhammapada)	2. 喻
3. 无问自说(Udāka)	3. 妪陀那(无问自说)
4. 如是语(Ittivuttaka)	4. 伊谛佛多迦(如是语)
5. 经集(Sutta-nipāta)	5. 尼波多(经集)
6. 天宫事(Vimāna-vatthu)	6. 毗摩那(天宫事)
7. 饿鬼事(Peta-vitthu)	7. 卑多(饿鬼事)
8. 长老偈(Thera-gāthā)	8. 涕罗伽陀(长老偈)
9. 长老尼偈(Their-gāthā)	9. 涕利伽陀(长老尼偈)
10. 本生(Jataka)	10. 本生
11. 解释(Nidesa)	11. 涕利沙(解释)
12. 无障碍道(Patisambhida-magga)	12. 波致参毗陀(无障碍道)
13. 譬喻(Apadāna)	13. 佛种姓经
14. 佛种姓经(Buddhavamsa)	14. 用藏(行藏)
15. 行藏(Cariyā-piţaka)	15. (缺小诵)
论藏	阿毗达磨藏
一 法聚论(Dhammasańgani)	一 法僧伽(法聚论)
二 分别论(Vibhańga)	二 毗崩伽(分别论)
三 说事论(Katthāvatthu)	三 陀兜迦他(界说论)
四 人施设论(Puggalaññatti)	四 耶摩迦(双对论)
五 界说论(Dhātukathā)	五 钵叉(发趣论)
六 双对论(Yamaka)	六 逼迦罗逼那抵(人施设论)
七 发趣论(Paţţhāna)	七 迦他跋偷(说事)

依此看来，如《善见律毗婆沙》中所出之长部与中部的数目，则括号中的数目为误传。以杂部与增支部数字与现存三藏中经数亦有出入。两种传统可见到一致的地方，显示其间的亲密关系，这大概也是本源所致吧。

第三节　吠舍离结集

佛灭后第二次结集，时间上当在王舍城结集以后的第二个百年中。当时有七百比丘僧聚于吠舍离城以行此事。因其发生地点名称，故谓吠舍离结集，以参与人数论，又谓七百结集。

今考察其事，谓佛灭以百年顷，有长老名耶舍·迦乾陀子（Yaśa Kākaṇḍaputta）游行至吠舍离，滞留大林精舍。值布萨日有跋耆族（Vajji，亦作 Vrji，弗栗特，义同）之出家入教团的比丘，以铜钵盛水置大众前，信徒来诣即告曰：愿施大众钱，半钱亦可、四分一钱亦可。此众得施可以置购物品。信众中有闻是语而施钱者，亦有讥嫌沙门释子不当乞钱，谓此非行而离去者。耶舍见之，大惊而悲，向诸大众及信徒曰：非法受施与非法求而施，二俱有罪。劝谕彼等反省。然彼大众欲作推察，亦以施物分与耶舍。耶舍断然不受，愈责其非行。而此大众，以耶舍碍信徒行施，且辱僧众，非难排斥耶舍。耶舍入城发表事实始末，告其非行，彼之众人即遭摈斥。不单如此，彼众又以十种非法事为可行。①盐净（比丘可以自己蓄盐）；②二指净：正午过，影虽二指长，犹可以进食；③聚落净：虽已食过，然到他聚落中犹可再进食；④住处净：在本处食后，异座犹可再食；⑤随意净：任何地方均可以举行布萨；⑥久住净：

凡有先到者即可实行；⑦生和合净：酥油石蜜可以混合食；⑧水净：未发酵或半发酵椰子汁可以饮用；⑨不益缕尼师坛净（无缘座具虽不合规格犹可以使用）；⑩金银净（可以接受金钱和私蓄金钱）。（此十条非法之事，经中各处所述有异，然大同小异。）

耶舍比丘以为，彼众所行十条非法事，紊乱佛陀遗诫。慨叹之余，以为宜速会诸长老，明其是非，以断绝将来之祸根。

若考察此事，可知二次结集动机亦同于第一次，乃为防止戒律紊乱。推测佛陀当时所制戒律，因其相当具体，也就不免琐碎。因此，若一一实行，会有一定难度。所其宜者，佛陀先已预知。佛入灭前曾经告诉大众：为保证僧伽和合，可以弃小小戒。王舍城结集之时，阿难曾将佛陀临终前之此语告诉集会大众。然而无奈，何谓“小小”之戒，义实不明，争论亦由此而起。主张原教旨主义之大迦叶，认为佛陀遗教无有一分可以变改舍弃。当时当场，会众也都赞成，戒法于是完全坚持下来。然而，如此则悬而不论佛教戒法中之烦琐，更因迦叶之性格而偏于严苛，实行僧纪之力坚守原教旨主义。然众所周知，人性有原初三毒，犯戒之事并非一律能免。僧伽中一旦权威逝去，局面更易失控。例如，有名的六群比丘就公开抵制佛陀所制戒法，且已达严重地步。佛灭后有自由思想之比丘、道意不坚固之僧人等，时有出现。要想严格实行原教旨的原则，不用说是何其艰难。又佛教的教法基于内在的自觉，戒律只是外在的约束。佛教内外本来有所差别。世人的关注也各有侧重，且世间事物总在流变。时过境迁，此时之中心未必是彼时之重点。此时之问题未必永远是问题。戒律中，总可能有招致物议的根源，此之实情，亦不可不察也。

耶舍感慨惊叹跋耆比丘之非法行为，遂决意会合诸长老。彼先趋西方憍赏弥城，又遣使往更西边之摩偷罗国及阿槃提国（Avanti）诸地，约请诸方长老来会。其自出于阿呼恒伽山（Ahoganga），又在沙诃阇提（Sahojati）与博学通达阿含、达磨、摩（怛）底迦（Matika，本母及释论之义）的大德离婆多（Revata）相会。得其赞同。然后共往吠舍离城。在那里又得到当地长老萨婆迦摩（Sabhākami，一切去之义）加入。在吠舍离有东西方七百上座会合，讨论彼十事非法与否。但异论纷纭，莫衷一是。又再自东西方大众中推举出各四名上座。西方的是离婆多、三浮陀耶舍、耶舍、修摩耶（Sumāna），东方的则是萨婆迦摩、沙留（Sāḷha）、屈阇须毗多（Khujjabhima）会合。西方的离婆多以十事逐一提出讨论，东方之萨婆迦摩逐一辨析堪合并回答“非法”。最终议定十事均属非法。于是再会诵经与律，前后费时八个月。结集事方毕。于是，诸长老以摈斥东部之非法比丘作为处分结果。彼诸被摈比丘多不服从决议，遂往他处另行集合。再作结集。后世谓之“大结集”（Mahasangiti），亦名大众部结集。于此，教团中赞成十事非法之上座长老以保守主义聚为一团体，而主张十事为合法的另一部分比丘则成为大众一部（Mahāsamghika）。佛教的整个教团于是分裂成两个部分。

以上即为吠舍离结集之概况。史家或谓此不过只以区区十事之非法与否而检校律藏，因此在严格意义上不足以称为三藏结集，只是南传与北传所有佛藏不同而已。南方唯有二藏，北方则有三藏。似此已经无有正当意味之三藏结集矣。又观其所费时日，竟至八个月之久。以八个月讨论十事之非法与否，似亦不太可能。

然南传与北传均未明确提及经律内容，大抵因为对于结集之事实毫不怀疑。而两边所述及之结集讨论内容也前后一致，无有出入。因之不像对第一次结集那样详细加以叙述，而仅一笔带过。其次，关于大众部结集的内容，依例有经、律、论、杂之四藏。此外，再加上菩萨藏或称大士藏，合称为五藏。有异说以禁咒一藏代菩萨藏者。不过，平心而论，五藏之事结成，究竟有多大可能？且举行何等之结集大会才能在讨论十事非法与否外，再任由会众发表见解呢？因此，观此结集内容，大概可知多半为后世托附假称。其次，此之吠舍离结集中，彼时有无论藏亦当思考。当时恐怕尚无此类著作存世。然而亦可先不拘所结集内容中有无称为论藏之经籍，但类似见解——虽然其随时代推移，其内容形式可能会有变化发生——更早（甚至早在佛世）即可能存在的。这也正是佛教教理得以发展的基础。以是，可以视其为涵蕴理论思辨之自由天地。

第四章　阿育王朝的佛教

第一节　阿育王传

佛灭后第二个百年中，内部发生诸多动荡变化。大概言之，当时佛教流行范围在恒河流域之中印度诸国。然而到第三个百年时，内部分化固然更为剧烈，佛教的外部环境亦发生前所未有之变化。佛教不再是只囿于一地一国的宗教。已经跃为一世界性之大宗教。此亦为东西世界史中罕见之现象。而铸成此大变化者，乃是著名的阿育王。该王于佛灭以后第 218 年登基，以继摩揭陀国之王统，旋至皇帝之尊位。实现其做转轮王（Cakravarti-raja）之理想。阿育王乃 Aśoka 的音译，意为“无忧”，故亦称无忧王。

佛陀在世之日。摩揭陀的国王先后为频毗沙罗王和阿阇世王。俱属于尸修那伽（Siśunāga）王统。经阿阇世王以后数代，王朝转为难陀（Nanda）一系。再数代，则转为孔雀王朝（Maurya Dynasty）。摩揭陀国素来有称霸中印度之野心。佛陀晚年，阿阇世王在恒河流域河畔之华氏城（Pātaliputta，波叱厘子）筑寨，欲吞并对岸之离车族（Licchavi）。而后国威日张，遂成中印之霸主。然至公元前四世纪末，有希腊马其顿之亚历山大王侵入西北印度。孔雀王朝之太祖旃陀罗笈多（Candragupta，意译“月护”）王乘机纠合西北各地之土酋，组成联盟驱逐希腊势力。趁势夺取摩揭陀国，其地逐并有中印、西印和北印三部，成为一大帝国。其后有史称第二之亚历山大王再侵入北印度。彼即巴比伦（Babylon）王塞琉古·尼卡托（Seleucos Nicator）。月护王与其奋战，后获胜。塞琉古纳其所占有印度河以西以其女儿讲和，以派遣使臣麦迦西尼斯（Megasthenes）驻节于摩揭陀之首都华氏城。估计亦营和亲之事。后月护王子宾头沙罗王继位，其发扬乃父大业，善治其国。且与希腊裔之诸外国交好。塞琉古以大马库斯（Deimacus）做使臣亦驻节华氏城。又有统治埃及之托勒密王（Ptolemy Phialadelphos）遣使臣狄奥尼希斯（Dionysius）驻摩揭陀。是诸外国使臣皆留下对于当时印度之良好印象。印度与希腊裔国家的友好往来，既是文明之间相互交往，又有相互影响，足显示当时印度文明的高度发展成就。阿育王乃宾头沙罗王之子，孔雀王朝第三代君主。

在此之先，北印度中心联结印土与阿富汗之交通要冲上，有旦叉尸罗城（Taksaśila）。此城自古以来即文化昌明学术先进之地，人民丰乐富庶。然其地与中印首都华氏城距离遥远，往往与中央政府之关系疏离，屡兴叛乱。于是，宾头沙罗王以其太子中最为聪颖贤明之人镇守此地，此即阿育王。又西北印度之乌阇衍尼城（Ujjayani），亦地当印土与西方之交通要道上。中国求法僧人法显在《法显传》（即《佛国记》）中亦提及此地，称其为优禅尼国。阿育王子亦署理此地，得贸易货物集散之利。其常住节于乌阇衍尼，兼理旦叉尸罗。政绩显著，颇孚民望。经数年，宾头沙罗王罹病，召阿育王太子回华氏城。未及归而王薨。诸太子之间争攘不已。阿育王太子亦争斗其中。又四年，其统一中、北、西三印之地，囊括阿富汗及巴尔吉斯坦（Baltistan，汉文史料作大勃律，今之克什米尔西北部）在内，成一大帝国。遂即王位。该王之即位年，史家有不同说法。今且以佛灭后二百一十八年置之，此即公元前267年。又阿育王即位多有不同传说。今本论以下所列，以其皆有重大关系，余则从略。

阿育王即位第九年，为巩固其对全印之统治权，其向南方之羯陵迦国发动战争。然羯陵迦亦是南印之强国，国民勇武强悍。战争持续经年，或病死或杀死者不下数十万。然阿育王终得胜伏。王虽遂愿统一全印度，其威令可以通行于中外。然其退而自省，心甚不安，因痛切地感受刀兵残酷，人命倏忽，良民百姓无辜死难，孤儿寡妇哀号于野。悔恨之余，遂决心终生不再战争。又其嫌以往婆罗门教之牺牲献祭，苦行自虐，缺少慈悲，于是皈依慈悲怜悯之佛教。至于南北两方面所传，阿育王皈依佛教之因缘，说法有所不同。南传所说，谓其受长兄遗子（侄儿）修摩那（Sumana）之教化。其人出家为年少比丘，名尼拘律（Nigrodha）。北传则谓阿育王曾遇一名为海（Samudra）之比丘劝化。然此二种说法皆仅言其归信佛教之外因缘。该王归信的内在原因仍在其深感于羯陵迦战争之残酷不仁。阿育王自己曾发布敕令，明白宣告：

“天爱善见王（即阿育王之异名）即位第九年征伐羯陵迦。捕获十五万人，杀戮十万人。死（于饥饿疫病）者数倍于此。自合并羯陵迦以来，天爱王热心护持达磨（Dharma，正法），皈依达磨，又宣布达磨教条。天爱王追悔遗痛，即令羯陵迦之战所杀所掳之有命者，数目仅为百千分之一，朕仍陷深痛巨恨中矣。”

以上敕告可以见该王追悔而归佛之心曲。羯陵迦之战后，阿育王信仰与年弥增其笃。至其即位之第十一年，王以优婆塞身份得正智。即位之第十二年起，频频发布敕告，宣扬佛教仁慈护生之心念和行仁政之愿望。通令全国不许杀生，严禁狩猎，裁减供御。又让王子摩哂陀（Mohinda）、王女僧伽蜜陀（Samghamitra）出家。且屡招佛教大德入宫说法，对僧伽大行供养。其即位第十八年在华氏城举行第三次佛教结集大会，翌年又向全国各地派遣传道师。再翌年亲自巡礼国中佛迹，并起立纪念碑。又多起造佛塔，实行无数护法及慈善之举。为一心奉法，其晚年委政于臣下，在内宫专营佛道。然大臣专权擅政，国之岁入不增反减，佛教护持之业受碍，王亦郁郁不乐，聊度余生，晚景颇悲。其在位四十一年，天寿70时而崩，是年为公元前227年（该王之登基、在位、寿享皆有不同说法。今权录于此者，是著者比较对照考订材料以后所取之合理者）。

第二节 阿育王的事业

阿育王之护持佛教及派遣宣教师以弘佛法，涉及许多方面，也有显著之成就。故史家多将其譬作罗马之君士坦丁大帝。后者为基督教的扩张立下不世之功。以下将阿育王在护持佛教，用佛教精神实行内政之功绩略叙于次。阿育王护教事业，最当言及者，乃其即位第十二年至三十九年。其间王屡屡颁布敕令，以保护佛教，实行仁政。所有这些敕令或镌刻于石柱上或于摩崖石刻或于洞窟石壁上。至今发现并解读者有三十四种之多，其遍布于印度各地。因这些石刻敕令，令古代幽暗之印度历史，稍现一缕曙光，透露一些信息，乃说明阿育王宗教信仰之最好证据。也令后来之人能够了解公元前三世纪时的南亚、印度与他国之关系。发现阿育王敕令之二十余个场所，北起雪山之麓，南至密索拉，西北到犍陀罗，东则达于摩揭陀。几乎遍布印度全境，适说明当时阿育王政治势力所达之范围。

阿育王事业之第二显著者，在王征服羯陵迦后，深自追悔杀戮罪业之重。有感于真正之胜利乃达磨（正法）之胜利。为弘扬正法，其即位之第十五年在印度境内境外，委派正法大官（Dhrma-mahāmātā），以维护百姓之安宁及保护有命之物。此事可见于即位十三四年顷之摩崖石刻敕令（第十三号），其中列出官员派遣地及当地国王，若耶婆若［Yavana，指希腊王安提科（Antiyoko），亦即 Antiochos 王二世］、图拉摩耶［Turamāya，埃及王托勒密（Ptolemy）二世］、安提基尼［Antikini，即马其顿王（Antigonus）二世］、马加［Maka，即基勒纳（Kilane）王马加斯（Magasin）］、阿里加输特罗［Alikasudara，即亚历山大（Alexander）王］，以及北方诸王，若阿波兰多迦（Aparāntaka）王之甘婆迦地（Kamboja，阿富汗之一地）、耶婆那；南方则有蒲林达（Pulinda）、波遮（Bhoja）、丹巴帕尼（Tambapali，即锡兰）、案达罗（Andra）、琐里（Cola，亦称侏罗，今东南印度沿海科罗曼德尔一带，侏罗人为锡兰史料中所指的南印度泰米尔人）、潘地亚（Pāndya），均为当时之国名或地名或族名。因之阿育王宣布之正法理想，为当时世界所知晓。其范围远及于希腊世界、地中海沿岸各地。依其敕令内容推测，以上诸地民众皆欢迎其正法大官，也都遵奉达磨（正法）。以是可知，佛教精神当时在印度广受宣扬，也被百姓顶受，为外邦知晓。

阿育王事业之三乃其慈善之举。其派遣到各地之正法官负有劝善止恶的责任。晓谕百姓当多为善事以为今生来世善得果报。又以人之为善难而为恶易，故需时时告诫。正法大官还有责任宣慰孤寡、体恤老幼、施助贫苦、疏通上下的义务。阿育王又使官吏在境内及境外各地种植药草供人畜医用，筑路穿井以方便民居与旅人，施造病院以救治疗养。如斯之举措恐怕是当时世界上之唯一善政。以是足知阿育王当秉有何等之博爱与慈悲精神，才能实行如是之爱生惜生的政策。阿育王的仁政可以从以上这些敕令中发现，更可以从字里行间体会到王之推行正法、普及德政的善意。

阿育王事业之四是对道德之奖掖。其提升人民道德之用意颇为深远。然其以身垂范，教诲子孙永世奉行的用心，更为难能。因此之故，其治下之当时印度，方有前述之仁慈政治。以下特选几桩事例以明其奖掖道德、推善人伦的做法。王于即位第十二年，在国中举办每五年一次之无遮大会（Amusamayāna）。无论官民、无论宗教信仰如何，均可参与无遮之会。于此会上，王向婆罗门及诸沙门布施供养，又劝人回避奢侈、粗言暴言、愤怒傲慢等；鼓励民间尊敬师长、父母、耆年，亲睦家人亲友；怜爱病患弱小，爱愍奴隶婢下；表彰一切善行。其摩崖石刻敕令之第 3 号，即是讲述以上内容。语词殷切，用意周到。该敕令发布于王之即位后第十二三年顷。

阿育王事业之第五项是前往各地巡礼佛陀佛教遗迹，并起造纪念石柱、镌刻石壁以记其事。王在皈依以后，招请诸佛教大德在宫中说法，据说其颇得法乐。其闻说摩偷罗之优楼漫陀山有长老优波笈多，道德学问冠盖五天竺，便请入宫中宣法。其后因优波笈多之言而往各地巡礼，朝拜佛迹。即位第二十年，王以优波笈多为先导，首至佛诞生之地蓝毗尼园朝礼，而在该地起造石柱以资纪念。捐钱十万以成其事。又免征当地租税，以令其沐法化（此石柱断裂，下半截深埋土中，至1897年西人富勒氏才发掘出来。此系近代印度考古史上的大事）。其次，王又巡礼迦罗卫城、佛当年修行地优娄频罗村、佛成道之迦耶菩提树、佛初转法轮之鹿野苑、佛入灭之沙罗林，并在成道、转法轮及涅槃处建立石塔石柱，各施钱十万。巡拜佛迹之事今日看来，不只是个人信仰之体现，亦是其以正法行政的用意。至于其对后世，标明佛迹遗址，宣昭当时文明，实为宝贵史料。

王之第六项事业是发布敕令禁止杀生。其即位第二十六年发布命令（此为第五号敕令，发布时间在即位之第二十六七年顷），不许国中杀害有命之畜兽鸡禽以取肉食用。更严禁杀死有仔之母畜、尚在哺乳期或幼仔不足半岁之母山羊、母羊、母猪；禁止焚烧山林草丛以免伤害林中有生之属；禁止饲养用于宰杀之动物；新月、满月行布萨之日，不得杀鱼不得买卖。凡适此时日，即令家中自养牲畜亦不得伤害、不得害命，甚至不许动刀割肉、不得给牛马烙印等。以是可知，王之爱生惜生之慈悲精神。

王又大办佛事，多建佛塔。北传方面谓其曾建塔八万四千。七世纪时到印度之中国僧人玄奘曾记录所见该王建立之佛塔百十处。

又该王不仅护持佛教，亦能平等看待当时之婆罗门教、耆那教等。其即位之第十三年发布之岩窟敕令，言及其施造一岩窟精舍给某邪命外道（Ajivaka）。该石窟在伽耶附近之巴拉巴尔（Bālabar）。

总而言之，阿育王将政治结合以宗教，以宗教道德来推行其政治理想。其统治期间所作所为均以达磨善法为指导。其仁政所施，致令当时之印度社会颇为安和。史载其即位之第二十六年，该王下令释放国中系于狱者，时所囚者仅有二十六人（事载前述之摩崖石刻敕令之末）。佛教之博爱慈悲精神，在该王身上有最完善之体现。

第三节 华氏城结集和派遣佛教宣教师

阿育王护持佛教之多项事业中，最重要者当属其护持资助之华氏城结集，以及向各地派遣宣教师。此结集为佛教史上之第三次。派遣宣教师则令佛法普及于印度境内外各地。佛教因之北进东渐，也打开通往南方道路，致使佛教从此走向隆盛。

先叙结集盛事。王因深信佛法，在国中多建寺塔，日日供养僧众。僧尼之数不断增加。当时由王家施造的鸡园寺（Kukkuttarāma）据说常住僧人数达六万。然而，为图国王供养，也有不少外道之徒也以佛僧形象混入僧伽。在寺中修习邪命之法。当时的僧团中，凡圣杂居，真假莫辨。僧伽既不和合，纷争时起。史料说竟至有七年不曾行布萨说戒的局面。王曾遣使到僧中，命其和合诵戒而竟然遭受拒绝。遂有王使怒而杀僧之事。其时有目犍连帝须（Moggaliputta Tissa）长老（有说其为阿育王弟）厌此现状，住于摩偷罗附近之阿呼恒迦（Ahoganka）山中。王乃遣使往山中召长老，嘱其厘定教条以和合僧众。帝须大德奉王命于僧众中遴选千人，自任上首，即行结集。其事在王之即位第十八年。事经九月而结集毕。

此次结集之内容，涉及经律论三藏。帝须长老就佛教与外道两方之纷争，一一列举论点，辨析说明，制成《论事》（*Kathavattu*，亦名《说事》或《事论》）一书，传世至今。然此结集仅见于南传资料。北传中不见此说。又因结集内容不明，或仅谓涉及论书，不过形成《论事》而已，人们认为这称不上是结集。不过，这种看法太过拘于某一方面之特征。实则，此次结集如同第二次结集，不必认为非得像第一次结集那样涉及全部佛教经典。无论如何，结集是对于佛教僧伽思想总体原则之统一工作。而阿育王即位后第十八年，佛教之现状是凡圣杂居，纷争时起，因之导致戒法紊乱。因此不得不备考佛所说法义，结合现实改变取舍，以统一僧行。因而在这种场合，单单考订各种异说，集成一部《论事》，亦是合乎情理之事。再说，阿育王晚年（佛灭后第256年）于巴伊拉特城（Bairat）城外山上所建石刻敕文说到七法教人的事。以正面的七法教人修学：①毗奈耶要领；②圣者自在；③怖畏未来；④赞诵牟尼；⑤《寂默经》；⑥《邬波底沙（Upatisa）之问》；⑦先举妄语之《罗睺罗教诫》。

观此则可以了解这些大约是当时流行的佛教经典（其中似乎仍以戒、定教学内容为主）。此诸内容至今仍然是南传方面的常用教学圣典。

阿育王结集之大业了毕、裁断异论以后，即向各地派遣了宣教的佛教大德。其所至之地如下：①末阐提（Majjihantika）去往罽宾（Kśimira）、犍陀罗（Ghandāra）；②摩诃提婆（Mahādeva）去往摩醯沙曼陀罗（Mahiśamaṇḍala）；③勒弃多（Rakkhita）去往婆那婆私（Vanavāsi，今译波罗奈斯或瓦腊腊西）；④昙无德（Dhamma-rakkhita）去往阿波兰多迦（Aparantaka）；⑤摩诃昙无德（Mahadhamma-rakkhita）去往摩诃剌陀（Maharaṛṛha）；⑥摩诃勒弃多（Maharakkhita）去往臾那世界（Yonaloka）；⑦末示摩（Majjhima）去往雪山边（Himavantapada）；⑧须那迦（Soṇaka）、郁多罗（Uttana）去往金地（Suvaṇṇabhumi）；⑨摩哂陀（Mahinda）等五人前往铜牒（Tambapaṇṇi），亦即师子国（锡兰）。

以上诸地区相当于今何地，历来所说有异。大概言之：①应为印度西北境；②应为哥达瓦里（Godavari）与吉斯托拉（Kistora）两河之间；③应为中央邦之拉贾布达（Raj-budha）荒原附近；④应为旁遮普的西部；⑤应为孟买之东北部；⑥应为希腊移民地巴克特利亚（Baktria，中国人古称大夏）一带；⑦应为尼泊尔；⑧应为缅甸沿海之勃固地方（或马来半岛）；⑨应为师子国（锡兰）。

是诸大德携弟子若干，各各于所派遣地热心弘道。据佛典资料说载，①因宣讲《譬喻经》而令八万一千人得法眼净；②因说《天使经》得生天者八万人；③说《无始经》有六万人得天眼净，度僧六千，立寺五百；④说《火聚经》令三万人得天眼净，度僧尼各一千；⑤说《迦叶本经》令八万四千人得道，三千人出家；⑥说《迦逻罗摩经》令七万三千人得道，及一千人出家为僧；⑦说《初转法轮经》令得道者八亿，出家者五千；⑧说《梵网经》令六万人得道，度僧三千五百，及度尼千五百人；⑨说《无始界经》及《火聚喻经》得道者八千五百人。

姑不论此处所说之经典与度化人数是否可靠，无非是说宣教师们在各地弘道有效。而佛教在此诸地之扎根亦是历史事实。也因以此为基础，佛教后来才自西北印度向中亚发展，经西域诸国而进至中国、朝鲜及日本，形成所谓北传佛教。而向南方则走向锡兰及缅甸，成为南亚与东南亚之南传佛教。更绵延不绝以至于今日（假若中国所传之秦始皇时，即公元前 243 年顷有室利房等十八沙门来秦地弘教之事不虚，则彼当时应为阿育王向北方派出之一支弘教队伍）。

又若该王向境外各地派遣传道大德之事，自其内部政策视之则着眼于合强大之宗教团体向外部扩张，借以抑制内部之纷争异议矣。又此所遣出以弘道之地点，与前说派遣之正法大官之任职地是否同为一处，是否派遣正法大官与派遣师本为一事，却误为两拨？无论如何，二者之目的并无不同。派遣正法官员系出于一般之政治道德与宗教目的，后者则完全为宣弘并实行佛教精神。后者具有特殊之宗教意义。前者所派遣之地域要广大得多。后者相对而言，地域有限。然可以视为两相配合，以扩大政治在境内外之影响。以史家中有人认为该王之派遣传道一事在即位第 10 年。而《善见律毗婆沙》则明言在结集之翌年。但若无更有力之证据，则采取后一种说法矣。若不信该王确有向外派遣传道者之作为，不如仔细推察王之前后作为，再作结论。此诸问题，后文中还会再加讨论。

第二篇

佛教分派的时代

第五章 教团的分裂

第一节 根本二部的对立

佛教教团之根本分裂，形成上座部及大众部的对立。然后再由此二部下面各各分出许多分派。最终成为小乘中的十八部或者二十部。然而根本分部究竟发生在什么时候，说法很多。早则以为发生在佛灭后僧伽于王舍城结集时。晚又以为是佛灭后第三个百年中，阿育王朝时代。一般以为是佛灭后二百年中之吠舍离结集时，或者此后不久。与此相关，关于根本分部的事由，主张发生在王舍城结集时的，认为有界内与界外的两个结集大会。而主张根本分部发生在吠舍离结集时的，则认为是有关十事非法与否的讨论才导致分裂。其他的说法，还有的认为根本分立原于大天（Mahādeva，摩诃提婆）之倡立新说。简而言之，南方系统认为是十事非法与否的争论导致分立，北方系统则认为源于大天的分裂活动。

不过详细地思考辨析，教团分裂之根本原因应该是佛陀初灭，尚在原始阶段的僧伽骤失领袖，大众不免无所适从。遂生出不同意见，进而导致对立。其他还有一些原因，但仅为助缘而非根本性的原因。此虽推测之言，然仍有痕迹可寻：大迦叶在王舍城召集结集大会时，当时七叶窟内外就有两个会场、两种结集活动。

而且，结集结束以后，有叫补剌拿（Puraṇa）的率领五百比丘亦来赴会。其意见就与迦叶不合。传其公开表示不服从窟内大众会诵的结果。若这只是助缘，也是多种因缘会合的积累。那么可以认为界内界外的集会只是场所有不同，争论的话题内容仍然是一样的。而作为明显分裂的原因，只是十事之非法与否或者大天所倡新说。相对的一面是对此不肯相容的保守之上座长老们。对立公开化以后，自由思潮中还会再生歧异观念。折中融合的结果，必须再形成更细的流派。新思想不断涌现，部派一再分裂遂至发生。如果说十事非法与否的讨论只涉及了戒律的一小部分，则大天的新说则关系到了佛教的根本教义与僧人修行的圣果阶位等。其流露出来的自由倾向可能在时间上更晚一些。就部派分裂而言。十事非法的讨论只是某种开端。而教理上的分立衍化则因为大天倡新说才深化。前后两者可以视为从内部与外部两面引起根本分裂，并且这也是末派分立的原因。

以上说教团根本分立，主要是十事与否和大天所倡新说为内因，又以佛之入灭为助缘。姑且不讨论十事之争的年代，那个背景算是明确的，但大天新说的时代背景就不好说了。这就造成二部分立的时间难以遽断，要想澄清亦颇有困难。因此，吾人对此问题的讨论，以佛灭后满百年为发生十事非法与否争论的时代，而对导致教理分裂的大天新说的时间，另加研讨。

大天出世年代亦有多种说法。有说在佛灭后百年，又有说在灭后百十六年，还有灭后百三十七年说，以及后百六十年说，还有满二百年说，以及满二百年后说，等等。又大天有二人：前之大天（船主儿）生于佛灭二百年之初，其倡新说以成二部对立；后之大天（贼住）则出生在佛灭三百年中，系大众部首领。其亦倡同前者一样之新说。如是等等。然大天出世，在西藏所传《多罗那他佛教史》是这样说的：彼生于阿育王之孙勇军王（Vīrasena）时。但《异部宗轮论述记》则说是在好云王（恐怕为阿育王之异名？）时。这样一来，就引生如是之问题，若此阿育王出世于佛灭后第三百年中，大天的出世便就到了佛灭后的三世纪。然而锡兰史上说有两位阿育王。前为黑阿育（Kalāśoka），出世于佛灭后第二个百年初；后一位是法阿育（Dharmaśoka），其在佛灭后第 218 年即位。以是，吾辈不妨以两位大天分别配属于两个阿育王时代。然令人不解之处在于，南方系统虽主张有两位阿育王，却不同意有两个大天。北方系统则反过来，虽同意有两大天，然不认为有两位阿育王。北方系统完全承认的只是法阿育王，其在佛灭后第二个百年初出世矣。又据《大毗婆娑论》（九十九）前一位是船主儿的大天倡新说时，正好是南传方面的法阿育时代。彼时凡圣同居、内外杂处、争议纷纭。此种历史状况，读者最当注意。因此，若欲比较南北系统而下一断语。北方以阿育王在佛灭后二百年时出世，年代上（较历史学上勘定的阿育王世）缩短了一百年。其次，南方虽说有两位阿育王，一在归佛之前为暴虐之君主，一为皈依正法之仁善阿育王。有无可能，历史上本来只有一位，而出于后世误认，才成为两位的呢？如果这样，则不是什么错误历史年代窜入的问题了。这么一来，作为船主儿的大天与混入僧团的大天，恐怕也就只是同一个人，仅其前后时期身份不同罢了。前一个大天若生活在佛灭三世纪初，那就与其出世于阿育王之世的说法出入不大了。

大天传记中多有虚构。《大毗婆沙论》等谓其犯有杀父杀母、杀阿罗汉之三逆罪，乃为极恶之人。以认为其所倡新说动机不过自欺欺人。是等罪犯，不过是对立一方的上座部徒所捏造。《分别功德论》（一）就以为大天是当时唯一大士（即菩萨），对其加以称赞。又大天新说，若观后来上座部是亦有人信奉，那就不再是自欺欺人之说了。此该似乎不可遽谓其为无稽之谈。因此，吾人以下仅列出可信任之部分：

> "大天乃摩偷罗某船主之子。长而出家，聪敏不俗，疾通三藏，夙证阿罗汉果，在僧团中得上下尊敬。后于某日，以鸡园寺布萨大会中，提出五事新说之偈文。且又白大众曰：'佛在世时，于诸天及四众所说悉加印可，使其受持，因以为经故。以佛灭后有聪敏人，善说法者亦能造经，汝能若能造经，随意是作。'大众部中耆宿长老，听之大惊。以大天五事'是名真佛教'之语，改为'汝言非佛教'。以是可否之论纷然而起，鸡园寺中，争论沸然，（僧团）化作街巷。阿育王于是派遣大臣，命其和合僧伽。不听。王又亲往鸡园寺，镇抚无效。王不止大天之言，令多数以决。于是少数派之耆宿遂败，大天之众获胜。然论争并不从此而止。以大天之说为非法之上座遂成一边，而左袒之大众另为一边，两相分立对抗。上座长老遂去往北方迦湿弥罗国。中印度之教权亦便归于大众部。"

于此当注意者，上面所说，颇类前一章中所述之华氏城结集状况。彼处谓同贼住比丘纷争，此处之异议分歧；彼处（僧伽）七年不行布萨诵戒，此处谓双方历久对峙不和；彼处国王出面干预，此处谓之大臣与国王亲自调停。两处叙述，多有相似，令人觉得很可能就是同一历史事件之描写。加之，真谛所译《部执异论》中将所谓大天五事，记作“外道所立五种因缘”。据上则华氏城之结集中纷争之结果。这样看来，目犍连帝须所编纂之《论事》中所举五事，或许正是要确定诸异论的正误。即是说，《论事》之编纂，也许并非只是开列一一议题。而如果考察北方所传之华氏城结集事，结集完毕之翌年曾派遣末阐提等大德往迦湿弥罗。此中末阐提自己是上座长老，应该是在结集之先便到北方似更妥当。又被派往南方之摩诃提婆（Mahadeva），或许就是上面所讨论的大天，亦有可能。姑不论此中之任一只是猜测，但若就事论，无论两大天说，无论二阿育说，无论两部根本对立说，无论派遣传道师事，从道理上显然都有可通之处。其次，至于此之大天向大众言可以有造经自由一事，南传方面非难大众部所说的话中，有：

> “大众之徒违背佛教破坏根本结集，另别结集。以属一处之文移于他处，破坏五部（五部经者）之义与法。异门说（异语同义）、无异门说、了义（究竟尽理）、未了义，又不知密意说（秘其本意而随他义说）而变更其义、附会解释、舍甚深经与律之一分，制作别他疑似经。波利婆罗（律部附属）、六分毗昙（六部之论）、婆致参毗陀（无障碍）、尼涕沙（解释）及本生（以上三部属经典中之小部）中者，弃一分义，别造是等。又作异名及制作别他之服色、服条（成衣之布片条数），且自别集会。”

其所指责内容，南北两个系统所述大致吻合，可以看出大众部在教义和实践方面都有改变。同时改造或别作经典。以是吾人足知大天及其部属之间，开始渐行别异。引用嘉祥大师《法华经义疏》（一）上的话：

> “谓由来推知小乘流者并诸方等经，是调达所作，及大乘非佛说之声古来即有。”

是以如斯之大变化，吾等不信只是佛灭百年方生出。印度阿育王朝前后，东西文明已有接触，社会中已生变动，自由思想逐渐活跃，根本分立亦是此种思想运动在僧团中之自然酝酿的结果。

然而，大天新说究竟说了些什么，南北两方传统所反映的并无太大差别。今依《异部宗轮论》有其所选之偈颂：

> “余所诱无知，犹豫他令入，道因声故起，是名真佛教。”

具体而言，可以说有五点：余所诱、无知、犹豫、他令入、道因声起。南传方面之第五，称为“发语”（Vaci-bheda）。两边对于五事之解释稍有差别，大致如下。①所谓余所诱，意为阿罗汉因烦恼而漏失的事是没有了。但恶魔所诱而仍有不净之附属。好比是不净虽无，然仍有如烦恼所生的漏失不净。②所谓无知者，意为阿罗汉虽然已经没有作为生死流转原因的烦恼，但他自己并不知道这点。即是说，其意识不到自己现在已经无染（也有说是，对于一些细琐事情仍然无知。即阿罗汉也还不是无所不知）。这是因为阿罗汉虽然断尽见思两惑，但习气仍然没有除尽，未得到一切智究竟智的缘故。③所谓犹豫者，意为阿罗汉虽然无因烦恼而起的疑惑（随眠的疑惑）在某些场合仍然会对该不该、合理不合理有所犹豫（即仍有处非处的疑惑）。因此，对一些涉及哲理的问题不免会分辨不清（在某些小事上不能生起决定智）。④所谓他令入，意为阿罗汉自己不能明了他已经得到解脱，要等待他人（比如佛）的指点，才能确信自己的悟得（即是说，在一些细琐的事情上有待他人的指教）。⑤所谓道因声故起，意为就佛道而言，心中甚感勤苦，得道之大不容易，所以口中便发出声音（又说，初得圣果，圣者也会有所感慨，哪怕在定中也会发出“苦也”的感叹声）。

以是可知，小乘佛教徒以为理想境地之阿罗汉亦非完全而尽善，其反面即揭示有尚待争取的更完全之境，即是大乘佛教之理想——应求成佛。又可以说，应以菩萨作为修行的理想。正是因为这点，保守之上座部佛徒把大众部视为极恶之敌人，又为掩饰其五事上的缺陷，而以对方的批评为妄。相反，大乘方面则认为指出五事是一种进步，应该得到赞叹。不过，上述五事不一定就是大天首创。其出世之前，大众部中已有部分人主张这种自由的观点。大天不过是后来居上，对异说思想综合总结表述而已。大天之得名，也只是碰巧道出了人们所困惑而关心的问题。

要之，佛教教团之分裂起源于根本二部的分立。佛灭后百年之吠舍离结集大会上，僧伽在思想上已经分派了。至佛灭后第三世纪初，因大天倡立新说，佛教教理之对立达到顶峰。

第二节　根本两部的末派分裂

吠舍离结集，因十事非法与否的争论而导致教团分立。而后大天出世，教理上各执一端之僧众形成不同的派系团体，彼此分裂已成开端，思想更为活跃，自由见解勃兴繁盛，异议及异议团体不断涌现。遂在根本分立之外，两大部派之间再生出内部之分派。其根本二部中的再分裂称为末派分立。

就诸部分裂的年代，南方系统所传在佛灭后百年至二百年之间，北方所传则谓在佛灭满百年后到满二百年间。其间有大众部之末派分裂；满二百年至三百年未满期间，有上座部末派分立。又就诸分裂的部派数目言，南传方面谓本末合计有二十四部；北传方面说是十八部或二十部，是为两种说法。又部派之名称，南北两传统说法亦稍不同。不过本书以根本二部教义之对立为基础，将时间定在佛灭后满二百年以下，末派之分立发生在之后的二百年中。又依据《异部宗轮论》中部数及名称，本末合计，列为二十个部派。

末派分裂发生在自由思想丰富之大众部内。最先分立出来的是一说部、说出世部、鸡胤部三，第二次分裂产生了多闻部，第三次为说假部，第四次为制多山、西山住、北山住三部。大约一百年中前后分立出来的支派加上原来的根本大众部，共有九部。

而就另一方面看，上座部退隐于北方迦湿弥罗以后，一本其保守倾向，以和合为贵，暂时保持安宁，虽然它也不能不受当时非常活跃之大众部的影响，努力维持其组织和思想的统一性。但时代和社会都在变化，其想始终如一地保持固有传统也有相当难度。恰好在大众部分裂的百年将尽之时，亦即佛灭后三百年之末叶，上座部内也动荡起来，遂在百余年中，先后出现十个分支，本末合计则为十一部。

即是说，其首次分立产生了说一切有部，第二次分立则自有部分立出犊子部。第三次自犊子部中分立法上、贤胄、正量和密林山诸部。第四次自有部分立出化地部。第五次自化地部分立出法藏部。第六次则又自有部分立出饮光部。第七次亦自有部分立出经量部。最初之根本上座部，自有部从中分出后，势力大衰。竟不能保有迦湿弥罗旧地，而遁入雪山中。是以，根本上座亦称为雪山部。以下图诸部分立次第以及名称：

根本分立

- 大众部（Mahāsanghikāh）
  - （1）一说部（Ekavyavāharikāh）
  - （1）说出世部（Lokottaravādināh）
  - （1）鸡胤部（Kaukkutikāh）
  - （2）— 多闻部（Bāhuśrutyāh）
  - （3）— 说假部（Prajiñāptivajināh）
  - （4）制多山部（Caityaśailāh）
  - （4）西山部（Aparaśailāh）
  - （4）北山住部（Uttaraśailāh）
- 上座部 → 后称雪山部（Sthavirāh）（Haimavatāh）
  - （1）说一切有部，亦名说因部（Sarvāstivādāh）（Hetuvadāh）
  - （2）犊子部（Vātsīputryāh）
    - （3）法上部（Dharmottaniyāh）
    - （3）贤胄部（Bhadrayāņiyāh）
    - （3）正量部（Sammitīyāh）
    - （3）密林山部（Sandagirikāh）
  - （4）— 化地部（Mahiśasākah）
    - （5）法藏部（Dharmaguptakāh）
  - （6）饮光部（Kāśyapiyāh）
  - （7）经量部（Sautrāmtikāh）

关于诸部分立的因缘，以教义上的主张不同所致，然而，其严重必并不等同于当初根本分部对立的十事非法与否或者大天新说那样的异见。若看诸部派教义，其所不同之处，最初只是对某些经典的取舍选择或者是对某些文句的解说不同，由此也涉及一些态度或行事的方法有所不同。至于所传教义主张，若有不同，仿佛只是分部以后才总结出来的。以是观之，众多部派的分立有一过程，遂发生在二百年间。至于分立的当初，恐怕并无太大的意见差异。

首先，自大众部分出一说部等三支。大众部众住王舍城北面之鸯崛多罗国（Angottara），对于华严、涅槃、胜鬘、金光明、般若等大乘经的宗旨大义，信奉者有，不信奉者也有。而就此三个部派言，团体中都可能有两种立场。不过，说到华严等经，恐怕当时还不是我们今天所见的这个样子的华严，经文的内容也未固定下来。只是一些原初的见解罢了。因此，此时的华严尚未成为独立而完整的思想体系。既然如此，此时还说不上制作大乘经典的事。但在大众部中，因其自由倾向，对于大乘思想观念有两种态度和立场，是可以确信的。

第二，鸡胤部名得自其开祖。该部分立出来后，主张权宜主义宗教立场。它宣称，经律二藏皆是佛的方便假设之教法，论藏中才真正包含着佛的真实教义。这样一来，该部亦就会主张“随宜覆身（着衣）、随宜住处、随宜满腹（进食）疾断烦恼”，认为不拘形式，随宜生活反而可以迅速得到解脱。由此可以明显见得其普遍的自由倾向：其不取形式主义而重视实际所为，不取教权威上而重视理性思考。

第三，关于多闻部，据说有一位叫祠皮衣(Yajhvalkya)的罗汉，于佛灭之前入雪山修定。后来他在鸯崛多罗国发现当时大众部所宣弘的只是三藏中的浅义，意义未臻深刻。祠皮衣认为大众部中有深浅两层意义。这里所说的深义也就潜藏了日后大乘中发挥出思想来。深义是大乘分立的因缘。先不论祠皮衣罗汉是否真有其人，这个名字可见于奥义书时代的修行智者中。名字出现在佛教中也就说明了奥义书对于佛教的影响。考察多闻部的教义流行情况，可以认为上座部中也窜入了般若空的思想。或者说，雪山部的思想中有上座部观念混入（根本上座部最终离开迦湿弥罗根据地而入雪山即喜马拉雅山隐遁）。

第四，是说假部。该部住摩诃剌陀国（Māharattaka），由大迦旃延（Mahākātyāyana）长老主持，佛之三藏教义可以分出谛义（真实义）与假说、真谛与俗谚，以及因之与果。由是此部自大众部分立出后，就有了这样的主张：对于佛教经典应当加以具体的分析与择别，才提出合理的解释。

第五，是制多山等三部（即制多山、西山住、北山住）。其分立出来的时间为佛灭后满二百年时。其中虽然也有善达佛法教旨的人，但真伪难辨。阿育王为此而召集大众，检校真伪，从中驱逐贼住比丘。其中有聪慧明黠而莫能辨其真假的三百比丘，因受王命而徙往他处，与其他比丘别住。然此诸比丘的领袖叫大天，往制多山别住后，大众部再兴争端，以争议五事可否而立场对立，遂成为三部。此之传说，前一半似同上座部与大众部分立事相混淆，后一半当实有其事。即是说，因部分人拥护大天而有上座与大众的分裂。而后大众部又有分裂。若非如此，即若不是贼住比丘与大众内部自身的诤竞，恐怕也无从解释其再次分裂。

第六，说一切有部从上座部分立出来。本来上座部只重经藏而不重律论。律是因人情况不同，而开（宽容）遮（严禁）不定的条例。而论则不只是对经解说，且往往可以离开本文而远远说开去。因之上座部主张，律论必须服从经。经才是根本的依据。但到了佛灭后第三个百年之初（实为三百年将满时）有迦旃延子（Kātyāyanittra）出。其人大弘论藏，置论于经律之上。因此之故，迦旃延子弘重之有部亦类似前面所说鸡胤部，重视理性，倾力于教理的组织化，从而在上座部中开辟了一个造论的思想运动。

第七，是犊子部。其亦可以称为可住子部。它也以论藏为本位。其特异处是舍利弗所著的《阿毗昙》为依据。此部之名由来，以舍利弗弟子为罗怙罗，罗怙罗有弟子名犊子（Vātsīputtra）。犊子为该部之理论干将，因此此众称为犊子部。

第八，是法上部等四支。其皆出自犊子部。主张依舍利弗之《阿毗昙》以释佛教。遇有不明之处，考经中文句而用其义（故知此部尊重经法，以法为上，称法上部）。此部中有三，对究竟何为“以法为上”犹有歧义。以是区别字句之解释，再裂为三部。连同原来法上部成为四部。

第九，是化地部。其由有部中别立出来。佛灭三百年中（或四百年耶？）有名为化地之婆罗门，其通达四吠陀和诸外道义。他在佛教出家，得阿罗汉果。后读经法，若遇欠阙即以《吠陀》和《声明记论》（谓梵语之文法及语音书）加以饰缀，使如佛说法义。信奉他的弟子遂别立为一部追随其从学。思考此事，以外道教理或文句修饰佛典解释经法，其行径颇似多闻部，恰好说明外道思想之窜入佛典、影响佛教。又原始佛教十分朴实，佛本人从来实语实说。此处以梵语文学之风格装点佛教，实为大乘佛典将出世之前奏。

第十，是法藏部。彼从化地部中分立出来。当初有目犍连弟子名法藏者（Dharmagupta）常随师行，颇能忆念师说。其后师灭，分佛法为经、律、论、咒和菩萨藏。化地部中有作从其说者别立一部便称为法藏部。此处所云之目犍连，无论真焉假焉，单就其自三藏外别加咒及菩萨藏看，所依经典已有显著变化。此中包含大乘佛教思想之端倪当可确信。

第十一，是饮光部。其分立因缘谓某名为饮光（Kāśyapa）之罗汉，听佛说法而悉能记诵，主张把佛法分为破邪及显正两大部分。破邪为破斥外道，显正为显扬对治烦恼之法门。姑且勿论佛在世时，其所教法或者经典能否作此分别。但看“破显”的提法，已经是大乘的苗头。

第十二，是经量部。该部之分立以有复古之倾向。以其主张回到上座部本来之立场上来——以经为量（把经藏作为衡量佛法教义的标准），以为律藏与论藏均应服从经藏本义。

以上所述，意在大体说明诸部派以何因缘且在何处分立出来，其所主张有何特点，有何动向。从中亦颇能看到外教思想之混入佛教内部，亦能见到大乘佛教发展的征兆。从思想发展的角度，可以说令人兴味盎然。又此处所述乃为后面进一步说明诸部派教义作一铺垫。

第六章　诸部教义

第一节　上座部和说一切有部

一、序说

关于佛教教理之发展史，最为重要且又缺乏了解者，正是各个部派的教义。除了说一切有部的《异部宗轮论》——该书为玄奘所译，其撰人为大约二世纪时的世友（Vasumitra）——异译本（罗什所译者名《十八部论》及真谛所译者名《部执异论》）——能为吾等提供某些片断性认识。至若其他，则几无可寻。不过，世友所述，乃是诸部派分立之后所执的见解，其中已经包括有部派形成时及其后的理论发展。正是这些理论发展才显示了它们彼此间的影响。若要了解当初导致分裂的理论主张，及具体演化过程，都是无从追寻的。因而余于此列出的诸部教义，也只能是部派分裂后至二世纪时此一期间的概况。

部派之分裂始于根本二部理论对立，即上座部及大众间各自的教义主张。大众部采取了自由思想的立场，因而有不少反映时代与社会与时俱进的痕迹。相对于此，上座部则因为采取保守主义立场，其理论主张中也就保留了相当的原始佛教思想。亦因于此，上座部佛教的教义对于研究原始佛教有重大价值。不仅可以了解教理的变化发展，也有助于我们对于整个佛教史研究。而自从有部分立出来后，上座部被称为雪山部的那个期间，参看其被认为也已接受了大天五事的说法，可以知道尽管立场保守，但它也不是一成不变的。只是从南传方面看，雪山部被认为是大众部的分支（而非上座部后来的衍变）。这就令我们不免困惑：难道是北传方面搞错了吗？此问题在这里应该这样来看：上座部作为法灯继承人，其组织与主张都有某种程度的改变。内部有着最初的分派倾向（有部思想萌生），其虽有异见然未完全与之决裂。应该自这样的角度来看待原始佛教初期的发展变化，以这样的立场来看待上座部的教义状况。至于晚些时候发生的思想分裂，从思想发展顺序上看，当然应以有部的成立为开端。

有部分立的因缘，前章已经讲过了。因佛灭后三百年出世的迦旃延子（迦多衍尼子）针对上座部的经藏本位观，提出论藏才是本位。迦多延尼子著《阿毗达磨发智论》（*Abhidharma-jñāna-prasthāna*）二十卷，组织起有部教义。因此，《发智论》一书被认为是有部的根本论书。不过除此之外，有部还有六足论（Ṣadpāda-śastra）等作为理论支撑。六足论指的是：①《阿毗达磨集异门论》二十卷（*Abhidharma-saṅgīthiparyāpāda-sāstra*），传为佛在世时舍利弗所著；②《阿毗达磨法蕴足论》十二卷（*Abhidharma-dharmaskhanda-pāda-śāstra*），为与舍利弗同时之目犍连所著；③《阿毗达磨施设足论》一万八千颂（*Abhidarma-prajñāpti-pāda-śāstra*），为与舍利弗同时之大迦旃延所著；④《阿毗达磨识身足论》十六卷（*Abhidharma-vijñānakāya-pāda-śāstra*），为佛灭百年时之提婆设摩（Devaśarman，亦译名天寂）所著；⑤《阿毗达磨品类足论》十八卷（*Abhidharma-prakarana-pāda-śāstra*），世友著（此论与下论俱为同一作者。佛灭后三百年初之世友著。然此世友并非造《异部宗轮论》之世友，同名而异人也）；⑥《阿毗达磨界身足论》三卷（*Abhidharma-dhatukāya-pāda-śāstra*），为世友所著。

相对于此之“六足”之足，《发智论》即为身论。身之与足，谓本末之谓也。就是说六足论是对有部根本论典的发挥。《发智论》是有部之基础理论。也因为如此，后来在迦腻色迦王时朝，有部学者撰有《阿毗达磨大毗婆沙论》（*Abhidharma-mahāvibhāṣā-śātra*）二百卷。此之大论编纂过程中，屡屡引用的就是六足论的内容。

有部之根本论典《发智论》的作者是迦旃延子。其出世于佛灭三世纪末（公元前三世纪末期），其人通达佛教义学。不喜于上座部以经藏为本位之立场，提出以论藏为依据。其制作本论的地点是北印度质那仆底国（Cinabhukti）之阇林寺（Tamasārvana-samghārāma）。又以此地为弘扬中心地。考其动机原委。一则以对抗大众部之自由主义昌炽而力主新说，以为自宗上座部的教义而伸张合法性；二则也因为要驳斥佛教以外之诸宗学说，若数论、胜论等婆罗门教学派的理论主张，以完成有部学说的组织化与系统化。总之，要加强佛教教理建设。自此而观，有部学说深受外教刺激及影响。事实上，有部之本体论（实相论）深深印有胜论的痕迹。但这也是后期理论呈现的模样。但在大众部形成之初，其与胜论等的博弈必已存在。再看大众部之心性论，也有受数论影响之痕迹。胜论与数论都是婆罗门教系中深具理论特色的派别。而有部与大众部则是小乘佛教内部同样很有理论特色的宗派。

二、我空法有论

有部实在论立足于多元实在论的哲学立场。主张世间诸法现象在时间上经历成（生成）、住（定住）、坏（坏灭）、空（虚空）四大劫，从而呈现生灭起伏；从空间上看，依因缘而有离合聚散的变化，呈现无常与刹那灭的实相。这种情状有如波浪的生灭变化、起伏兴废。然就水的体性而言，是离生灭变化的，本来恒有的。与此类似，诸法的体性亦没有生灭变化，虽然经历过去、现在、未来三世而恒在常有，即是说，未起作用即为未来，正起作用为现在，作用既灭为过去。这就是"三世实有、法体恒有"的说法。

至于有部的宗教理想，其讲断惑灭苦而证取涅槃。依惑而众生造业。因造业而感召苦果。断惑即是灭苦。而惑之根本又在于执着我想。断惑最紧要的是打破我执。要打破我执，就要取消因我想而对色心二法的依赖性，不能留下一点余地。分析色心二法，对于一切存在都彻底地认清其只是因缘假合、刹那生灭、暂时而有，因此，从诸法无我而归结于一切法无我。也就是说，断惑证理的根本，在了达我空，因此有部的教义宣称我空法有。又有部之观察诸法（观法）称析色入空观，简称为"析空观"。换言之，依有部学说，诸法之体虽然恒有，但因法用所起，才有诸法之现象呈现。因此，依于因缘，诸法在空间上显现为离散，以时间上呈现出前后相继之变化。诸法并非各别自起作用，即各别的诸法（在相互孤立的情况下）不可能有自体生起的作用，因此才宣布绝对没有一个起到第一的主宰的作用的"自我"，有部才说"我空法有"。依上面的叙述关系一步步地推进，才有可能懂得"我空法有说"

是如何展开的。

作为序说，此处的有部缘起论即是：业为近因，惑为远因，以其因故，感生苦果。这叫作业感因缘。这也就是原始佛教中的十二因缘说。因此，这里讲的断惑灭因，便是出离于色心诸法的结合而解脱苦果，从而得到涅槃的过程。而说明这里的或迷或悟之两重因果关系，也就形成了四谛的教义。

三、万有的分类

佛陀对于世间的存在说明，并不拘泥于名目的分类。只是为了显明苦空无我的道理，佛才用五蕴来说明有情；又以三界二十五有的分类说明其轮回或存在的环境。有部论师采用了胜论派的精细分类法，受到其说明现象世界的方法论影响。有部将世界分为五位七十法。不过，七十五法中，有的也是佛陀当初使用过的。有部论师在那个基础上有所增益，使之更系统化。有部将万有（一切存在）区分为依因缘而生灭变化的有为法（Samkrta），以及不依于因缘而本有存在的无为法（Asamkrta）。有为之法又分为或物或心，以及与物心相关，或者不依于物心者，他们是色法（Rūpa）、心法（Citta）、心所法（Caitta）、心不相应行法（Cittaviprayuktasamskāra）四种。此之四大类又分为五位。第一位是色法，谓五根（眼、耳、鼻、舌、身）五境（色、声、香、味、触），以及无表色（Avijñāpti-rupa，即依身口之类而感召业果的原因，在峰内有熏发功能而无形无象的力）。无表色有十一种法（无表色并不是物质，然其以色法为因并被含摄在色法中）。第二位是心法。若细加区分有眼识、耳识、鼻识、舌识和身识意识六种。

第三位称“心所”。今若以任一心法为主。既为主，便叫“心王”，依附于“心王”的相对现象便称“心所”（法）。心所之法有受、想、行、思、触等共有六十四种。它们是平时伴心法而相随出现的心的作用，或者是当物心二者交涉时生起的心理作用。所谓“心所”，即“心之所有”的意思。然后，第四位是“心不相应行”。其包含有“得”（系属作用）、“非得”（离分）、“生”“住”“异”“灭”等十四种法。其与心法与色法不相应，既非物亦非心，但又有造作的作用。今仅以“行”作为这一类的总称，名“心不相应行”（换言之，且不论前面的三位也有造作作用，但仍仅称第四位的为“行”）。第五位是“无为法”。谓“择灭”“非择灭”和“虚空”三者是无为法。所谓“择灭”是“择力而得灭”的意思。即凭智慧之抉择力而离却烦恼系缚，从而得空寂的灭理。也即是说，入于涅槃。因此，每断一惑，得择灭无为。烦恼之数有多少，便有相应数量的择灭。今加以抽象，合为一法数。所谓“非择灭”，即谓若依智慧简择之力而不能得以择灭的意思。以其为缺诸法生灭之因缘，所以是不生而不灭之存在。这是因为一切诸法的生起有赖于根识等的作用。而从另一面看，若缺无诸法生起的因缘，自然便永远无生无灭。例如“虚空”，此也就是我们今日所说的“空间”，其以无质碍性为性（特征、特性）。因无质碍故可以容纳一切有质碍的东西（“由无质碍色于中行”），是色法于其中生灭的无生灭法。以上三种法（存在）都是离于因缘生灭的，所以是无为法。不过后二种之所以称“无为法”，是对于全部法数分类的必要假设。就佛教而言，最为重要的“择灭无为”法即是涅槃的存在。

五位 —— 七十五法

- 万物
  - 有为
    - 色 法（十一法）— 眼、耳、鼻、舌、身色、声、香、味、触，无表色
    - 心 法（一法）— 心王（摄六识：眼识、耳识、鼻识、舌识、身识、意识）
    - 心所法
      - 大地法（十法）爱、想、思、触、欲、慧、念、作意、胜解、三摩地
      - 大善地法（十法）信、勤、行舍、惭、愧、无贪、无瞋、不害、轻安、不放逸
      - 大烦恼地法（六法）痴、放逸、懈怠、不信、昏沉、掉举
      - 大不善地法（二法）无惭、无愧
      - 小烦恼地法（十法）忿、覆、悭、嫉、恼、害、恨、谄、诳、骄
      - 不定地法（八法）悔、眠、寻、伺、贪、瞋、慢、疑
    - 不相应法（四十种）
      - 得、非得、众同分、无想果、无想定、灭尽定
      - 命根、生、住、异、灭、名、句、文
  - 无为 — 无为法 —— 择灭、非择灭、虚空

四、蕴处界三科

五位七十五法是对万有之客观分析，而从主观方面看，主观之世界又可以用五蕴十二处十八界来分类。蕴处界又被称作三科。佛陀并不承认有所谓主宰人的精神作用的主体，即灵魂之类。精神活动不过是依五蕴结合分离而呈现的生灭，是某种在五蕴结合关系上生出的微妙作用。换言之，以根境识三者为因缘而生起的精神现象。即是说，论主体世界，仍然是对有为集合的另外一种表述，同依据诸法因缘而生的其他造作法并无不同。

三科之第一是五蕴。如第二章中所说，五蕴是色受想行识五者。色蕴即五位中的色法，受蕴、想蕴则是心所有法。而行蕴批

除心所法之受想以外的其他诸法，亦含心不相应行法。至于识蕴，即是心法。因此，五蕴唯通于五位之有为法，不通无为法。其次，说到十二处。这里的“处”是“生处”和“依处”的意思。心王和心所所生起的处所，亦即心王、心所的生起都不能不依赖的地方。也就是所谓六根六境这十二个处所。六根，谓眼、耳、鼻、舌、身、意六种感官。六境谓作为对象的色、声、香、味、触、法六尘。此中除了意根和法境，五根五境属于色法范畴。意根属于心王，指其思量的作用。法境则指除五根、五境及心王以外的所有诸法范畴。因此，显而易见，十二处通于有为与无为诸法。其次，说十八界（Aşţādasa-dhtuh）。界为种群种族义。十八类种群第一类各有自性，所以成为一类范畴。十八界即指六根、六境、六识，合起来有十八类。六识（界）是十二处中之意根所针对的境界。而十八界、十二处仅仅是不同的排列组合，其中同样地包含了有为与无为的一切诸法。不过，所以又称为“处”又称为“界”，前者倾向于用诸法生起的处所命名，后者倾向于用诸法自性来称呼。以上三科如果从认识论上看，六识是依于六根作用于六境的认识所得。而如果世界观方面看，万有不过是六根、六境、六识而已，此外别无一法可有。因此，就其作为一切存在的分类而言，可以说是最简明、最合理的分类法。三科名目与五位的配伍关系于下图所示（其中省略了五蕴）。

- 十二处——眼处、耳处、鼻处、舌处、身处、意处、色处、声处、香处、味处、触处、法处
- 十八界——
  - 眼界、耳界、鼻界、舌界、身界、意界
  - 色界、声界、香界、味界、触界、法界
  - 眼界、耳界、鼻界、舌界、声界、意界

（此图未含无为法，仅见七十二法）

五蕴	十二处	十八界	五位七十五法
色蕴——	五根——	五根——	色法十一
受蕴	意根——	意根——	心王一
想蕴	五境——	五境	心所法四十六
行蕴——	法处——	法界——	不相应法十四
识蕴	（无表色）	六识界	无为法三

因此，色蕴只含五根五境不含无表色；法处含受想行三蕴；色法十一中，含无表色、五根、五境；无为法不在五蕴中，唯摄于法界。

五、修道与得果

有部以见思二惑配伍三界，八十八使属见惑，八十一品属思惑；至于修道次第，分为见道（Darśana-mārga）、修道（Bhāvāna-mārga）和无学道（Asaikşa-mārga）。第一是见道，依智慧简择力而（右）见四谛理，因以断见惑。第二是修道，更依智慧力，修习四谛理，以断尽思惑。如是修行，每断一惑即一择灭，直至涅槃，最终达到无惑可断，无法可修，是为无学道，得无学果（至无学果之位次，如前面第二章中所说）。

其次，依修道者之根基，分为上中下三乘。下根者，指声闻种姓（Śrāvaka），声闻行是闻佛言教之修行。此之言教，谓佛之遗训也。依佛所教之修行，观四谛道理，得阿罗汉果。中根者，谓独觉（Pratyekabuddha，辟支佛）种姓，不依靠师父（或先奉师教后转自立），自观十二因缘，因以独悟，断惑证理，故此类行者也称作缘觉种姓。以上声闻缘觉两种，称为二乘。上根者，谓大觉种姓，亦称菩萨种姓，依长期以来多生之修行，已断诸惑习气，具足一切智慧，圆满自利利他，得无上正觉，成就大觉之佛陀。是中依于菩萨乘成就佛陀者，唯止一人，即为后补成佛之弥勒，现正在兜率天之内院住，等待下生成佛。一切凡夫悉依声闻乘以证罗汉果。不过，佛与二乘行者，仅是修行道路不同，其所得最终与解脱无异。

又众生中，有修得佛性，无修得佛性；修得佛性虽众生中或有或无，有无不定。故佛性有三：定无佛性、不定有佛性、定有佛性。以定有佛性又分为三乘，是故佛性有五种（定无、不定有、三乘之定有）。这里的定无佛性，以分为涅槃永得、永不得涅槃、永不成佛三种。

六、涅槃与佛身

佛之在世，可以认为是现实中体得涅槃的佛陀的存在。至如涅槃与佛身，于佛弟子而言尚无此类问题存在。到了佛入般涅槃后这便成为重大问题，也因此而生出种种异见。尤其是佛身问题，佛灭后随时移境迁，佛陀被推向理想化，而随人们抽象思维的发展，佛身之说甚至有两三种讲法。在佛教部派分裂时代，关于佛身的争吵是重要的话题内容之一。

考察有部对待涅槃与佛身的现存看法，其教义中有同于原始的最初讲法。关于涅槃的形式，它承认有余涅槃与无余涅槃两种。身心都灭、灰身灭智者是无余涅槃。此是空寂的涅槃。又若论佛身，其尚未往佛身观中添加任何理想成分。佛陀仍然被视为现实中的人身。佛陀的身体只是前世中惑业所感的结果，因此是有漏之身，佛的寿命也有限度，业果若尽，其身亦尽，其若入于无余涅槃，便归于寂静；又佛有非善非恶之无记心。众生有问，随问作答，无须道理推究，亦不刻意采用说明方法。又佛（往昔）以自为恶而成有漏身，引之有漏身亦是他人造罪依处；又虽佛仍有睡眠，然常在不定中；又非能以一刹那心了一切法，非能以一音说一切法；又非佛之语必能利他，以其有限故。其次，关于佛之因行，说佛在过去之因时，为济度众生，不得不于三界受生，烦恼未断，唯依修行以调伏之，至修行圆满，当下断尽诸惑而成佛，此所谓取伏惑行因说也。

以上为有部教义之大概。依此推测，上座部之教义的模样可以由中略窥一二。又可以就此推测原始佛教的教理之仿佛。不过，此处所言及之万有存在分类、认识之成立，以及五种佛性的说法，亦作为理解以后唯识佛教之资料，是一般佛教之教学基础，为大小乘佛教都共同采取。有部学说作为毗昙宗（阿毗达磨宗，亦称对法宗）之独特名称，在佛学界具有特别地位，到后来世亲撰《俱舍论》时，更于俱舍宗名下成为永久之佛学基础资料。直到今天，世人对其研究依然不辍。

第二节　大众部

一、万有论

大众部教义相对于有部原始立场发生了较大变化。与有部坚持朴素多元实在论的哲学立场不同，大众部对于实在论观念采取批判态度。他所主张者乃是某种现象否定论的法空观。即是说，有部主张诸法刹那生灭而成就诸法体性三世恒有；大众部与之相反，主张诸法刹那生灭，因此，过去之法因为体用俱灭而不有（不存在）；未来诸法体用俱未现起，成以也不是实在（并非实际存在）；唯一可称为实有的，只是现在体用二者都存在着的当下（一刹那）法。大众部的这个立场还可以这么样表述：过未无体，现在有体。因此，相对于有部的"我空法有"说，大众部主张"我法两空"论。

其次，大众部针对有部的三种无为法而成立九种无为法。在有部的三种无为法以外，增添了空无边处、识无边处、无所有处、非想非非想处、缘起支性和圣道支性六种。另外，有部以无为法为寂静的理体，大众部认为无为法具有活动性。也就是说，大众部认为过未无体的诸法本质上并非空无，其否定面落在现象上而非本质上。

九种无为的前三项，意义与有部的看法是一样的，所以在此只从第四种无为法作简略介绍。所谓"空无边处"在有部是厌于色而观无边之空，言其来世将生于空无边处天，而大众部的见解，则以为应空的是粗色，微细色还是存在的。行者在空无边处定中，断下地之惑，证得一灭，以之所灭为依而生空无边处天，即此说也。所谓"识无边处"，谓厌外空向内空，观无边之识，同样亦断下地惑，亦证得一灭，从而生识无边处天。而所谓"无所有处"者，灭无边之识，观无所有。同样断下地之惑而生无所有处天。所谓"非想非非想处"者，俱离于有想无想之状态，同样断下地之惑而生非想非非想处天。因此，这里说的"处"，有部以之称所生天处，而大众部以此"处"为"所依"之义。因是之故，其以四处为无为法。在大众部眼里，并不是有部的天处，故而不在三界所摄中。

其所宣说的只是理法：依断惑而得证灭必然生于天处。

再次，说到“缘起支性”，其所宣讲的是生死流转的理法。在有部只承认缘起之相是有为法；而在大众部缘起的各个支分，即十二因缘支，都属于有为法。其认为十二支前因后果相续，生起苦界，次第井然，无有例外。因之，此说的是一定不变之理法。

最后，关于“圣道支性”，是说苦界还灭的理法。对于有部言，除四谛中之灭谛外，其余三谛都是有为法；而大众部则以之等同前面的缘起支性，将八正道各个分支一律视为有为法，第一支都必须要离染才能得脱。依据此一定不易之理法，任何别的诸道品，也都同样说成是体性无为。这里因此专门拣选最胜之八正道来例说。

此处所强调的是大众部以无为法的理体，作有为法活动功用的所依。大众部的无为法，因此可以说是有活动功能的。同时，其法空论并非是要宣称空无其本体，而只是为了否定现象。这里要再强调一次。然而，这里先不讨论大众部之九种无为法究竟是不是各有其体。说起此话题，可能会有不同的意见。但从道理上讲，它们必须是同一的一体存在。以往所传，对此问题，从未有过详尽的叙述。至于其他的诸法分类，若论心识，大众部与有部看法相同，也是认为有六种识；关于心所法等，两部之间从分类看并无出入。

另外，如上所说，大众部主张某种近似于现象否定论的法空论。这么看来，它的观（空之）法较之有部析空（分析而空）观，更大大推进了一步，成为了体空观，即当下直接体会把握色心诸法如空即幻。这样的观法同以往传统所说的该部主张是一致的。

二、心性本净论

原始佛教中未有明显之心性论。佛陀自己并未言说心性之清净或不清净。似乎中国的孔子也只说人之性善而未把性善性恶单独提出来讨论。因此，在佛陀当世，心性之有净与不净只是人们的常识而已。不过到部派时代，在有部眼中，心性属于本来不净。因之，人心才充满迷妄杂染，也才有转变本来之不净之心，使成为清净以得解脱的说法。对此，大众部有不同的看法。在他们眼中，心性本来清净，无关迷妄杂染。只是从外部而来的烦恼客尘，令心性受染而成为不净。因此修道的作用就是拂去客尘烦恼，还心以本来之清净，令自性显露而成就其善。换言之，随本来清净的自性之显现便成就了解脱，这就是"心性本净，客尘所染"的说法。而这样的思想观念与数论哲学中的神我与自性的关系很有相似性。

然而，既然宣称心性本来清净，而烦恼只是客尘的随逐，所以烦恼又被称为随烦恼。受随烦恼的污染作用才有造业和流转苦界的事。因此，心是为主的，烦恼是为客的，二者亦即是一种主客和偏正的关系。换言之，心之存在无始无终，烦恼之存在无始有终，因此才说心性本净，心性之受染则因为烦恼客尘。要而言之，在有部只见到心之心相而未见到性之体性。反之，大众部则更能进一步观心之体性。正是在这个地位，就哲学立场而言，有部是现象论者，而大众部是本体论者。这是衡量两部心性论而得出的差异之一。

顺便而言于此。就大众部而言，不像有部那样，说善恶之性，以说善恶之性以外的无记性（无善无恶性）。大众部认为一切诸法悉当有其善恶之归属，这是由于业感不同的缘故。业感不同，善恶有异。善业善果，恶业恶果。例如人天之法，皆是善业所感，善性成故。至若三恶道，恶业所感，恶性成故。由是九种无为法，悉属善性。又依以上所说，大众部与有部相同的地方，在皆主张业感缘起论。此事明矣。

三、涅槃和法身

大众部之涅槃观，以往所传不详。若自其对无为法之活动功能所持之本体论态度而言，再加上对其佛身观的思考，其显然不同于有部之视涅槃为空寂。而以为其有微妙功德，有积极之实在意义。此皆是推导而知的。至若大众部之佛身观，远较有部进一大步。其已经有后世之报身、应身思想，认为佛以其长期多世之因行而得实身，佛之身体遍满一切处，佛之寿命亦无有边际，佛之威神之力亦无边际，佛之教化众生令生净信，其心无有厌足；佛之教化随宜，佛之入灭亦随宜；佛 80 岁入灭，犹有随机应现之化身。

不过，大众部是如何看待此有化身存在之现身佛的呢？不像有部之视其为普通人身。大众部眼中的佛是超人的存在。因之其主张一切如来无有漏法，佛身为无漏之身；诸如来语皆转法轮，佛语决非无益之语；又佛以一音说一切法，佛亦以一刹那心了解一切法；又佛离于一切罪恶，但为众生的缘故而愿生恶趣随意能往；又佛常在定中无有睡梦；佛之回答众生所问，无不如义。其次，就尚未取证的因位菩萨言，大众部不像有部那样，不认为因位菩萨还有伏惑行因的任务，其所断惑因以成佛的身体，已经不是前业所惑的人身，而是佛身与无漏身。佛是以无漏之身来生三界的，其为生三界自在的真实身。

以上所述，是大众部的教义大略。所有这些，当时并不是非常明确的独立主张。但其中许多看法明显要较有部、上座部等深入一层，这也是不言而喻的事。尤其是大众部主张的“我法两空”说，立足于现象的否定论，接近了后来大乘的般若论。又其无为（法）有作用的主张，亦颇相似于大乘真如缘起的理论。将现象生灭视为如来本体界上借因缘而生起，可谓真如缘起的先驱。又其宣称的“心性本净客尘所染”说，其烦恼无始有终的论点，亦极为类似于真如缘起论中所讲的无明无始有终的理路。不仅如此，心性本净的思想，以后成为大乘佛教的重要内容，它诱起了一切众生皆有佛性的想法。因此，大众部的教义，虽然采用的是小乘一样的语言，但不是有部那样的纯然小乘的语句。差不多可以说，它往往具有大乘的口吻。离开了大乘教的语句和口吻，恐怕大众部的理论发展也无从说起。依此而论，以往说大众部内有华严、般若、涅槃等大乘经的说法未必确实，但形式上的经典虽然没有，类似的思想观念还是可能有的。若非如此，恐怕也无从理解上面所说的大众部的思想事实。

第三节　末派和支派

小乘诸部本来总计合有二十部，于此只是讲到其中特点显著的几家。二十部以外也还有许多支派，但已经不能尽悉枚举。例如，根本大众部的内部还有许多异执，于此也都只能从略。不过需要说明的是，所谓本宗以下的末派，其教义并不一定就完全与所属部派的主张相一致。例如，大众部分立出来后，会保持一些上座部的教义，而上座部中的末派也会同意一些大众部的主张，彼此之间不免多多少少有教义上的交叉混合。又例如，多闻部之教义亦不完全拘束于大众部的内部，其教义中有许多同有部也是相近的。又如化地部，虽然只是有部的末派，但主张竟有同于大众部者。以是之故，从方便出发，对此诸部派的教义，依其本末关系列在下面，但并未不是从教义内容的部派标准来罗列的。

大众部系——一说部、说出世部、鸡胤部、说假部、制多山部、西山住部、北山住部
↘↖
折中系——多闻部、化地部、法藏部、饮光部、雪山部
↗↙
有部系——经量部、雪山部
↘↖
折中系——经量部
↗↙
犊子部——法上部、贤胄部、正量部、密林山部

据上，多闻部虽自大众部分立出来，但多用有部教义。化地部、法藏部、饮光部、雪山部四者完全属上座部而教义又多同大众部。另一方面，犊子部中诸部因主张某种特异的教说，虽本属上座部系内，却自成另外的思想体系。雪山部（若依北传）算是根本上座部系统，以有相同于有部的主张。因其认同大天五事，又同大众部系拉上了关系。至于其他支派，因其关系太烦杂，于此从略。另外，这样看来，诸部教义中，唯有大众部系的教义流行最广，对其他部派的影响亦最大。但大众部教义进一步发展，尤为接近大乘佛教。因此，在大乘兴起后，大众部的教义多被大乘佛教吸收容摄。这一过程中，大众部的组织力量反而失势。相对而言，

就僧团的势力而言，反而是有部及犊子部中的正量部因为在小乘中颇有特色，而得以保存其力量。这也是一种颇有意思的现象。

一、大众部系

大众部中有相当特色的支派，有一说部、说出世部、说假部这三者。首先，是一说部。大众部认为过去未来诸法无有实体，唯现在一刹那法为实。而一说部更进一步，主张三世诸法悉无实体，但只假名。因此其主张可以概括为“三世诸法假名无体”。盖以大众部亦说之现在有体说，其不过断定刹那生灭之一瞬间是实在。说到底，还是与“三世无体”同义。因此可以说，一说部主极端之论。

其次，是说出世部。一说部是继承了大众部的现象否定论，其亦主法空之说。说出世部则针对其对法空论的发挥，继承大众部的本体论，立足于批判实在论立场，驳斥其“诸法实相”的主张，区分出真俗二谛来。谓世间法依于俗谛门，因生起颠倒妄见之假法，所以虚妄不实中而依真谛门能生出世间法，不生颠倒妄见，所以真实不妄。因此，其所主张谓为“俗妄真实”说。盖三世诸法假名无体的理论，在哲学上讲极为彻底。然而，从宗教修行实践上看，不免空疏。所以说出世部的主张，立足于批判实在论，有调和诸法实相的意图。

又其次，是说假部，亦名分别说部。一说部断定诸法为假名无体，而说出世部则谓一切出世间法悉为真实，与世法假有说并存，主张真假并有的说法。说假部则是对一说部和说出世部的批判。

依上所论，自大众部系中可以总结出来两点：其（中之）一是近大乘空观的态度，另一则是近于真如法性的思想。大众部系中的这些说法，究竟哪些是大乘，哪些又是小乘，恐怕也是难以详细分辨开来的。

二、犊子部系

最初由大众部中分立出来的犊子部，并未特别主张或大众或上座的教义，而是以不偏不倚为自居立场的。首先其划分诸法，以为三聚（聚者，范围义）：亦即为有为聚、无为聚以及非二聚；又三聚亦可以作五藏（藏者，意为类藏）来划分，谓过去、现在、未来、无为及不可说。初三世藏，可以放入有为聚。最后是不可说藏，亦为非二聚的别名。不过，此部的特色，正在其坚持的不可说藏之分类上，及其所主张的补特伽罗之我（Pudgala）的独特内涵意义。若依是说，世人依其所（选）造善恶业而感果，而（改）其从现世至后世之相续不断存在，不可能没有任何实体来维系前后相续。若非如此，人死则五蕴分散以灭，由不可能转移生来世矣。又若哪怕是一切智者的佛世尊，念念生灭的心及心所仅存于各自刹那中，知色之心不知心，知心之心亦不知色，同时知道色心诸法肯定是不可能的事情。因此之故，若要任持三世恒有的业因，或者作为常住不变而遍知自在的实体，由凡夫修行到成就佛陀，都必须有某种贯通三世存续不断的实体。这样的实体也就是不可说藏的自我。它既不在五蕴本身中，与五蕴当体又不是一码事，也不在五蕴之外，说不上就是灵魂。总之是某种非即蕴非离蕴的自我。这样一来，既不能说它是有为法也不能说它是涅槃法，所谓“不可说”就是这么来的。不在有为不在无为，因此是非二聚的存在。盖但说绝对无我的，也有可能失去了轮回业报的主体，同时也就失去了解脱而得果的主体，所以，若假定这么一种不可说我的存在，是对无我某种补救。然如果从佛教根本立场出发，即令承认有这么一种自我存在，也仍不免成导致沦为我执的原因。先不讨论这会不会排斥佛教的根本教义，假若从其他方面来看，恰恰成为实证因果法则的范例。因为这里将“我”的名称加给某物，等于是用语言给某种观念性的东西赋予其实在性（即使不可说的东西变为可说，使超出有为无为的东西变成有为）。赋名号予不可说的同时，事情便转向了对立面（不可说之“我”化为了仍然可说的“我”）。这里毫无疑问是受到了奥义书中的那种“我”的思想影响。

其次，法上部等四部中，只有犊子部说“诸行有暂住亦有刹那灭”，这与主张“一切诸行皆刹那灭”的极端态度是不一样的。不过，犊子部在僧伽组织上，以后成为势力颇大的正量部，在大乘佛教兴起后与有部共为小乘中的二重镇。

三、折中系

折中系中有特色者，第一，是大众部内分立出来的并承认大天五事，多认同有部教义的多闻部。其理论特点是，区分佛之教法，析为世间与出世间两部分。以无常、苦、空、无我、涅槃寂静五者作为出世无漏教法，其他之一切诸法为有漏世间教。所以如此，大众部以佛陀言教悉为无漏。然多闻部于大众部系中，显发三藏深义，认为深义中有大乘所传习者；然大乘所传深义究竟所指若何，其并未说明；或者出世无漏之五音，“空”之一项，究竟在哪种意义上是大乘深义。

其次，是化地部。传其以吠陀、声明、记论等修饰佛典。然在实际上，用外典来解说佛典究竟指的是什么内容，也不甚明确。上之一部作为有部的分派，主张与大众部大约一样，取过去未来无体之说。自宗特色在说无为法有九种。九种无为中，前三无为亦与有部同。末后之道支真如与缘起真如两种，同于大众部之缘起支性和圣道支性。九无为法的中间部分——不动、善法真如、不善法真如、无记法真如之四种无为，是该部的特色。所谓不动无为，指断除障碍静虑的粗动心以后所得的理体；所谓善法真如无为，指必然能得善果之善法，其条理严明不可变易，故得其名；其他两种——不善法真如与无记法真如，则亦指法理原则。即不善法真如，谓必然导向恶果之原则；无记法则指必然导向非善非恶之结果的原理。从而，真如即真实如常义，不受生灭之影响，自身又无任何变易之原理。其与善、不善及不善、不恶没有任何关系。

另外，从化地部说择灭、非择灭及虚空三种无为的本体是一，又说善、不善及无记三种真如也是本体为一，可以得到结论：其以为无为法是根本同一之理体的显现。据此可以认为，化地部关于我之本体论的考察已经较前迈了一大步。此外，该部又说佛与二乘同道、同一解脱。以说佛亦在僧数中（此即“僧中有佛说”）。这些均已显示，其已渐脱小乘范围向大乘靠拢。该部同犊子部一样，其教义学说为最有特色之有部分派。

再次，是法藏部。此为化地部之一分派，然教义却多采用大众部说。其所依的经典有五藏——经、律、论、咒及菩萨藏（菩萨藏相当于大众部所说杂藏）。此中特别是菩萨藏，有鲜明大乘佛教色彩。不过，与化地部不同，它主张僧中有佛及三乘同一解脱的说法。同时又认为佛与二乘之间圣道不同。以此点看，其尚未脱离小乘佛教的圈子。

最后，饮光部作为有部的一个分派，其教义大同于前面的法藏部，因其教义上也接近大众部。

四、经量部系

经量部之教义，大体而言，属于有部系统。不过在许多方面，往往显示出特异思想。其中的种子说，足令人生出其可自为体系的想法。该部亦如犊子部，学说中认为有不可说之自我，亦称为“胜义我”（Paramartha-pudgala）。其又主张有名为“一味蕴”的某种种子及无漏种子。这些都是它的特色所在。不过，所有这些特点，都不一定是它在分部之后才有的理论。有的思想正是当初形成本部时的复古态度的表现。仅从该部主张以经藏为本位这点来看，就与有部对经藏的态度（有部是重论藏的）显然泾渭分明。正是这一特征（以经为本位依据）使它在北传体系中被称为说转部（Samkrānti-vadāh）。南传体系中，说转部并不被认为与经部是一回事。南北两家，哪一边的说法更近真实不得而知。

首先，看该部主张的一味蕴观念。所谓“一味”，就是“自始至终都不会改变”的意思。换言之，在刹那生灭的五蕴之处存在着某种根本微细的蕴类，它历经三世而不变异。此之微细五蕴，作为种子可以生成粗（大的）五蕴。粗五蕴是刹那生灭的，不到至善实现，这种灭无就会不断持续。相对于一味蕴，粗五蕴又称根边蕴（枝末蕴）。而所以有此一味蕴的名称，是因为无始以来，有受想行识四蕴一味和合、存续转起的缘故。又所谓“色”，即是色种包持心种。所谓“心”，即是心之种包持色之种。色心两种，相互包持，互为自他。无论是在无心位，还是在有心位，色心种子等持而相续不断，这就是所谓“色心互持说”，此亦可以名为“色心互熏说”。要而言之，经量部所说“种子”，犹如今日所说之“势力”（Enegy）。

其次，该部说胜义我，其为与世俗我相对待之名称也。又其虽不是犊子部中所说之非即蕴非离蕴之我，然其微细非常、大小形量均不可描述此“胜义我”。但归根结底，恐怕与犊子部之我亦无甚区别。不过，经部之胜义我与一味蕴之差别，只在一味蕴仅为有为法五蕴所依，成佛之前之因位身的依据；而胜义我，则是有漏无漏之身都不得不依持的，在因位与果位都不可或缺。这么说来，胜义我通行于有为与无为，是无始无终的实体。以所谓无漏种子，乃凡夫所具无始以来、出世无漏的种子圣法，因此，其无关于佛之出世与否，也无关于听不听闻佛法，是凡夫从根本上讲可以得到解脱的依据。就小乘而言，这是相当特异的见解。但这个无漏种子与前面的有漏种子，以及同胜义我之间，究竟是怎样的关系，据所传的经部义看，未有显明的细说，而只是如上的大致讲法。

类似于经量部种子说的，在诸部派的末枝中亦能见到。大众部之末派中，亦有说（有漏法少法）种子，亦有说多心和合，这些都颇似经部一味蕴等的思想；又化地部之末支派也有名为究生死蕴的某种一味蕴思想。但是究竟哪一家在先，谁受谁的影响？无法详知。又是诸观念从何而来，也无从明了。有可能是胜论及有部的极微说为最初的根源。从那中间才生出粗细的分别，逐渐形成现在所说的样子。

以上所说各宗末派支派的教义大概，其中所应当特别加以留意者，不单是诸部之间所坚持的缘起论思想，还有婆罗门教是如数论等坚持的缘起论观念的影响。更需要特别留心的是这里的胜义我、无漏种子等观念。它们极为类似大乘佛教中的如来藏（Tathāgaragarbha）思想；一味蕴（亦即有漏种子）的说法，也引起对后来大乘中的种子识的联想；又无漏种子可以作为佛性论的先驱看；三乘同道的思想作为一切成佛的思想根源；如是等等。总而言之，小乘诸部教义成为小乘部派名称的，除了一切法有、三世实有成为“说一切有部”这样的名称外，几乎从部派中各支末派别的名称上都能见到。可以说，这种教义发展同派别名称的相互联系，错综复杂，已经达到了令人眼花缭乱的地步。

第七章　迦腻色迦王朝的佛教

第一节　阿育王以后的佛教大势

由于阿育王的热心护持佛教，其后的三百年中，佛教已经发展成为世界性的宗教，占据了印度北半部，并进一步向四面八方扩张。它传播到了阿富汗、中亚以至更东方的中国等地。这一时期在印度本土，其北方和西北方都是迦腻色迦王在统治。以贵霜王朝为中心地的西北印度，在向东、西、北各个方向上的发展都是长足的。佛教从西域经中国向远东流布。

先于此时，当中印度的阿育王帝国衰微之时，孔雀王朝的后继者有信奉婆罗门教，亦有信奉耆那教的，使得佛教渐渐丧失了王朝的政治支持。到公元前二世纪，孔雀王朝名为普沙密多罗（Pusyamitra）的武将篡夺王位，成立巽他（Sunga）王朝。下一世纪初，巽他王朝便为加尼亚（Kānya）王朝所取代。由于该王朝是信奉婆罗门教的，无视佛教，于是在中印度佛教进一步衰落。但这两个王朝的统治区域基本上限于中印度，未必能够号令境外的诸国。在这种情况下，硕学大德纷纷流亡到国外。因此，从史料看仍然有不少关于佛教兴盛的记录。加之在中印度既有之各佛教胜地，如鹿野苑、佛陀伽耶、巴尔护特（Bharhūt）等地，佛法仍然能够继续流传。其次，观此期间的西北印度，自阿育王时代之末阐提等来此传教以来，佛教已经俨然可观。迦湿弥罗和犍陀罗成为上座部的重要根据地，有部之学在此特别发达，势力扩张很快，内部也有好些宗派陆续分立出来。

又至公元前二世纪中期，希腊人殖民地之喀布尔（Kabul）王，势力一度达到北印度及西印度部分地区。若弥邻陀王（Milinda）统治北印度之奢揭罗城时，当地有叫龙军的长老比丘弘法，佛教大振。导致该王也信奉佛教。国王与龙军之间就佛法对谈，形成了《那先比丘经》（南传方面此经称《弥兰陀王所问经》）。其次，再看西南印度，有当时雕凿之加尔尼（Karli）、纳希克（Nasik）和阿旃陀（Ajanta）等石窟寺院，以及有阿摩罗缚罗（Amaravarna）和山奇（Sanchi）的佛教大塔。所有这些佛教遗址，据后来的考古鉴定，均起造于公元前三世纪至三世纪的五六百年中。诸历史材料显示此诸地区为大众部和上座部之贤胄部的流行地。再往南印度之南端有锡兰岛，那里的佛教在阿育王时代已经传入。以天爱帝须王及其宫妃的扶持，朝廷上下直到民间，人们信奉佛教者甚多。国王布施土地给僧伽造大云园（Mahāmegha）。那是当时锡兰岛的佛教中心。又摩哂陀长老之妹僧伽蜜陀（Sanghamitta）来到锡兰劝化妇女。她建立了最初的比丘尼僧伽。师子国（即锡兰）的比丘尼戒法体系在五世纪初从海路传入中国。在当时南朝首都的南京传戒。不过随后之时代，东北印度主要流行的是耆那教，东南印度是泰米尔人聚居，佛法虽有，远未为盛。又泰米尔人在此期间多次入侵锡兰，其大军所到，迫害僧尼、毁寺废塔，致师子国佛法往往凌夷。要之，阿育王以后，佛教唯于西北印度之两国及南方之锡兰一时昌盛，其余地区则远逊之。爰及迦腻色迦王之世，此种情况更为明显。及后来龙树、提婆在南印度弘法，才有大乘佛教之大发展。

第二节 迦腻色迦王

公元前二世纪顷，生息于中国甘肃某地之月支（亦称为月氏）民族，次第向西及西南迁徙。至公元前二世纪后半期，出至妫水流域。消灭希腊裔之殖民地大夏国（Baktria）。据其故地而立月支国。当时月支民族在其境内五翕侯分治。后有五翕侯之一的名丘就却（Kujala Kadphises）势力渐强，吞并其他四翕侯之地，而成贵霜王朝。

丘就却向四方用兵扩张国土，很快兼有阿富汗及部分西印度，国势既张，成一大帝国。奄有自西北印度至中亚之辽阔土地。贵霜王朝至第三代君主迦腻色迦时，势力达到顶峰。至若该王之即位年代，说法不一。大概言之，在二世纪初，约 120 年。

迦王即位，再向南面用兵，曾攻陷中印度之华氏城；又征服当时处在波斯境内之安息国（Parthia）。其向东扩张，兼有尚为后汉领域内的疏勒（Kashgal）、瞿萨咀那（Kustana，今之和田）等国，取各部酋长之王子为质，使住于那仆底（Cinabhakti），以作监控。迦王定都于贵霜国之中心丈夫城（Purusapura，亦称大人城，在今天巴基斯坦之白沙瓦附近）。又在迦湿弥罗地建迦湿弥罗城。迦王在军事扩张上，威名远扬；其又颇善政治理国。其治下被称为人民丰乐、法教昌盛，地处东西方交通要道上的犍陀罗城，以其文明著称于东西方世界，城中的建筑雕刻艺术，其辉煌遗址至今仍可称为世之彪炳。迦王本人笃信佛教，于国中多起佛塔。其在首都白沙瓦所建之佛塔有四十丈高，其庄严相状名闻全印度。远至东方的中国都知道雀离浮图盛名。该王又日日招请佛教大德入宫演法，并恭敬与座聆听。以其奖掖，佛教得以普及贵霜全境。王又护持有部作大结集。其护法善政不让孔雀王朝之阿育王。佛教自西域而入中国，也正在该王统治贵霜之时。又迦王统治之下，境内有众多民族，共奉佛法为宗教。因之，佛教在兴旺发达的同时，亦成为维系王朝统一之政治助力。

迦王在位 30 余年，一朝崩殂。其后佛教在该国仍延续数代，方才式微。二世纪末，贵霜之世天王（Vasudeva，亦译婆薮天王）晚年，有讫利种王之篡位者取代。讫利种王不信佛法，更兴迫害，在贵霜境内毁塔废寺，驱逐僧尼。传有睹货罗国（Thikara，今塔吉克斯坦）之雪山下王（Himatala）起兵弥难，杀讫利种王。雪山下王本系释迦族，笃奉佛法，故佛教再兴。

第三节　迦湿弥罗结集

迦腻色迦王朝时，佛教界最大盛事当数有部于迦湿弥罗国所举行之第四次大结集。今观此结集因缘，乃由于迦腻色迦王每日招请一大德入宫说法，且又自观经典，发现两相出入，甚感诧异，便向胁尊者（Pārśva）表示：圣教诸部，所言有异，愿知原由。据传迦王因此发心欲统一诸说。与胁尊者商议，表示愿意资助结集大会。考之原委，当时佛教部派各分，竞张论阵。自是非他，莫衷一是，令人无所适从。为纠正异说，确定正义，令正法不致湮灭，使惑者复明。又胁尊者其人，老年出家，三岁胁不至席，穷究经论，乃证果大德。以是对正法歧义多出，深感不安。更加之迦湿弥罗国自末阐提来此传教，久为上座部基地，有部之说已成正统，遂生结集护法之祈愿。

由是迦王下令召集国中一切通晓三藏之学者，又自其中选擢学识卓越者，聚会于迦湿弥罗之环林寺（Kubdanavana Samgharama），以行结集。大会以世友为上首，以法救、妙章、觉天、胁尊者等诸大阿罗汉先造出经藏注释《优波提舍》(*Upadeśa*)十万颂、律藏注释《毗奈耶毗婆沙》十万颂、论藏注释《阿毗达磨毗婆沙》十万颂，合为三十万颂，六百六十万言。结集终毕，迦王镌刻诸释于铜板，藏之石函，建宝塔以庇藏。又置护卫守塔，不令异学之人滥于出入。许欲学之人进塔阅览。然禁止携出塔外，以防异学篡改且铜板散佚。有欲阅藏者十二年始得毕其一遍。然是中经藏与律藏不久即佚失，今不复见传。唯论藏注释即《阿毗达磨大毗婆沙》二百卷（今存玄奘汉译）至今仍存。其为有部学说之大成焉。大毗婆沙之编纂年代，说法不一。或说在佛灭后四百年，又说在五百年。该论之序则谓在佛灭后六百岁（二世纪初）。以末说最近真实。

又据《西藏传》，谓有五百阿罗汉、五百菩萨及五百居士共同结集。于是会中承认十八部异论俱为真佛教，又重新记载三藏。再对新纪录之三藏加以校订。若依是说，迦王之结集成果，不仅有小乘诸典，亦有大乘三藏。然当迦王之世，虽大乘经典之存在以及怀大乘思想之学者存在均毋庸置疑，然一时召集五百大乘学者恐甚可疑。以历史事实而论大乘学者之涌现，乃龙树菩萨出世之后。何况迦湿弥罗国是有部根据地，在部于此结集固在情理中。但同时有大乘经典之结集的说法，以及十八部异论一律被认为真佛教的说法，到底难以采信。更何况迦王本人崇信的是有部学说，如前面所引述者可以证明。因之，大乘结集及十八部异论均为正说法恐怕仍是后世的附会。

又此次结集，究竟是三藏结集还是仅仅编纂了一部《阿毗达磨大毗婆沙》，其事所传并不明确。但若依现存经典来看，或者仅有一部《阿毗达磨大毗婆沙》作结集成果，当符合事实。再者，马鸣及世友辈是否参与此之结集大会，也有不同的说法。世友很有可能参与其事，然马鸣列名其中，恐怕是后世的附会。假托其名是为了拔高结集大会的重要性。因之，多半只是虚传。

第八章　过渡时代的佛教

第一节　龙军和世友

以上所述乃所谓小乘佛教之变迁与发展。而至三世纪即佛灭八百年后，印度有龙树提婆等论师出世。大乘佛教因此而发展起来。然此大乘佛教亦非突如其地显现于世。龙树、提婆无非开启一个时代，在其前面已经有大大小小的思想前驱，为他们作思想之铺垫。即如前面所说小乘诸部教义，其纷然而呈，正是此种思想运动之预备阶段。诸部历史上姓名不传之大小兼学之论师当有几多，虽湮没无闻，然却承当自小乘而大乘之桥梁津渡。为方便叙述，故将部派中之佛教学者放在此过渡时代加以叙述。

此时代之领军人物，应为公元前50年顷出世之龙军（Nagasena，那伽犀那、那先）长老。龙军为中印度（或又谓迦湿弥罗国）人。少时就楼波罗汉（Rupana）出家，年20岁再随頞波曰（Aśvagupta，马护）受具足戒，修行专注而得罗汉果。后于各地教化，于北印度之奢揭罗城接应弥邻陀王，答问以行教。弥邻陀王显然有其哲学思想及对宗教问题之独立见解，因之向龙军长者提出各种质疑。龙军因其发问于是善巧作答，以不同的譬喻启发并制伏该王。最终因膺服长老的学识与智慧而归信了佛教。

今依《那先比丘经》中纪录之二人对答介绍龙军的思想。从根本上看，本经目的在于通过一在家俗信士与佛教长老之间的对谈揭示小乘的主张。其立足点正在“我空”上面。其所破斥者是国王那样的先有之我见。经中几乎未见大乘的迹象。然若仔细辨析，仍可于小乘之光中见些许大乘之思想。例如，经中谓佛之分别诸法相，智解之力深入微细；也于好几处说到佛能够悉知三世诸法。此皆不能算是小乘的见解。而应是当时之先进大众部思想。尤其应当注意者，经中所说，即令造现世恶业，临命终时念佛，不但恶业得消，还可以得生天之功德。又其明确地宣称涅槃“审有”（毫无疑问地存在着），可以看出，龙军的思想已经不是纯粹的小乘见地。此中关于念佛思想的肯定态度决然而显明。又如传说（参见《解深密经疏》之第一等），《那先比丘经》中有“三身论”之“佛果中唯有真如及三身者，无色声等粗相功德”等语，可以显明大乘家的见地。但若谓龙树以前即有倡三身论者，似又不可信。或又有同名之另外一位龙军的说法《唯识述记》（卷一）中说到无性与龙军并出（同时出世）。若联系上述两条，由《那先比丘经》中之龙军恐非即是三身论主。虽然如此，仅以《那先比丘经》中流露出来的思想看，绝不可以说它仅为小乘思想立场。唯其如此，笔者将龙军视为大小乘之间的承接人。

再看龙军之念佛思想，无论起源学还是对象均不甚明确。不过，若考虑当时小乘诸派间的佛身观之发展程度，以及考察公元前二、前三世纪后之雕刻建筑等，联系到当时人对释尊之信奉程度，作为念佛对象的应该是释迦如来。相对而言，此种念佛观不会从其他地方得来，而是佛教中对于释迦牟尼的尊敬自然生出来的崇拜及其相联系的念佛信仰。不过亦有这样的说法：谓念佛观的生起，在一定程度上来自西方基督教的影响。然在笔者看来，此种说法将此时期的佛教观联系于耶稣纯属臆断妄测，乃全无根据之说法，无一顾之价值。

龙军以后堪称过渡时代之佛教学者，应为二世纪初之世友。然可以肯定世友之前，仍然会有不少大小乘兼学之僧人，可惜世无传记遗存，故无从铭记此诸大德。世友（Vasumitra，筏密苏旦罗）及犍陀罗人。《异部宗轮论》（有玄奘译，亦有其他异译）以及犍陀罗《婆须蜜菩萨所集经》（10卷）中均有其传，或谓有部之六足论中，有《品类足论》及《界身足论》为此人（世友）所撰。然上二论为古来所传，实应为佛灭三百年中之另一世友所撰。又若依据《阿毗达磨大毗婆沙》编纂时曾引用六足之论一事，可以明了，彼之二足论当为另一世友所撰。

考虑到前面所说之二足论撰于《阿毗达磨大毗婆沙》之先，《异部宗轮论》中宗轮论简述有小乘诸部之分立时代、分立原因以及教义之异同。其为重要史料来源自不待说，但该论中完全没有撰述者自己的思想见解。又前述之《婆须蜜菩萨所集经》扼要叙述有部教义，而完全没有记叙任何特殊教义。因此可以猜测这位作者是有部中的学者。然为何要将此世友视为大小乘过渡期间的佛教学者呢？首先，能称菩萨的只是大乘中才有的事；其次，从迦湿弥罗结集中参与结集者的情况看（应该有大乘学者在其中）。

先说第一个明显的理由。前面说的《所集经》为符秦时僧伽跋澄所译。当时即以《尊婆须蜜菩萨》署题经名。以后陈朝之真谛译《部执异论》和唐玄奘译《宗轮论》，又分别称世友为“天友大菩萨”，倍加尊重。以此视之，必不以单纯有部学者对待。其既称菩萨，必以为其思想中有大乘见地无疑。而可以为此第一理由作佐证者是完全下面的第二个理由。

所谓第二理由，应该关注玄奘在《西域记》中所叙述世友之参与（迦湿弥罗）大结集的背景情况。世友为参加结集的最后一位。当时已在集会中的诸阿罗汉向世友表示，凡要来参与的，必须先证得无学果。世友回答：“我之视无学果犹如唾涕。志求佛果，何须小径？”又有诸天赞叹世友：“方证佛果，次补弥勒，三界独尊，四生攸赖，如何于此，欲证小果？”有关世友的传述如此。也就是说，其人并不以得最高果位为满足。他的目标是依大乘菩萨行而求佛果。此事显明于此。姑不论此传说在多大程度上可判为真实。对照前边的第一个理由，即世友志求佛果，行于菩萨道，应无疑问。其所著书虽不传，但其有大乘思想可以视为可信的事。否则他如何可能被称为菩萨呢？因此，身修菩萨的世友，参加有部的结集且著有小乘论书，正是身处这一过渡时代而大小乘兼学之人物的证据。

第二节　马鸣的论著

过渡时期最有代表性的学者是马鸣。但若以马鸣为过渡时期之代表，史家可能会有异议。有人会把《大乘起信论》的这位论主当成纯粹的大乘论师，而将其生期放到以后的时代中。另一方面，也许会有人同意马鸣为大小乘兼习的模范，而以其生期置于迦腻色迦大王晚年以降，但总在龙树之前。即在佛灭七百年后的中期。

马鸣传记可能是佛教史上意见最难统一的话题。而其中任何一种说法，都会引起有关佛教史的一个重大讨论。举例来说，像《释摩诃衍论》所载，自佛在世时至佛灭后八百年间，至少有过六位都叫马鸣的。关于马鸣的生期，有主张其在佛灭后三世纪的，有主张在佛灭后五百年的，也有主张在灭后六百年的；有的以为马鸣与龙树为同一时代者，竟至有以为与无著同时代的，或有以为稍晚于无著的，如是等等。不过，归根结底问题都在于，是将纯粹大乘的《起信论》当作马鸣的著作呢，还是说著此大乘论的作者也还著有其他的小乘论书。如果以为两种论书的撰写者是同一个人，也就会遭到反驳，驳斥者中有同意一个马鸣的，也有认为是两个马鸣的。相随而生的争论，集中在马鸣生期究竟应该在什么时候为宜。接下来问题也就回到《起信论》的内容。如果从《起信论》的内容来讨论马鸣的生期，其再早也早不过无著以前。若有以为龙树以前还有叫马鸣的，则已经先假定了两个马鸣。

先看马鸣生期。①从翻译年代上推定，古来即有针对撰写《佛所行赞》的马鸣究竟是谁的疑问。该书为北凉昙无忏所译。而同时亦题名为马鸣所撰的《大庄严论经》与《马鸣菩萨传》都译自鸠摩罗什。把二者结合起来考虑。马鸣生期应该在昙无忏和罗什来华以前，即三世纪中期。②由龙树的生期来推测，《付法藏传》《萨婆多部目录》等古来诸传说，悉以为马鸣在龙树之前。其他又有一些作者颇可疑的书，如据称为龙树所撰的《福益正行所集经》中有“如马鸣智者所说”的字句。相似的说法，如《大庄严经论》中也可以佐证此事。似此，马鸣生期在龙树之前似为确定无疑的说法。不过龙树自己的生期也有多种说法。大概而言，大约三世纪中期大乘佛教围绕龙树而兴盛起来。这样一来，马鸣之出世再早，不可能早到三世纪中期以前，再晚也不能晚到三世纪以后去。③由胁尊者的生期来推定，《马鸣传》说其因为胁尊者的教化才归入佛教。《付法藏传》中说胁尊者付法于富那奢（Purnayaśas），富那奢再传于马鸣。两种说法，孰以为是，当前无法确定。若看《付法藏传》之内容，似乎所说的正是马鸣教义。若此，则马鸣和胁尊者之间可以有二十至五十年的距离。然而，胁尊者与迦腻色迦王同为一时是没有疑问的，如此，则马鸣的生期则到了迦王以后二十至五十年去了。④由腻色迦王的生期来推定，马鸣在《大庄严论经》中曾记曰“我昔曾闻檀罽尼吒王（Kanita 或 Kanistha）将往罽尼吒城（即前述之迦腻色迦城）”，又有“拘沙（Kusana，即贵霜）种中有王者名真檀腻吒”，书中明言此王为信奉佛教之迦王。然而，马鸣既然记曰“我昔曾闻”，则其在迦腻色迦之后数年或同时代皆有可能，这是晚辈说话的口气。至若迦王的出世，据西洋史学家研究和中国西域交通史资料来看，前已经指出，定在二世纪之初更为妥当。如此马鸣的生期也就落在了二世纪中期。⑤以宾头陀摩王的生期来推定，还是那部《大庄严论经》，其有记言“有一国名释迦罗（Śagala，亦前说之奢揭罗），其王之名宾头陀摩（Rudradaman）”，此王之出世在二世纪半顷，曾夺取案达罗王朝之西部土地。当时在西北印度势力颇张。系塞种（Saka）王朝之英主。该王朝晚至四世纪末，在笈多王朝灭亡以后还继续存在。依此则马鸣生期，在此王出世之二世纪中期后，甚或为稍晚数年之晚辈。以上列举五个理由，以考定马鸣可能的出世年代。较妥当的说法似乎应为，马鸣出世较迦王和宾头王稍晚，而一定在龙树之前，亦即是二世纪半顷至三世纪前这一期间。

马鸣是中印度沙祇多（Śaketa）城之某婆罗门子。博学有辩才，富于文采，善作歌赞。初奉外道，趋摩揭陀国，论破诸佛教学者，致中印度之佛教权威名声扫地。后被富那奢（Pūrnayaśas）所折服，成为其弟子（或谓被胁尊者论破从而成为其门下弟子）。此后，即以中印度、北印度为中心而游历各地，大展其辩才及文藻，弘扬佛教。其以制作“赖吒和罗”一类之歌赞而宣扬“苦空无我无常”教义。据传，因其感召力，华氏城中富贵子弟曾经有五百人一时出家的。又其以华丽词藻撰“佛所行赞”歌咏佛德广大无边，又曾以无碍辩才论破数论、胜论及尼乾子诸外道。其弘扬佛教的名声喧嚣五天。时人称其为“功德日”（谓其功德巍巍，辉耀宇宙，有若太阳）。有一种说法，迦腻色迦王曾经兴兵讨伐中印度，攻打华氏城，索要九亿金钱。华氏城倾力不能缴纳九亿，迦王令该城用马鸣以代其所欠赎金。此中即为北印度大乘佛教渐兴之始。又迦王之结集亦有马鸣参与，并在其中担任选文责任。不过如果前述之马鸣生期略晚于迦王是确切之事，则恐怕马鸣前来北印度弘教，以及迦王往中印度之远征，亦即政教两界之英杰联手之事，恐论为大概或有之事焉。

马鸣曾撰有多种著作。此事可以参见中国之汉译文本。题其名者，计有十余种。不过考虑到经本之译出年代和内容，其确实可信者应为前一位也叫马鸣的论师所著。《大庄严论经》十五卷，后秦鸠摩罗什译。《佛所行赞》（*Buudha-karita-cāvya-sutra*）五卷，昙无谶译《问无我义经》。以上二部，后世据其内容判为前一马鸣所著。《十不善业经》一卷，日称译。《六趣轮回经》一卷，日称译。《尼乾子问无我义经》一卷，日称译。以上三部据其内容为其他同名之马鸣所著。《大乘起信论》（*Mahāyāna-śraddhotpata-śastra*）一卷，真谛译，有异译本，实叉难陀译。《大宗地玄文本论》（*Mahāyāna-bhūgmiguhya-vacamūla-śastra*）二十卷，真谛译。《事师法五十颂》一卷，不空译。《马鸣菩萨大神力无比验法念诵仪轨》一卷，金刚智译。《十二因缘经》二卷、《九识义章》二卷、《赖吒和罗经》一卷，支谦译。《一百五十赞佛颂》（摩吒里制吒著）一卷，义净译。《菩萨本生鬘论》（圣勇菩萨等著）十六卷，慧询译。

大略看来，以上之马鸣著作，上来开头的是《大庄严论经》以十二因缘破斥数论与胜论，然后举古来事例劝奖佛教种种道德；《佛所行赞》以其颂文赞叹佛陀之行迹。《十不善业经》说应该避免会堕地狱之十因；《六趣轮回经》说明导致六道轮回的因缘；《尼乾子问经》借尼乾子发问而解说大乘原理，以此说明诸法无我、一切皆空、心性本净。这些经典都是短小精悍的佛教教义之书。

其次，《大乘起信论》为讲述真如缘起的根本经典。但是否真是马鸣所撰，不能确信。《宗地玄文本论》所宣说者，为菩萨修行位次之五种（即资粮位、回行位、通达位、修习位及究竟位），细细分别，有五十一位之多。然以往史家有以为此论是真谛所译，事虽可疑，然亦影响到以为是马鸣所撰者之真伪莫辨。《事师法五十颂》说密教灌顶法，最末之“愿与众生成佛”偈作结，恐非马鸣所作；《念诵仪轨》也是与密教相关之书，其开头之“曩日释迦如来菩提树下坐大会中时马鸣菩萨前白佛言”，无论如何也同此处的马鸣扯不上关系。又《十二因缘经》与《九释义章》仅智恺之《起信论序》言及，今已经不存。而《赖吒和罗经》也许是马鸣抄辑翻译，有可能真有原本亦说不定。《赞佛颂》与《佛所行赞》相同，以颂文形式叙佛之因行果德广大无边。《本生鬘论》中有佛之前生为菩萨以及佛之三身说。两书均有异名作者，称作者为“母儿”（Matrceta，摩至里制吒）或“勇”（Śura）等异名。其或并非真是马鸣所作。以上诸书，《起信论》以下各种或为后马鸣著。但显然后马鸣教义之根本经典《起信论》，其思想相当宽容。这是因为小乘教义亦包摄在大乘中的缘故。以上自（三）至（五）几种为后马鸣所作，固说不上有什么不对，但如果将其归属于前之马鸣也不会有什么矛盾。甚至还可因此看成思想发展的轨迹。因此，以之当作前马鸣作品似乎也没有什么不可以。

第三节 马鸣的教义

一、序说

马鸣大士自己在《大庄严论经》序中告白：“富那、胁比丘、弥织论师、萨婆室婆众、牛王正道者，是等诸论师，我皆归敬。”弥织，是化地部（Mahiśasaka）的音读讹变。由此可以看出，马鸣教义并不拘于某部某师，而是兼收并蓄、舍短取长，态度极其宽容。因之，其说属于哪一派，不甚明显。唯一能知者，是他究竟可能吸收了哪些论师，或者在哪些方面有所推进。不过，《付法藏因缘传》中富那奢论破马鸣时所说的“佛法中凡有二谛，若就世俗，我为假名。第一义谛，悉皆空谛”。而马鸣承认论败的话则说“世谛假名，定非真实。第一义谛，性复空寂，如斯二谛，皆不可得。既无所有，如何能坏”这种立场，正如在《尼乾子经》中的论法那样，成立世俗谛及胜义二谛以说明一切诸法。两者论法相符，因之至多可以认为他继承的是富那奢的思想。因此，假若马鸣的思想来自富那奢，则以之作为过渡时代的佛教代表应当不会有什么问题。不过，若进行更为深入的考察，说明诸法用谛来作分别的，更早可见于大众系中的说出世部、说假部、多闻部等。所以大概这种立场先是由富奢那继承下来再传递给马鸣的吧。又彼（马鸣）之真如思想，得自化地。而心性本净说则得自大众部本宗之鸡胤部，诸法分类以及缘起论是有部的一贯立场。前面说到的归敬文，正好道出这中间的信息。这应该是没有什么疑问的。也因此，其思想会影响到以后的龙树，为其提供实相论的组织，令大乘佛教进一步发展。所以说马鸣在大乘佛教史上的地位相当重要，其应被视为有如是之功德：整理总结了小乘诸部已经发展的教义，堪称自小而大的佛教津梁。在佛教从小乘向大乘的发展中有不可或缺的作用。可以这么说，由于马鸣，佛教的教义由小乘向大乘得到完善的理解。后来者因之可以知道，大小乘的发展是佛教内部的理论生长，而不是自外面强加的东西。马鸣是思想发展史上承前启后的人物，其理论创造在于避免了大小乘之间的断裂。

二、诸法实相

针对诸法现象的说明，马鸣采取了二分法，即世俗与胜义的二谛分类法。世俗谛（Samvṛti-satya）被用来观照现象，胜义谛（Paramārtha-satya）被用来观照本体。即是说，若依据世俗谛来观察世界，所有的现象均是存在着的：自他彼此差别假立，善恶业的作者与善恶果的受者，乃至财宝、妻子亲眷、朋友部属等的社会差别，又命者士夫、补特伽罗等之精神性存在，这些都是实有的。简言之，平时所说的出世间与世间，有为法与无为法，都是存在着的。然而，如果从胜义谛的角度着眼观察诸法实相，所有上面说到的一切差别，只不过是俗世的表面现象。总而言之，只能解作相对性的存在。不过，世间众生不了解诸法实相，会流于从世俗角度来看待诸法。因此，也就会执着于虚妄无实的差别见解，局促于相对性存在中从而生出烦恼，造诸种业，因以承受重来苦恼，进而承受善恶果报。如果能够从胜义谛角度善作观察，证诸法实相，则能切差别性的见解，离于虚妄不实之分别，从而不沾染烦恼执着。又不再有善恶果报，不再有生灭，终住于绝对寂静的境地。诸法实相观超越一切差别认识，离却一切相对观念。即不言有亦不言无，超越有无，至一切皆空，此之绝对的空境中有真实不妄，本来自性清静之真如，故此境名为真实性。又此境中灭一切戏论，唯以般若即无漏真智观待事物，故又曰得菩提心相（以上所据是《尼乾子问无我义经》中所述大义）。

三、万有的缘起

马鸣说万物差别之诸法缘起，采用的是小乘的业感缘起理论。即是说，有情依世俗谛故，起自他彼此的差别。因自家的迷见，生诸多的烦恼。烦恼增长，必然导致造善恶业。以是而不得不受报，受生死苦果，轮回于六趣中。总而言之，以身心分别而有迷妄，致苦界现出。然若以胜义谛观照世间，也就能够了解众生器世间一切皆如梦幻，随应而知本来没有什么“自我”这样的造业者及受业果者。知道人不过因为烦恼所缚，妄起计度分别，自作善恶自受业果。此之业因感起业果，恰如“种子与芽叶虽不为一，然自种子而生芽叶”，又如“乳母乳儿虽不为一，然若与母药，儿病善愈”（此意取自《大庄严论经》）。因此，若诸众生能弃世俗谛而依于胜义谛，以甚深般若智观诸法实相，则能善出一切惑业而脱离生死。

四、至涅槃和佛身的修行法

马鸣的涅槃观，认为若离于依世俗谛之迷妄而使真如显现，则离却妄想分别，得无烦恼无报之常住寂静。由是，所谓佛，即得此境地者。不过，马鸣对于佛身，究竟持二身还是三身的观念并不清楚。若以《本生鬘》为马鸣所著，那他是主张的三身说。但这与他主张的二身论似亦没有冲突。二谛论的立场是，依胜义谛有不生不灭真如自体法身，依世俗谛有生灭有限之应身。马鸣所继承的多半是大众部的思想，他所赞叹的佛，福德无有限量，智慧威光亦无有限量。又倡怨亲平等、大慈无限，还主张佛的因行遥远（意即成佛也是多世修行的成果）。从以上主张来看，可以认为马鸣有着报身佛的思想，其思想中纵有三身观，也不是很明确。而如果只是说他有类似三身的观念，则不会离事实太远。

其次，马鸣的实践修行法也就是实行三学六度，其中所强调的主要还是智慧。即主张用智慧驱逐迷妄，同时其也主张自性清净的真如观。与此同时，马鸣也劝导奖掖笃实修行，要求尊信三宝，远离十恶奉行十善，并且还倡导力行诸善，远离世出世间的诸不善。这么看来，在马鸣既有高远之理想，亦重视当下的实际努力。

五、余论

以上所略述的皆是马鸣的教义大概。此外，似应对其《大乘起信论》中的教义也要略加几句附言。《大乘起信论》的第十三章还会介绍，其所宣说的是世界万有唯系于一心。以此一心心体作为真如，而以现象之生灭为依于真如之起灭。生灭现象是从真如本体上依缘起法则而出现的。这种说法就叫作真如缘起论。不过，我们今日所说的这个理论，只是就相当于世俗谛与胜义谛二者的真如门和生灭门来谈的，是二谛论依真如缘起说的展开。缘起论的发挥在业感缘起这方面，也就是依上面所说的，依世俗谛故有生灭，依胜义谛故有不生灭之真如。进而又说依真如故有不生不灭。先不讨论诸法实相是不是真如的论题。只看人因为有无明所覆不知真实而招致生灭苦恼的讲法，即与后来的真如缘起论之间仅有一发之隔。更不要说若以阿赖耶识来讲缘起论的。联系到其他的讲法，《起信论》上的讲法称得上是非常圆融的。差不多完全脱离了小乘的境域。所以，这里应该在古今解说不同的背景上，来看待本论中所说缘起的特异性。这样一来，如果证明了写作《大乘起信论》的马鸣并不是另外一位马鸣，则关于缘起的古今两种说法，也就显示了佛教教理思想的前后发展是一脉相承的。

第三篇

佛教发达的时代

第九章　大乘佛教的兴起

第一节　大小乘的意义

古来佛教即有两大分别：一曰大乘，一曰小乘。先说此区别的意义何在。首先是所谓大乘，梵语 Mahāyāna；相对之小乘为 Hināyāna。乘者，运载、运度之义，载修因行的人过渡到彼岸的意思。然大小乘的标准究竟如何，诸家说法不一，综合种种异见，大致见于次：①小乘采用三藏经律论，大乘有四藏或五藏；②小乘不说法空，大乘说我法俱空；③大乘说诸法实相，小乘无此说；④大乘说真如，小乘无此说；⑤大乘修菩萨行，小乘修声闻行；⑥大乘以佛果为理想，小乘以阿罗汉为修行理想；⑦大乘说佛有三身，小乘只说应身；⑧小乘说两种涅槃，大乘依不同标准说有四种涅槃。而此中最为重要者，乃是以大乘以佛果为理想而小乘以阿罗汉为理想。由此而有修菩萨行及修声闻行的区别。所谓四法之中行与果两方面的区别，实际上是大小二乘的重要标志。至于另外二法，即教之与理，只是大小乘理论程度上的差异。不可当作绝对的辨认标准。例如，小乘教中的有部是采用三藏的，而大众部及上座部中之法藏部却使用五藏；又若有部系统诸部仅承认我空，但一说部则认我法俱空；特别是一般被认为属于小乘体系的《成实论》

则明白地宣称了“真空论”。这样一来，说诸法实相的不一定是大乘中人。又如涉及真如，化地部有作此主张者。但涉及佛身观，大众部方面就承认报身佛。而言及涅槃观，大众部的立场更加积极。因之，仅从其差别方面来看，所有这些教理在小乘中虽有而未必发挥，在大乘中则有组织化与系统化。然若涉及行与果法，大小乘之间显而易见地有所差异。不容含混马虎。若以此二法（行果）结合其他二法（教理）来看，则自然也生出差别来。换言之，大乘的教理以达致佛果为目标而组织起来，小乘的教理也就只是服从于阿罗汉果的组织方法。因此，说诸法实相，说我法二空，说真如实际和涅槃佛身，是大乘的根本标准，被当作是独异的价值尺度。在此意义上，无著所举的十条理由，说明了大乘之胜于小乘，谓为十种胜相。至于三学六度，小乘虽然亦讲，但不可与大乘之三学六度相提并论。于此可以说是善示其理也。此外，大乘小乘的名称，历史上自有其发展历程，也需要在此顺便显明。

归根结底，大小乘称呼，乃大乘家抑贬小乘，含有褒贬评判的名称。因此，小乘经典中见不到相对的自他两种称呼，也是自然的道理。及至后来，大乘经典逐渐显赫，大乘论书撰写时，也就常常使用相对的称呼。至若小乘经典，那些后期编纂的作品中，例如《增一阿含·序品》最早出现大乘的提法。但那只是为了点明菩萨的远大理想和修行志愿，丝毫没有自称小乘与他大乘对举的意思。至于其他方面，如以“大乘”用作“广大”，即“方广”的意思，非常普遍。又若“方等（Vaipulya，毗佛略）”多作“方广大乘”，又称“方等大乘”。甚至明确宣称“大乘者即方广也”。这种大小乘对举或对比的用法，也是后来才出现的。一开始在这种并举大小乘的场合，更倾向于自称为菩萨法、菩萨道；相对的一方则被称为声闻藏、声闻法等。大小乘称呼并举属于后期经论中常见的现象。因此这么看来，大小乘最初的区别也只是标明一个求佛果修菩萨道，另一个求阿罗汉果而修声闻道，修声闻行。约而言之，大乘与小乘之区分标准，在得果大小；由此区分而将修行道路与教理也区别开来。在此意义上，如果说大乘乃成佛之教，而小乘是断惑之教，恐怕也是相当合理的。

第二节　大乘经典的成立

考察大乘佛教的发展，最让人头痛的恐怕就是大乘经典的译出年代问题。换句话说，涉及大乘究竟是不是佛所宣说的问题。毕竟，这些问题从来都是异说纷纭的。不过，诸如此类的重要而困难的问题，到底不是区区数页纸的论述就可以分辨得清的。本书在此只能仅就当下讨论的需要，对于大乘经典略略地考察并加以说明。

（1）从中国注译佛典的历史来看，先得思考一下它们的译出年代。佛教正式传入中国，通常认为在汉明帝永明十年（67年）。当初传来佛教的是摄摩腾（Kaśyapa-matanga）和竺法兰（Dharmarakṣa）。而其所译的经典则是抄撮而成的《四十二章经》（一卷）等六部。其中的《四十二章经》内容多属小乘思想，但含有一些大乘般若观念。又所谓的《十地断结经》是《华严经·十地品》的别译。加之，据传摄摩腾在印度讲过《金光明经》。若此说不误，则一世纪中期，在印度已经存在大乘经典的《金光明经》《十地经》及其他一些般若类经典了。

其次，后汉桓帝建和元年（147年）及次年，有大月氏僧支类迦谶及安息国僧安世高来中国，并译出小乘经典和多部大乘经典。

例如，同样亦是与《华严经》中一分“名号品”同本的《兜沙经》（一卷）和《宝积经》的“无量寿会”同本之《无量清净平等觉经》（四卷），与《不动如来会》为同本的《阿闳佛国经》（二卷），与《普明菩萨会》同本之《佛遗日摩尼宝经》（一卷），以及《大方广大集经》（二十七卷），《般舟三昧经》（一卷），《楞严经》（一卷），《大般若经》之第四会同本的《道行般若波罗蜜经》（十卷），《梵般泥洹经》（二卷）等经。

又后者（安世高）译出了《大乘方等安慧经》（一卷），《宝积经·弥勒会》之同本《宝积三昧文殊师利菩萨问法身经》（一卷），与“无量寿会”同本之《无量寿经》（二卷），与“善住竟会”同本之《如幻三昧经》（二卷），与《大集经·十方菩萨品》同本之《明度五十较计经》（二卷），以及一些别的经典。

若依上面的记录，二世纪中期西域地方已经有华严、方等、般若、涅槃诸大乘经之部分存在了，虽然其分量也许很小。

在那之后，二世纪将尽之时，已经时有大乘经典译出了。到下一世纪（即三世纪）之三国时代，孙吴之黄武三年（223年）月氏国归化人支谦居士译出与《华严经·净行品》同本之《菩萨本业经》（一卷）、《维摩诘经》（二卷）、《楞严经》（二卷）、般若部之《大明度经》（六卷）等大乘经典。孙吴之赤乌十四年（247年），康僧会自康居国来，译出方等部之《六度集经》（八卷）、《大集经·宝髻品》之同本《菩萨净行品》（一卷）以及其他。嘉平四年（252年），康僧铠亦来中国，并译出《无量寿经》（二卷）。

尤其当注意者，吴之孙亮在五凤二年（155 年）有月氏国的支疆梁接（Kalasivi）最先译出法华经的全本《法华三昧经》（六卷）。

其次，在西晋泰始二年（266 年）有名的月氏国僧竺法护（Dharmaraksa）来中国，译出华严、法华、方等、般若以及涅槃诸部中的经典。观其译述，已是大乘为主了。其中之《正法华经》（十卷），属于《大般若经·第三会》之《光赞般若经》（十卷），及《华严经·十住品》同本之《菩萨十住道行品经》（一卷）等最为重要。

又东晋时，隆安五年，大译经家鸠摩罗什自龟兹来内地，亦于华严、法华、方等、般若、涅槃各部中译出大乘经典多部，且译出大乘学者若龙树、提婆之论书。其中如《华严经·十住经》（四卷）、《阿弥陀经》（一卷）、《摩诃般若婆罗蜜经》（二十七卷）及《妙法莲花经》（七卷）最为重要。继而在东晋义熙十四年（418 年）至元熙二年（420 年），有中印度之觉贤（Buddhabhdra）首次将《华严经》完全翻译成为汉文，即《大方广佛华严经》（六十卷）。又自义熙十三年（417 年）以后之数年间，其与法显译出《大般泥洹经》（六卷）；亦在义熙十三年后之数年间，中印度来华僧人昙无谶首先译出全本涅槃经《大般泥洹经》（四十卷），又出《大方等大集经》（六十卷，此为《大集经》之全本）。由斯以降，入唐后有玄奘译出《大般若经》（六百卷）。有菩提流志译出《大宝积经》（一百二十卷）。

以上所举，所以重复者，以其或为异译本或为大本之一部分，或为小部之经典。若以各个时代之综合结果列出，可简单地说，《华严经》之全译在五世纪初，其中部分内容之译出在一世纪初；方等部诸经中《金光明经》，译出在一世纪中期；其次，《宝积经》类、

《大集经》类中之部分以及《阿弥陀经》之译出，最初在二世纪前半期；《涅槃经》之全本译出在五世纪初，而其部分译出则最早可见于二世纪之前半期。总而言之，大乘经典在中国译出的时间是一世纪至三世纪。

（2）考察印度的造论历史。首先看其造论年代。若真谛之《部执异论疏》说及嘉祥大师之《三论玄义》所传不误，大乘经典之名称最早所见，在大天倡新说之时。又若看其所举经名，参见前面第五章，在一说部自大众部中分立出来时。若依此，则华严、涅槃、金光明、胜鬘、般若等大乘经当时之内容，是否如今日所见模样，不得而知也。但无论如何，至少有一部分是同今天所见的样子相同。如吾等所知，公元前二、前三世纪已经存在最初之大乘思想，因为当时已经有"大乘非佛说"的呼声。然而，自彼以后，大乘的发展存续便落入不可思议的境地。明确可见的大乘形态是三世纪龙树出世以后的事，而此前的五六百年间大乘信息隐而不现。

对于当时之大乘经典之全部或者大部分，毫无疑问，龙树大师应该是非常熟悉的。观其对于大乘佛教的组织，尤其是其依据《大般若经》（大品）而取得的无所得空思想的《大智度论》，又看其对《华严经·十地品》的全部注释，都可以说明当时大乘思想在世间的流行情况。据传，龙树曾经完成了对于《华严经》的全部注释。明确可知的是，他至少完成了其中的部分注释工作。而龙树所撰的大论《大智度论》中往往引述其他的大乘经典，其《十住毗婆沙论》便是对于《十地品》的解释注疏。其中，他也对大乘经典广引博疏。除了《大般若经》及《十地经》之本经，其在诠释过程中提及的经名就有《阿弥陀经》《法华经》《不思议经》《华严经》《楞严经》《大云经》《华手经》《毗摩诘经》（即维摩诘经）、《宝顶经》《般舟三昧经》《不思议解脱经》《法云经》《华首经》《六波罗蜜经》《般若波罗蜜经》（小品）、《诸佛要集经》《无尽意经》《贤劫经》《弥勒所问经》《宝月童子所问经》《渐备功德经》，如是等等大乘经名称。又龙树弟子提婆的著书中已经提及《楞伽经》。另外，此中的《不思议解脱经》和《渐备功德经》都是《华严经》的一部分内容。

再次，四世纪坚意撰写的《入大乘论》亦引大乘典籍，如《楞严经》《十地经》《大喻经》《贤愚三昧经》《解脱经》《华首经》《法华经》《涅槃经》《维摩诘经》《智照经》《如来出世经》《宝积经》《如来庄严经》等。

更晚些时候，如五世纪无著与世亲的论书中引述了许多大乘经典。特别是无著，其还注释了《金刚般若经》。至于世亲，更对《十地经》《无量寿经》《宝髻经》《法华经》《涅槃经》《胜思帷梵天所问经》等皆有释论。又同一时代之马鸣著《起信论》，其虽未举经名而自内容判断可知的大乘经有《楞伽经》《大品般若经》《华严经》《维摩经》《圆觉经》《无量寿经》等。而此诸大乘经中，除了《华严经》与《涅槃经》，其余的在这个时代都已经有了完全的译本。

（3）结论。比较上面说的经与论两种资料的情况，其年代背景完全相互印证，若合符节。因此，顺势可以得出结论。全部大乘经典在七世纪时，吾等今天所可以见到的内容都已经完整地形成了。但如果说到这些大乘典籍的重要部分，则可以说，至迟在五世纪以前，现在所见的内容与形式，就已经固定下来了。若再往前回溯，其基本的核心思想，则在三世纪之前就已经存在了。特别要指出的是，一世纪前半期，大乘经典的思想形态就已经部分地存在于世了。如果我们可以依赖这样的说法，即认为早在部派佛教的时代就有一些大乘思想甚至经典出现，则可以认为最初的大乘经典片断或思想萌芽可以回溯到公元前二、前三世纪。这样看来，大乘思想的源头，相信是在一个相当古老的时期就已经存在了。

第三节 大乘经典的产生地

先不考虑大乘佛典究竟是不是对佛陀所说法义的结集。可以肯定的是，一世纪以前并没有大乘佛典这个名称。这是到了三世纪才有的说法。推崇这种说法的是龙树菩萨。随着大乘佛教的发展，小乘经典的流布也就越来越感到局促，这似乎是肯定无疑的事。但此前时期的大乘佛典究竟保存在哪里呢？这真的是佛教历史上一个耐人寻味的问题。可惜的是，古来很少有人对此加以思考和回答。由于史料的缺乏，偶尔有什么人言及这一问题，也多半是荒诞不经让人难以置信的。例如，有人认为大乘经典完全是龙树一流的大乘论师们的伪造；像《华严经》这样的就是龙树菩萨从龙宫取回来的，或者是从兜率天宫携来的。还有一种说法，认为《大日经》是龙树开南天铁塔而获得的。也有的说是北印度有突鲁罗国，某日其山中大风骤起，风过则自天上降下本经。此诸说法，并无凭据，终为虚言。但前面既然已经说到，远在龙树之前已经有大乘经典或者大乘思想存世，虽然经典的分量可能很小很小。大概多数大乘经也不能都说是龙树以后的论师所伪造的。如是叙述问题，依然没有解决大乘发展起来以前，其经典都保存在什么地方的问题。

大乘经典所在何处？首先，要考虑的是中国译经史上的证据。当初大乘经在印度本土尚未流行开来时，还在三世纪以前，从西域来中国的僧人就译出了大乘经典，这令我们不能不考虑，也许大乘经保存在离中国很近的西域或者距西域不远的地方。我们还可以考虑那些译出经典的僧人所来自的国度。三世纪以前，到中国的胡僧多半来自安息、月氏和康居这三个国家。其次，史料中多有提及的还有西域的龟兹、于阗等国。仅据历史事实出发，可以认为最初的大乘经典都流通、保藏于上述西域各国或者距离它们不远的地方。

再次，考虑相关的传说。此中最可以依赖的是隋代阇那崛多（Jñānagupta）的话。其言出自《开皇三宝记》（又名《历代三宝记》）。其谓于阗东南二千里有国名遮狗迦。该国国王纯信大乘，其宫中藏有《华严经》《摩诃般若经》《大集经》等经各十万偈。平常不许人滥入宫禁。又此国东南深山中藏有《华严经》《大集经》《宝积经》《方广经》《舍利弗陀罗尼经》《华聚陀罗尼经》《都萨罗藏经》《摩诃般若经》《大云经》等经，共十二部各十万偈。该王让人严加看守。此国名在七世纪来到印土的玄奘在《大唐西域记》记作斫句迦国，即是遮狗迦。该国在瞿萨旦那（于阗）以西八百余里，其周围有千余里，该国行大乘教。国之南境有大山，峰峦重迭，地颇险峻。谷间清寂处，崖龛石室棋布。印度之得果人多以神通飞行来此，栖止其间。此国大乘经典最多，十万颂以上者有十余部，佛教最盛。今比较两说，遮狗迦国位置差异颇大

（《大唐西域记》记载恐更确切），但都一致说到其地流行大乘，多藏大乘经典。因此，阇那崛多之说法较为可信。先不讨论阇那崛多是六世纪时人，以之证明此前之初期大乘经典是否可能，但只勘合其他相关材料，仅推知大乘经所藏处应不为无理。

最后，关于推动大乘发展初期的龙树论师。传其所得大乘经来处，一谓雪山深处之佛塔，一谓龙宫。而龙宫之所在地颇不明确。依传说只能在海中。而此海所指应为何处，吾等不知，考古来所传龙宫，当有龙在其中。习惯上反而谓在北方深山，并不在南方沿海。看《大唐西域记》相关记载，龙之传说多半在西域地方。因此，一般而论，排除东、南、西三印度之可能。如是，龙树得大乘经之地点反而在北方。于此可以参考《大唐西域记》谓先时有龙化人于屈支国（即龟兹），子孙繁衍是为龙种。所谓龙种，无非蛇族。龙之神话传说，以此可见民族起源，是为至当。其次，传谓跋禄迦国有鱼龙杂处之大清池。此池又称热海或咸海。又若考虑其他各地有称海者不过是湖沼之地。所谓“海”并不一定就是大海，仅为湖泊池沼亦很有可能。又传谓迦比试（Kapiśa）之西北境有大雪山，山顶有池，龙王所居，即龙宫所在。瞿萨旦那国有龙止河流令成大池的传说，以及先记佛法若尽佛像入龙宫的传说。而所有这些与龙相关之国家皆以帕米尔高原（葱岭）为中心，存在于四面崇山峻岭之深山腹地。特别是迦毕试[①]和瞿萨旦那国，七世纪初唯有大乘流行，中国所译出之大乘经也多来此二国。若以是诸材料作推定，龙树取得大乘经的地方并非如一般想象，是在南

① 有说在今阿富汗，有说即喀什噶尔（Kashgar）。又即《佛国记》所记之竭叉国。

印度之龙宫。又依据某些主（大乘）非佛说学者之遽断，龙树并非虚构之假说，其所得经典必来自北方山中某种龙族之王宫。总而言之，据上所说之资料来推断，与龙树相关之大乘经应藏于北方山中之上述诸国。

如上所说，综合以汉译佛典翻译史的情况以及印度西域的诸种传说，得到结论，谓初期大乘佛典在印度以北之某西域国度若迦毕试、瞿萨旦那（于阗）、斫句迦（遮狗迦）、屈支（龟兹）等地。不过话虽如此，并不等于所有大乘经一律出自这些地方，且保藏在此诸国。这些推测并不意味着大乘经只能产生于此诸国。例如，五世纪初法显及同行渡印之时，智猛即闻在中印度之华氏城。在某名为罗阅宗之婆罗门家，在高达三丈之纯银塔内即藏有大乘《涅洹经》一部。法显自己也在该地求得一部六卷本《泥洹经》。又曾经全译《大般涅槃经》的昙无谶本为中印度人，而全译《华严经》之觉贤亦是中印度之迦毗罗城人。只不过这些人所译出的经典只占大乘经中很小的分量。到底比不上西域诸国所藏的大乘经部帙浩大。故吾等今此推论，大乘经主要保藏之地在西域诸国。此外，在西域诸国大乘佛教经典具体流行的情况也是饶有兴味的一桩事。在此不能详加讨论，仅交代一大率结论矣。

第十章　龙树和提婆时代的佛教

第一节　龙树传及其著作

大乘佛教的崛起，鼻祖乃为龙树（Nagarjuna，亦译为龙猛、龙胜等）。龙树的生年有几种说法。大概言之，为二世纪末至三世纪（此亦为佛灭后七百年至八百年间）。其生于南印毗达婆（Vidharbha）国之某大婆罗门之家。自幼天资聪颖而奇悟，凡事经耳即能解能忆，无有再问。少即通晓《四吠陀》；弱冠之时已经通达天文、地理、医学、历算诸学技艺，一时闻名五天。因之而起骄慢心，谋之好友三人，恣其情欲，以耽快乐。一朝醒悟，知欲望为造苦之因，因怀厌世出家愿求。往诣深山，依某位住僧，受其三归之戒。其学习三藏，仅九旬尽知其义。欲更索他经，便周游列国。来至深山遇一老僧，授其经典。其善通其义，犹未为足。再索梵典，游历诸所。其大智雄辩，每对外道，悉加破折，自念“世间诸法津涂无量，以佛经妙理推之而未有所尽，故未尽部分，以理敷衍解悟后学。理若不违于事，有何过咎？”因之立誓倡新教而定诸制服。其后入于龙宫读诵大乘经典，深感兴隆佛教之必须。其时南印度憍萨罗国王属于案达罗朝。龙树得其引正王（Śatavahāma）之皈依。在该王所建造之国中西南境之黑蜂山

（Bharāmaragiri）窟院及城南精舍住持修法，大兴佛教，破诸小乘外道。又多造大乘释论，破邪显正。其入寂之晨，当在三世纪末叶。其时之南印度诸国为其建庙祀奉，有若佛陀在世之时。

古来即称龙树为千部论主。其所著论书涉及甚广。若传说不虚，龙树可以称得上一切佛教宗派之祖师。今据中国所传之汉译佛典，观龙树之著述，其数达部帙数十、卷数过百。在此仅举其最重要之论书，以显其所开创之诸宗根本教义。①《中观论》（*Madhya-dhyāna-śastra*）四卷，后秦鸠摩罗什译。②《十二门论》（*Dvādaśā-śastra*）一卷，后秦鸠摩罗什译。③《大智度论》（*Mahāprajñāpāramitā-śastra*）一百卷，后秦鸠摩罗什译。④《十住毗婆沙论》（*Daśābhumi-śastra*）十七卷，后秦鸠摩罗什译。⑤《十八空论》（*Aşţadaśākasa-śastra*）一卷，真谛译。⑥《大乘破有论》（*Mahāyāna-bhavabheda-śastra*）一卷，施护译。⑦《菩提资粮论》六卷，达磨笈译。⑧《菩提心离相论》（*Lakşaṇavimakta-bodhihŗdaya-śastra*）一卷，施护译。

以下显示龙树采用之论理方法，其显其主张，破斥敌论。①《回诤论》（*Vivadaśa-śastra*）一卷，瞿昙流支等译。②《十方便心论》一卷，吉迦夜等译。

以下是了解龙树法界观、道德训诫及菩萨愿行的资料。①《福盖正行所集经》十二卷，日称等译。②《龙树菩萨劝诫王颂》一卷，义净译。③《赞法界颂》一卷，施护译。④《广大发愿颂》一卷，施护译。

以上《中论》《十二门论》二论，均针对外道及小乘，破邪而显正。所谓正，即显其无所得之空，以及非有非空之中道。总之，从否定的一面来论诸法实相。《大智度论》名曰《大般若波罗蜜经释论》，其为对《大品般若经》的解释。完全站在否定之立场上来说无相皆空，也介绍佛教内外的相关各个经论学派、名称、源流和主张。兼及一般天文、地理等学科，网罗了一切宗教学术，不啻为一部佛教的百科全书。实为当时印度整个知识体系的概括总览。内容如此丰富，足显龙树的头脑中学问体系是如何地博大。又其《十住毗婆沙论》是对《华严经·十地品》的解释，详说菩萨修行十地。而且其《易行品》解说中提到了称名念佛，可以认为是净土念佛宗教的起源。而其与前面《大智度论》的配合，是一部从正面论述诸法实相的作品。至若《中论》《十二门论》与后来提婆之《百论》，共同成为三论宗的根本依据，再加上《大智度论》又是所谓四论学派的理论依据。其次的《十八空论》后来被世亲在其《唯识论》中间引用，虽属于真伪未决之龙树作品，然观书中内空外空、内外空、有为空、无为空、毕竟空、性空相空、一切法空等十八空门。该论所说的一切皆空的道理，显然甚得龙树空宗思想的精髓。又《大乘破有论》如其书名所示，破斥的是以诸法为实的执着迷见。《资粮论》说大乘菩萨之十波罗蜜、四无量心等，《离相论》谓菩提心以大悲为体善具无量功德。又善摄一切法要。其最终说菩提心所到之处有空及无相之德。又《方便心论》和《回诤论》显明辩论之法则同时也破斥外道。《所集经》亦属于真伪未决之书，然其内容同于马鸣《大庄严论经》中菩萨六度。其中，以布施、持戒与禅定为最大善行，可以比得上止恶作善之福德。其他，若《劝诫王颂》有两种异译，自其内容看乃劝赠引正王，行七善戒，远离三毒，修五根三学七觉支八正道，观四谛十二因缘，脱离轮回，可得涅槃。《赞法界颂》主要依《般若经》《法华经》说法界本来自性清净，不生不灭，不增不减，平等一相，真如自在。只因烦恼所覆，本性不显。故如果能灭无明烦恼，离一切妄执差别见解，见法界本性，然后得法界常住，离三毒、离生死而住真空妙有。见此名佛，不见则名众生。无论修行二乘三乘，终归是得菩提为目的。佛之常说一乘法，众生因其机类不同，随而产生深浅不同的领悟。又众生本来具有佛种，是故若长养佛性，便能成佛。此之《赞法界颂》不及百偈，但具足重要的教义内容。又其《发愿颂》谓一切众生三世无尽，共诸佛国土无量无尽，亦有不尽数量之诸佛。故通过礼敬诸佛称赞功德，可以灭三世罪业，将福德回向一切众生，最后成佛。智慧、力用、慈悲皆如诸大菩萨及诸大善神。其论发愿功德，仅以不足二十颂偈则叙说悉备。

此外，据传释《华严经》撰成《大不思议论》十万颂。《十住论》亦传为其所撰。又《庄严佛道论》《大慈方便论》各有五千偈。《无畏论》有十万偈（《中论》仅为其中一分，也有五百偈）。此诸论书，皆是数量浩大之作品，充分显示出龙树实在为气势非凡之大论师、著作家。

第二节　龙树的教义

一、序说

古来龙树即被称为八宗之祖（若此成真，则八宗发展全无时代过程矣）。古人用龙树著述者甚多，其创造教义所涉及范围亦广。而说称八宗者，含显密二教、圣净二门及以教禅两家。是诸教门皆仰龙树为其宗祖，然其事实上亦有某些教义思想联系。即是说，若真欲寻问龙树之思想来自何人何派，从何处继承此诸思想，则是全然不可能之事。《付法藏传》上说比罗（伽毗摩多）罗汉（Kapimala）上继马鸣之法灯而传之法藏，又说以罗睺罗跋陀罗（Rāhulabhadra）为师。然若以此等关系为教义继承之依据，殊不可信。若加推察，真相应为龙树读破当世既存之华严、般若、法华诸部类经典，以其自得之心解，结合当时已经相当发展之小乘诸部派教理，其中又尤其倚重大众部之新说。龙树又从马鸣这样的论师得其思想，统一诸说，善加组织结构。其根本之立场则在般若经中，当为不可否认之事实。

其次，若问龙树发展大乘佛教之思想动机，则不外以下几种理由。

（1）观佛教经典，无论大小乘，其文义皆从容不迫，极其含蓄。以是，读经之人，唯有据各人之根机深浅而自行领悟。但经典的真正深义是些什么，在龙树看来，若不经过敷衍发挥则不能发明。因之为有利于后来学人，龙树专门发展了其（所理解之大乘）教义。

（2）小乘上座部系，虽说我空，仍堕于三世实有、法体恒有。又其拘泥于名相分析而致使法义湮没，见解偏离佛陀初衷甚远。为去除迷妄而阐明佛陀本义及佛教本旨，故龙树发展大乘之说。

（3）小乘之大众部系，有说过未消无体，而现在有体者；有立三世诸法假名无体者；亦有立俗妄真实说及真假并有说者。众说纷纭，莫衷一是。又怀有仿佛之报身佛的说法。所有这些见解都需要进一步阐明发挥，所有异说亦需要统一协调，以便人们深入了解诸法实相及涅槃佛身之真实。

（4）小乘诸部以断惑之阿罗汉为理想，其所企求者并非佛果、菩提。而其唯安于自利、不思利他。为鼓吹自利利他之觉行圆满，为令行者以佛果圣位为理想，龙树遂高倡大乘教义。

（5）加之龙树时代婆罗门教已经呈复兴之状。就中数论、胜论两家特别醒目。外道庞兴，龙树为破斥其义，专门针对外道异说或六十二见或九十五种，既作否定性之破邪工作，亦作肯定性之显正工夫，意在彰显佛教真义，令诸犹豫迷失能够舍邪归正。

以为上面诸种用意，龙树遂发扬大乘教义。龙树发挥之教义含摄两个方面：一破邪一显正。是中，龙树尤其不遗余力而完成者乃是破邪工夫。盖是除却一切邪执妄想，打破诸教诸学之所执，否定其对立面则显立自家主张。故此论辩之法甚为重要。犹如拨云见日，去除妄虑迷误正使真理朗现。因此，龙树之攻击小乘外道，是大乘崛兴不可避免之前提。

正因为如此，才有破邪而显正之说法。唯需破邪方能显正。龙树之说诸法实相，自否定一面看，必须排除一切相对观念及差别认识，亦即破斥一切有所得之见解。即是说，以诸法实相空不可得。又一切皆空，是说无相皆空，或说以非有非空而达无所得空。忘言绝虑之处方有诸法实相。

不过，在另一方面，龙树也采取正面的积极论法，其以诸法实相为中道实相。特别在佛身观、涅槃观上，龙树仍然多有正面的肯定性叙述。又自其《十住论》和《大智度论》看，其中之他力往生的思想，就是正面地、积极地肯定论说之例证。

二、一切皆空论

龙树以诸法实相为空不可得，其实相论亦即为一切皆空论。其观察诸法，立场大约同于马鸣。其立谛标准：一曰第一义谛（Paramārtha-satya），一名世俗谛（Samvṛti-satya）。以第一义谛作本体观，以世俗谛作现象观。其曰：佛中有二谛，一者为世谛，二第一义谛（《智度论》第三十八）；又说：诸佛依二谛，为众生说法，一以世俗谛，二第一义谛。若人于二谛，不能知分别，则于深佛法，不知真实义（《中论》第四）。因此，所谓二谛，成为一切观察诸法之两个根本范畴。

依此根本范畴观察诸法。则有部所说的五蕴、十二处、十八界等内外主客的诸法分别都是惑业生死流转。而迷界之因果、三界、六趣、二十五有则为迷界种类。又若说断惑得脱都是悟界因果。而诸佛净土是悟界存在。乃至苦集灭道四谛等世间出世间教法，其他一切差别诸法，通通不过是依于世俗谛的相对存在和名相，不外是现象界之名目分别。若从第一义谛来观察，只是实性不一的假法。换言之，无论世间的有为法，还是出世间的无为法，总之，一切诸法若自其本体方面看，毕竟俱是假有，究竟为空。依据龙树的这个原则，任何从相对差别立场上来成立的东西，悉为空无。有为法是空，无为法也是空；我是空，无我也是空；生死是空，涅槃何尝不是空；烦恼是空，菩提也是空；有亦是空，无亦是空。一句话，但凡涉及相对性的，迷悟染净之一切诸法俱是空。究竟而论，但是诸法，莫非是空，达空亦未究竟，空亦复空。所谓有为空、无为空、空空、毕竟空也。

以上所说，主要目的在于破斥小乘诸部的迷执与外道的邪见，称破邪门之空；更有显正门之空见。依彼所说，诸法实相根本非名相，诸法本性根本无差别，完全平等一味一相，不可以性相取，不可以赋名称，以其无相而不可得，说为空而已。换言之，诸法实相，超越任何相对之认识，离一切差别的语言和思虑分别。因此，若依世俗谛之名相，完全不可知亦不可说，所谓性空相空一切空。是故，名无所得空，又第一义空。因曰：为世谛故说有众生，为第一义谛，说无有众生（《智度论》第三十八）。因为如此，其诸法实相亦即是一切皆空论。以是可以明了：这种明确的我法两空论，就是完完全全的彻底而绝对的空观理论。

三、缘生无性论

龙树之以诸法为毕竟空，其所持的理由在诸法之生以因缘故生，所以才说“众因缘生法，我说即是空”（《中论》第四释）。然而，如果问，依因缘而生之诸法何以就空呢？以其无有自性也。所以才说“众缘所生法，是则无自性。若其无自性，云何是有法？”（《十二门论》第一）。换言之，一切诸法悉以众缘和合生的缘故，无有一法不是因缘所生，即令迷悟染净的差别，也完全是依因缘才产生的。相应于此，依因缘消灭，故不可能有常住不坏、常住不灭。若依是理，依因缘而起的生灭变化，即是一切诸法的本性（自性），若是诸法中有自性，即是待缘而生之性。又若不依因缘而灭者，必然无始无终恒常存在。然而诸法之中无有其一本来自在者，无有能离于因缘者，以是诸法存在，莫不依因缘而造作者。例如，以众木集合而生森林，以栋梁椽柱集合而有房屋，因五蕴集合而有身体；然而森林、房屋、身体，各各依诸缘而存在。自其本体言，根本无有恒常自性。因此说，凡无有自性，诸法即是空。所以说“众缘俱足和合而生物，是物属众缘和合故无自性，无自性故空……若法有性相，则不需待缘。待缘则非法，是故其为空法”（《中论》第四释）。

若论因缘，有外有内。质料是外因缘，动力是内因缘。例如，陶师转陶轮而成瓶，织工踩织机而成布，种子借日光养分而发芽，皆是借外缘而成就，其内因缘乃内在之造作业感。业因为内力、外力所助，感生业果，是以物成。然而，众缘和合变化无常。例如，泥土、陶轮、陶师诸外缘的凑合不会永远一样。又假定众缘而生成的陶瓶也并不会是同一的。任何一法的生成，有待于其他的众缘和合，而其他的诸法生成又有待于他缘的和合。以诸法无有自性，诸法之和合更无自性，所以说一切法空。又例如，房屋因栋梁、椽柱等缘聚而有，房屋并非栋梁、椽柱之任一部分；又芽叶若无种子、日光、养分、人工等助缘则不可能生出，但芽叶绝对不是日光、养分、种子或人工之任何一分；又织布虽因织工、织机、织线而和合成，然而织线、织机、织工也是依其他众缘才有的。无论从哪个方面来说，无论从哪一分因缘来看，都谈不上有自性，所以说缘生诸法无自性，无自性故毕竟空。

以上是龙树从各个方面，藉现象剖析来论证“诸法无自性故毕竟空”。这一套缘生无性的说法，其实，也不一定始创于龙树。龙树也不会是首创及独创之人。龙树自己往往也从原始佛教中采取譬喻。因此可以说，龙树的空论从大的原则看，是佛教教义的通则原理。但推演世间出世间诸法的根本性质到此的极致，不能不说是龙树的特色及至伟之功。

四、八不中道

龙树之以诸法实相为真空无相，亦为空不可得。然其在此场合中所说的空，必然不是相对于有的空无的意思。其只能是超越有无两边的绝对之空。从积极的一面看，也就是真有。其所以称此真有是空，不过因为众生平时执着于有无两边。本来，若以诸法实相为实有，则对无而谓有是错误，是执有之妄；又若说其实相是无，则对有而谓无也是错误，是一种堕于虚无。因为两种场合都偏于相待的一个侧面。而如果以表达相对性概念的语言文字来显示（超绝的）存在是根本不可能的。像诸法实在这样的东西，超越了一切相待的认知，出离了差别的名相，到了忘言绝虑的境界。因此，只是暂借假名而称其为空。说实在的，它是超越有无两边的。所以，也不可以称其为空，这就是所谓的"空亦复空"，因此，诸法实相，也可以称为非有非空的中道。"但为引导众生，故说以假名。离有无两边，故名为中道。空法无性故，不得言有；亦空无故，不得言无"，所以，"众因缘生法，我说即是空，亦为是假名，亦是中道义"（《中论》第四释）。这就是中道义的来由。

于此，龙树的诸法实相为说明超越一切认识，离诸观念，从消极一面而成立其八种共四对之相对观念——"八不中道"。所谓"八不"，谓"不生亦不灭，不常亦不断，不一亦不异，不来亦不去"（《中论》第一）之八者。也就是生灭、常断、一异、来去这四对。以诸法假相而误执为实，是最大的迷误，因此龙树说打破八迷而达诸实相。也就是说，生灭常断是时间观，一异来去是空间观。

又生灭来去是运动观，而常断一异是静止观。而此之四对观念是认识成立的根本条件。又其中任何一方的肯定必然是对相对的另一方的否定。而若将相对的两个方面同时加以肯定，又绝对是荒谬的认知。但如果对其中一方又肯定又否定，则完全违背了对具有绝对性的存在的表述。因此，任何依据相对性观念而成立的认识，必然是与认识诸法实相不相符合的。对诸法实相的认识必须超越相待的认识观念，也必然只能从反面来否定性地显示这种认知。换言之，否定性的“八不”才能显示“中道认识”。

今试举一例。若言诸法依因缘生又依因缘离散而灭，其所见不过是因假相所致的迷误。“生灭”只是谬见，自实相而言，诸法并无生灭。又人死则是灵魂断灭，乃寻常所思。然考诸常者，不过诸法假相。迷于假相，才有“断常”想。因之据实而论，诸法离于断常。又若诸法本体是一，关于现象所显示的别异就是无关“一异”的谬见。据实相言，诸法不一亦不异。又若思考有情之轮回六道，认为其自某道来，又往某道去，是皆属于“来去”之谬见。若论诸法实相，无有来去也。

以上所说的“八不”，只是列举根本性的相对认识。若详细论，则一切相对性的认识难以尽举。不过其中的中道原理，是一一贯彻于所有的相对的事物与现象的。要言之，诸法实相，语言道断，心行处灭。若强名之，谓以为空。然而此空超越有无，故亦可名为不空，因之以言中道。

若依上见，龙树实相论，若从客观一面着眼，是对一切诸法加以本体的和现象的分析，并不对其作有为无为的划分。然而，若依世俗谛，从差别一面看待诸法，却可以承认它们不过是千差万别的现象存在。相对于此，若依第一义谛的中道原理，也可说一切诸法平等一相。而这样的见地，已经是绝对纯然的主观视角。不管龙树自己的本意是什么，无论其坚持的是主观的还是客观的唯心立场，其所关心的，并不是诸法实相究竟为何，而只是想要建立超越主观与客观分别的实相境界。这样的情况下的体悟仍然是主观性的，但它只是迷悟之间的一念转换。此一转换，或是成佛，或为凡夫。迷误一转变，当下即涅槃，佛界因此也就是众生界。这也就是平时说的“不坏诸法而说真际，不动真际而立诸法”。自“不坏诸法而说真际”一面看，世谛即是第一义谛，现象就是本体；而若自“不动真际而立诸法”这一面看，第一义谛即是世谛，本体也就是现象。这样的说法，也就是“真空即是妙有”的意思。一切诸法自消极面看，可以说便是“真空”；而自积极一面看，可以说也就是“妙有”。而从妙有的角度着眼“诸法本性”，可谓“一切法本性清净”。

五、万有的缘起

龙树之说诸法真相为空不可得，所持理由在诸法乃以缘起而得来。此外的可能性，龙树并不在意。因之，他说的缘起论，其中并无功能作用的思考，而纯以结构缘起为关心。龙树是从实相论的角度来看待缘起的理由。不过，其依第一义谛而说实相，主张一切皆空。又依世俗谛而说诸法假相，仍然借缘起论成就业感缘起。而如果看有部之业感缘起论，其根本思想为三世实有法体恒有。惑者，业也。其是有实体性的。与这样的立场相反，龙树的业感缘起论出发点是真空无相。因此，惑与业俱为体空，并非实有。所以如此，只因众生难舍颠倒妄见，不知第一义谛而起业因缘，流转生死，受诸苦报。不过是“所谓三界皆心所作，一切由心生”（《智度论》）。因此之故，若达于第一义谛，惑业消除，如梦如幻，若报亦灭，住于“从此根本不生来灭”的境地，曰“不入凡夫人圣法，不知诸法性相无，以颠倒愚痴故，起种种业因缘，随是诸众生业而得身（中略）若无此性法，无业无果报”（《智度论》第九十五）。即是说，若以先世之颠倒妄见为因缘，现世分别忆想；若以现世分别忆想作因缘，未来生灭受。若达第一义谛空，令诸法本来不生不灭，遂知诸法不染，本性清净，便得解脱。曰“若眼见生灭，是故愚痴颠倒；若见诸法性空无，决定如幻如梦，但以凡夫先世颠倒得此眼，今世忆想分别因缘观故见生灭。第一义中实无生灭”（《中论》第三释）。因此，佛以大慈悲心，令众生离颠倒妄见，达第一义空，假设方便，分别种种教法。

六、涅槃和佛身

龙树实相论中包含有消极与积极两面。如其所说“涅槃”便可以从这两面看。自消极一面说，立足于真空无相的立场，离一切假有执着，超越一切认识论观念，而住于“涅槃”之“不得亦不至，不断亦不常，不生亦不灭，是说名涅槃”（《中论》第四）。而此涅槃以是离因缘所得，“受诸因缘故，生死海中转，不受诸因缘，是名为涅槃”（同上）。然而，在龙树以第一义谛为世俗谛，亦以世俗谛为第一义谛故，因此，言忘虑绝为空不可得之涅槃，与众生世间无别无异，仅仅为一体之两面而已。所以也可以这么说：“涅槃与世间，无有少分别，世间与涅槃，亦无少分别。”“涅槃之实际，及与世间际，如是之二际，无毫厘分别。”（同上）如是，以涅槃世间无有少分别故，若从第一义谛有而说世谛，则显示出积极方面的妙有。从此而言，涅槃妙德，其或无数。

龙树从积极与消极两面来说佛身。若自消极一面论，此出发点为第一义谛空之见地：谓离有无分别，空不可得，“于邪见深厚者，则说如来无。如来寂灭相，亦无有分别”（《中论》第四）。然同一之涅槃若作积极妙有的说明，此之第一义空佛身亦作二种分别，“佛身有二种，一真身二化身”（《大智度论》第三十）。别于真身之法性身，又曰法性生身：有别于化身之父母生身，又名随世间等身。真身则是从妙有方面来看的第一义空佛身，亦即是法身。由是，其不生不灭，不变而常住，遍满一切处。具备万德，具足妙相，常有说法化益。“佛之真身，遍满虚空，光明遍照十方，说法音节亦遍十方，满无量恒河沙等世界中，大众皆其听法，说法不息。一时之顷，各随所闻而得解悟。”（《大智度论》第三十）

其次是化身。化身是真身，为众生之化益以人身应现之应身（Nirmānakāya）。其色身受生老病死等苦恼，示生灭之相；其内证与真身并无不同，曰：“释迦牟尼于王宫受身，现受人法，有寒热饥渴睡眠，受诸诽谤，老病死等，无有不同于内心智慧神德真佛之正等觉者。”（同上）

若依是见，龙树二谛摄取上座、大众二部教义，其二身说摄取二部之佛身观，大约如是。然龙树所论之真身究竟属于法身还是报身，仍有疑义。若考虑其以真身对化身，以父母生身对法性身之观念；又若观察其自第一义空无相法身来说妙有，其谓真身者，显然是法身。然若考虑其以具足万德之圆满相来说法教化，则其当以报身（Sambhogakāya）为真身耶？只是，对龙树而言，其法身、应身中已经包含有报身思想。其三身观念尚未有完全明确之分化。而其三身观未分化的缘故，一则因为龙树并未重视循着世俗谛来说明佛身的做法；一则因为其作为初期大乘论者，亦无意对佛身观悉心说明。再者，关于龙树之佛身观，值得注意的是其多佛思想。在龙树以前，佛教中如大众部也有报身之佛身观；而如过渡时代之龙军、马鸣等人，也是将释迦牟尼本人看作佛的。而到了龙树出世时，其所谈的佛之应化自在，已经可以看出，背后是以多佛为存在前提的。这就已经构成了佛身观的一大进展。

七、实践修行法

若依世俗谛而有生灭苦恼，依第一义谛有不生灭之涅槃，如何修为才能弃世谛观第一义谛而得成就呢？龙树撰《菩提资粮论》，其中说菩萨修行之十波罗蜜、四无量心等。十波罗蜜亦名十度：①智慧（般若）；②檀那（布施）；③尸罗（持戒）；④羼提（Kşanti，忍辱）；⑤毗梨耶（Virya，精进）；⑥禅那（静虑）；⑦方便（Upāya，即指为众生利益而随缘现种种身，服务做事）；⑧愿（Pranīdhāna，即求上菩提下化众生之求菩提愿、利乐他愿等）；⑨力（Bala 即得福报生力、神通力、信力、精进力、念力、三摩地力、般若力七种）；⑩智（Jñāna），即得一切智之十行，就中以智慧即般若最重要。

所谓四无量心者是指：①慈无量心，即与众生乐之心；②悲无量心，即为众生脱苦之心；③喜无量心，即念佛功德，心中充满大欢喜；④舍无量心，即对一切众生无有爱憎，此心悉平等。此之四心，显示菩萨利他之广大无量情怀，其心广大，无有限量。

故称四无量心。要之菩萨修行在圆满自利利他，以大智慧观无所得空。

以上十度及四无量心是菩萨正行。因为实行起来甚为困难，故称菩萨难行道。另外又别说菩萨易行道，即是念佛一门。后者说在《十住论》之“易行品”中。其二种修行法能得无上正等觉之不退转位。难行道须不惜身命，昼夜精进修行，才能达到不退转位。易行道则一心系念阿弥陀佛或释迦牟尼等诸佛，称念其名号。此念佛称名之功德力，可以速至不退转位。这里相应地也就有自力与他力的区别。相对于圣道之净土修行，而此处作为易行道根据的，若加以回溯可至对佛陀的信仰和对三宝的皈依这样的信念上。若就教义主张说，则是因真空而说妙有的道理发挥。具体而言，就佛身观而说佛化能力之无限；又就正行菩萨行而言说方便行，说愿行功德，乃至说四无量心。

第三节　提婆和罗睺罗多

龙树之后，于大乘佛教之发展贡献尤为胜者，是提婆其人。提婆又被称为圣天（Āryadeva）。又因其有一目眇，故人亦称为“一目天”（Kāṇadeva）。其出世与龙树为同一时代而为晚辈。其撰有《百论》，该论有鸠摩罗什之汉译本。观其书译出的年代，提婆应为三世纪中期人（时当佛灭后八百年间）。提婆籍贯锡兰，天资英迈。少时见国人日夜参诣大自在天神（Maheśvara，摩醯罗首）而谓国人迷信，竟然抉自在天神一目。其夙学佛教，名闻遐迩，普受敬重，国王以至庶民无不称赞其学。先时值龙树于南印度弘宣大乘，提婆欲来兴破，便至憍萨罗国求与对论。龙树为测其机智，命弟子持一钵满水以示提婆。提婆默然，拈一针投诸水中。龙树知其足智，令人引入，为说大乘教义终日。提婆见龙树慈颜，顿失论诤之意。及至闻其说法，益加敬畏。请为弟子，至嗣法灯。其后辅师，布化于南印中印，破折外道小乘，宣弘大乘。据传，提婆曾对师父禀言：中印度之摩揭陀国外道隆盛，佛教不振已有十二年。愿请师准，前往摧破外道，以宣正法。龙树允准，行前预演。龙树假外道立场立诸宗义，提婆皆能一一破斥。经于七日，龙树许其前往摩揭陀。来至该国入于华氏城，于国王面前论对诸外道，悉破无遗，佛教遂兴。又于国中各地游行，弘通大乘。又其往中印之钵罗耶伽（Pyayāga）国，居停城外西南之某寺，展其辩才论破某婆罗门，且著《百论》一书。又谓其往至恒河上游之窣禄勤那国（Srughna），破斥外道，普为一般诚笃百姓说佛法利益。

如是历游诸国，破邪显正，使中印大乘佛教复归兴盛。亦使诸外道怖畏而生怨恨。传有外道弟子深衔其根，日夜伺机，偶见提婆独居闲林，正事著述，以刃相向而刺其腹。将死之时，提婆悯其狂愚，示彼脱逃山中。诸弟子来喧噪捕凶，提婆谓彼曰“诸法本空，无我我所，亦无受者，阿谁是亲，阿谁是怨，孰为恼害……（中略）彼之所害，我之往报，非杀我也。”

提婆所著书，现存者如次。①《百论》（Śata-śastra）二卷，后秦鸠摩罗什译；异译《百字论》一卷，菩提流支译；《广百论》一卷，玄奘译。②《外道小乘四宗论》一卷，菩提流支译。③《外道小乘涅槃论》一卷，菩提流支译。④《大丈夫论》一卷，道泰译。

以上诸书，《百论》与龙树之《中论》《十二门论》共称“三论”，是三论宗依据之根本经典。提婆继承龙树之否定性实相论，排除一切相对之观念及差别之认识，申说有为空、无为空、毕竟空，说一切法空不可得。其《外道小乘四宗论》和《外道小乘涅槃论》详讨细论，人谓“提婆菩萨破楞伽经中外道小乘四宗论”等，即谓其就因果论而破因果之一、异、俱、不俱四种主张（称四见或四宗）；后者（即涅槃论）则尽举外道及小乘之二十种涅槃观一一破斥。《大丈夫论》则是继龙树之《资粮论》而说菩萨修行道。

一、提婆的教义

提婆教义，继承了龙树《中论》与《十二门论》的否定实相论，并将其否定论法发挥至极致。然究其实，其并无任何新颖之思想创造。具体而言，提婆运用否定的议论方法破斥论敌，手法炉火纯青，甚至超出乃师的水平。例如，观其破斥以罪福为实有之误见，以诸神为实在的迷信、执实我之见的迷妄、执诸法为实有之偏见、执有无断常为确定差别的立场，都是提婆坚定不移的立场。又有说因中有果的、说因果一体的数论师；说因中有果或说因中无果的胜论师；说因中或有果或无果、说因果亦同一亦非同一的勒沙婆（苦行仙）论师；说因中有果非非有果、因果非一非异（不俱）的尼乾子师。此之四种立义，提婆悉加破斥。论断其不过只是关于诸法实相的妄见。进尔空其所有，空亦复空，以毕竟空，显真空无相，说诸法实相。

相应地，提婆的修行论，亦不出龙树的大乘菩萨修行的法门。所谓修行，即是布施。布施以大悲为体，通过布施救一切众生之苦恼，是为最上修行。菩萨当以此为行愿。菩萨即大丈夫，应具备福智悲三德。要言之，若论提婆说教的特色，在其发挥龙树之实相之否定性更为彻底。

二、罗睺罗多

罗睺罗多（Rāhurata）为龙树之又一弟子（亦有说其为提婆弟子）。生于中印度之迦比罗卫城。出世之时与提婆同时而为提婆之晚辈。其人天资聪颖。时有某婆罗门著《鬼名书》有十万偈。世称难解。来龙树住处，为其读诵。龙树一闻即已通达。提婆再闻亦能解之。而罗睺罗多三闻悉能记诵。罗睺罗多常居中印度舍卫城行化，擅能破邪显正，倡行龙树法义。其尝著《中论释》，汉译本为真谛所翻，其书今已不存。

罗睺罗多所执教义如何，今已不明。然《中论疏》（第三）中有其释龙树八不义，用常乐我净四德加以说明，与提婆或有不同。其所继承龙树，乃实相论法之肯定一面。其对龙树论法当有一定推进。

如是而言，龙树教义先于南印度、中印度流行，次第再传播他地。或当时或略晚，研究龙树《中论》者竟至有七十二家；释《百论》者亦有十数家。可见一时之盛况。其后有无著、世亲倡赖耶缘起，形成相互对立之大乘佛教两家。又龙树以后，与佛教对立之外道以及不甚赞成龙树之小乘，莫不直接或间接地受龙树影响。以是可知龙树及其门下，或提婆或罗睺罗多，对后世印度思想发展的影响均有一席之地。

第十一章　小乘佛教的发展

第一节　婆沙论书以后的有部

大乘佛教之出现，与小乘佛教之发展绝非毫无关系，亦非顿然暴现之思想现象。大乘系从小乘中发展出来的。而龙树之实相论与大众部系又有特别之思想联系。前面所述，想必已经表明此一层意思。而随龙树之大乘佛教思想发展，大众部系内部之思想成长也未停步，并不因其推动大乘而固步自封。既属小乘阵营，又与龙树理论卓有区别，发展方向自然也是独辟蹊径，为日后大乘中之缘起一系崛起奠定了基础。其结合来自大乘中实相论（空宗）及缘起论之教义，促成了大小乘折中之教义组织。于此介绍的大众部思想发展，分为三个步骤：①有部之发展；②经部之发展；③诃梨跋摩之教义体系。

有部教义，其基础在迦多衍尼子之《发智论》。有部因编纂出《大毗婆沙论》而体系大成。后来的发展中其极为重视论藏义理。故在《大毗婆沙论》成立之前，有部学问在其论师（《大毗婆沙论》之前其论师称为对法师或阿毗达磨师；后《大毗婆沙论》时期，则称毗婆沙师亦名细释师，别称为阿毗达磨宗师，略称为毗昙宗人）《大毗婆沙论》成书以后，有部教义固定下来。其有何等建树殊不易细言，然其祖述之盛，则无疑问。此种烦琐化之理论表述，引起一些义理改变，导致教义组织之改善，当无异议。

然由根本上说，《大毗婆沙论》以前之有部论师已经有所分化，西北印度之迦湿弥罗和犍陀罗即各自特色。当初编纂《大毗婆沙论》之迦湿弥罗论师便是正宗，相对一方算是异论，亦即犍陀罗一系，称所谓西方师或称外国师。迦湿弥罗师相对保守，而犍陀罗师则有开放态度，相对有自由主义立场。大毗婆沙论系之有部中，有名的四大论师均出自犍陀罗阵营。他们是法救、妙音、觉天等。若论法救，其思想一反有部正统，不同意“眼根见色”之说法，而立“眼识见色”；因此而部中有“根见”与“识见”之差别主张。又觉天其人，在主张物心二元之说法，反对以往有部之多元论立场。诸大论师，在《大毗婆沙论》编成以后，各各著书立说。法救曾撰《法句经》二卷。其书之汉译者为祇维难，其他别译本还有几种。妙音则著有《阿毗昙甘露味论》（二卷，玄奘译）今日犹传。

又有部虽编纂《大毗婆沙论》而完成其教义组织化工作，但因其组织方法过于烦琐细密而造成体系庞杂，令多数学者无所适从，难入其门。因此，其在外部受到来自龙树、提婆等大乘论师之攻击，在内部又有摘要《大毗婆沙论》的论师不断涌现。例如，名为尸陀盘尼（Sitapani）的论师著《鞞婆沙论》（十四卷），睹货罗之法胜（Dharmasri，达磨尸利）著《阿毗达磨心论》（*Abhidharmahṛdaya-śastra*）四卷，此之二部论书均为旁依有部之学术。另外，又有优波扇多（Upansanta）著《阿毗昙心论经》（*Abhidharmahṛdaya-śastra-sūtra*）（六卷），法救著《五事毗婆沙论》（二卷），世友释《五事论》。是诸论书皆自有部《大毗婆沙论》

中摘其要点纲目加以发挥。亦因此种著述方法，对于有部常说体系形成一种研究与发展。有部教义因之得到细密且精要之发扬。然以上论师均出自犍陀罗国，其生活时期亦都在《大毗婆沙论》形成以后，延至龙树、提婆活动之时期，大致说来为二世纪至四世纪末。

由此，吾等论述进入五世纪。有与世亲大略同时之长辈名悟入（Skandila，塞犍地罗）者出世。其人于迦湿弥罗国撰《入阿毗达磨论》（*Abhidharmāvatāra-śastra*）二卷。世亲菩萨亦著《阿毗达磨俱舍论》(*Abhidharm-kośa-śastra*，简称《俱舍论》)(三十卷，玄奘译）。书中亦加入经部及世亲之私见，企图对有部学说加以改造。为对抗此等做法，悟入弟子名众贤（Samghabhadra，僧伽跋陀罗）者撰《阿毗达磨顺正理论》（*Abhidharma-nyāyānusāra-śastra*）（八十卷），亦名《俱舍雹论》，以及《阿毗达磨显宗论》（*Abhidharma-samayāpradhīpika-śastra*）（四十卷）以驳斥《俱舍论》。此等情况皆显示当时之学术气氛颇为活跃。无论如何，世亲之《俱舍论》一出，侵凌有部之教学盛名。而俱舍宗之申扬，造成毗昙宗受抑。以后之研究有部学说者，多亦采取俱舍论之立场。故众贤之著作可以视为毗昙师等为挽救有部教义正统之最后一搏。其为毗昙宗多方辩护亦属当然。而众贤之论著对世亲《俱舍论》之抨击，亦有不少见解并不符合有部正义。似此立场主张以后亦被称为新婆沙论家，属于有部毗婆沙宗之异系。

第二节　经量部的发展

经量部不同于有部多数论师，其虽不传有部著述，但其自有部分立出来的时间，以及其学说变迁的程度都难以详辨。经量部分本末二部。据传，其本末二师之间，所差别者在种子说。又若见世亲所撰《俱舍论》中之经部义，也不只是《异部宗轮论》上所说之“余之所执多同说一切有部”的说法。论其哲学立场，经部与有部之间相违处颇大。考虑到此点，则可以猜测，世友在世时，即自二世纪前半期至五世纪之初，经（量）部教义所经历之变化历程必然很大。

先说经部之哲学立场。如前面第三章中所言有部教义，其主张三世实有法体恒有，是一种多元的实在论立场。而《俱舍论》中显示的经部学说，同于大众部，采取了过去、未来无体说，并不只是主张过去、未来虚无不存在而已。其所否定者，仅仅是三世之间诸法的恒久实在性。即是说，曾有名为过去，未有名未来，现有名现在，而承认现有诸法皆有实在性。因此，它与有部朴素实在论相衡，理论则往前推进了一大步。

其次，经部之种子说。若欲了解初期经部哲学立场，虽知道其有本末二部，然两部差别不甚清楚。恐怕种子说即出自末部之经部说。据说经部本部之祖师鸠摩罗多（Kumaralata）创立了种子说，如前面第六章中的色心互持说，色中藏有色心种子，心中亦藏有色心上两类种子。无论有心还是无心，三世之中始终有一味相续，以粗五蕴所成根边蕴起故，五蕴继续生灭变化，善说不至空无之论。然而似乎经部之末部祖（或恐而已）之末师室利罗多（Śrilata，亦称胜受）以一味蕴为细意识，是中藏色心一切种子，三世而相续，以是根边蕴依于一味蕴而亘延不失。换言之，其为令生灭变化之粗五蕴生起之势力。作为一种微细之识蕴，始终相续不断。

这么看来，与本师所说的物心二元论不同，末师所执的是唯心一元论。如果这样，这显然是很晚近才发展起来的思想。但可以知道，在世亲之前就已经流行过这么一种根本识的说法。世亲之《摄论释》（第二）谓大众部中立根本识，化地部中名此为穷生死蕴，正量部名此为果报识，上座部称之为有分识。从这些说法名称，足知这样的观念当时在佛教界是何等活跃。而是等诸部之种子说，亦即根本识之说法，到后来无著世亲唯识佛教出现时，对奈耶缘起说有至关重大的作用，阿赖耶识就作为根本识成为整个学说的核心。

另外，经部中有胜义我的思想。胜义我的说法尚不见于世亲所撰之《俱舍论》。依《华严玄谈演义钞》（第二十三）所说，根本经部之中的细意识，恰似本部经量部的胜义我观念，是统一胜义我和种子说的重要观念。起到维系原先的胜义我的作用。若果如其然，末部的经量部中之根本识，以赖耶缘起论形成的过程中，便是某种晚近的根本统一的观念意识。

第三节　诃梨跋摩

一、诃梨跋摩与《成实论》

有部基本立场虽然在小乘中，但其教义已经有了发展。至于经部则在另一方向上也发展了小乘教义。而对于小乘教义进行全面改造，使之大发展的是诃梨跋摩（Harivarma，师子铠）。由于他的理论贡献，此人可以称为赖耶缘起的先驱。而从理论上给他以重大影响的则是龙树的实相论（空论）。

诃梨跋摩的出生年代并不清楚。有说其在佛灭后七百年中出世，亦有说其就在佛灭第八个百年中甚或第九个百年中诞生。不过，411 年鸠摩罗什翻译了他的论著《成实论》（*Satya-siddhi-śastra*）（十六卷）。该论中有"如马鸣菩萨说偈"的句子。因此，诃梨跋摩之出世在四世纪末之前最有可能。似此则应为马鸣之晚辈。其若生在四世纪中，即为佛灭后九百年中。然而，史家亦有仅仅因《成实论》在思想上有受龙树影响之痕迹，而竟然称龙树可能受其影响的。如此，诃梨跋摩氏的生年便被挪到了龙树之前。于是，他成为龙树同时代的长辈。然如果研究《成实论》的内容，与其说他给予龙树影响，不如说他受到后者或直接或间接的影响，可能性要更大些。

诃梨跋摩是中印度人，出生于婆罗门家族。初时他信奉过数论并为其作宣扬。以后皈依佛教。其往迦湿弥罗国，依有部论师鸠摩罗陀（Kumālabdha）学习《发智论》。然因嫌其师教学烦琐浅薄，徒拘名相，于是舍有部学而转投大众部。从学于大小兼有之师父，进而研习大乘，兼采大小两家之学而自立其说。在疏勒国（Kashgar）撰《成实论》。

诃梨跋摩所著书，今亦仅存其《成实论》。此书开卷即宣称"据三藏中实义"立说。其所造论有批判异说以统一佛教的用意。然古来对本论性质皆有争论，对其究竟应归入大乘还是小乘说法不一。（汉地）初期成实论学者，多以为其应判属大乘。天台宗成立后，论家又多归属于小乘。道宣律师认为，若判其教，属于小乘，若观其义，因法两空而应分通大乘论。今就本论自身言，其观察诸法则适当以真俗二谛安立，于俗谛门依小乘义说法，其真谛门则取大乘空观。整个立场折中大小，其体系构造则类似于佛教概论。因之，若以其见解对照有部之纯然小乘说法，本论中则见有大乘立场；若以之对照纯然大乘立场，则本论中亦有未脱小乘之见地。有据于此二点，将《成实论》判为分通大乘最是妥当（以其虽为小乘论书，然中有部分大乘见解）。话虽如此，若更进一步考察，其真谛门中，显然继承有龙树实相论之否定一切之性质，因之导致诃梨跋摩主张“涅槃亦空”，不免失于虚无之论。至若观察其佛身观，发现其仍据小乘立场立论，所据经典是四部阿含。从整体上看，其仍然主张小乘的教义。而若将其当作完全之小乘论，亦不免陷于生吞活剥之简单化。因此，如果认为《成实论》多少发展了大众部之立场，具有准大乘的观念，方为妥当。此外，此论本之进入中国，乃至形成成实学派。该学派兴隆一时，直到后来三论宗崛起后方才沉寂下去。此之历史过程以及结局，适也反映出成实宗学派之思想与环境之关系。

诃梨跋摩与马鸣、龙树相仿，其面对诸法观察分析，亦援立真俗二谛。真谛者，第一义门，适以说明诸法本体。俗谛者，世俗门（即世界门），适以说明诸法呈现之现象界。而于世界门中，肯定假有以保留差别之诸法。这样的说明，大略而言，乃依于有部哲学，从主观方面成立蕴处界三科；从客观方面，又区分出心所、不相应行及无为等五位十四法。又其说诸法缘起，借用业感缘起功能，历经成住坏空四劫而仍不离刹那生灭。但其于第一义门，否定了差别诸法的实有而主张一切皆空，故曰“论有二门：一世界门二第一义门。以世界门故，有我说……（中略）第一义门皆说空无。”因此，若以一言以总结其学说，即是“俗有真空”论。

彼为说明此俗有真空之论，分出客观上的假有、实有与真空三谛。同样，相对于此，以有主观上的三心：即假心、实心与真心。以主观之空心认识客观的真空。说到底，假心以对假有，实心以对实有；又第一义门含摄空心、实心之一分；而世界门含摄假心及一分实心。整个无教理体系可以称为二门三谛三心。

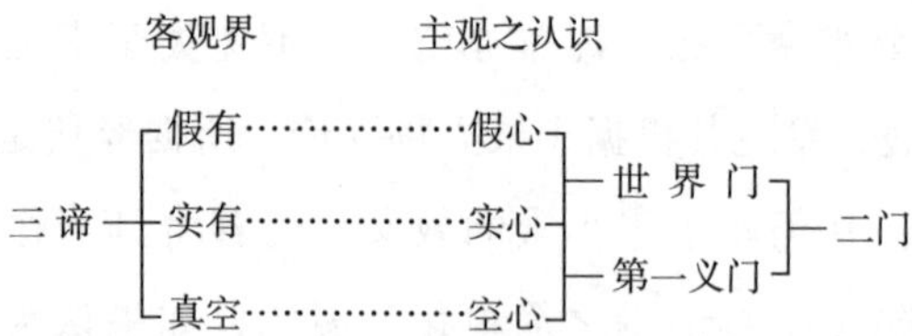

按诃梨跋摩的看法，诸法依因缘而集成，故无实体。只是从俗谛的角度来看，姑假设其存在，所以称为“假有”。约而言之，因成故假。这样一来，因误执假法为实有，便生出种种迷妄烦恼的主观之心，称为“假心”。比方说，多有树木集成森林、五蕴集合生成身体，然何曾有什么森林与身体呢，无非是某种执妄。其次，以诸法为依，因缘集成，所以有假有之物。其中参与结构组合的部分，相对于集成之物，可以认为是实有（权且以部分为实，整体则为假。略称“分实总假”）。这样便有了诸法之相为假有，也就有肯认假有之元素为实的主观之心，可以称为“实心”。举例而言，以集成森林之树木为实，以集成身体之五蕴元素为实，则认诸元素为实之心，便是实心。但若进一步审察此集成之元素，仅仅是在与森林、身体相对之程度上，说树木或五蕴为“实”（实在、实有、真实等）。而如果扣其根本，仍然是不实的东西。依是道理，诸树木、五蕴元素也还是因缘而成的，所以仍然是假有，所以毕竟真空，与之相应，认识到诸法真空的主观之心，也就成了“空心”。

二、万有之分类

诃梨跋摩继承有部关于五位七十五法的分类，而于法数上稍有增加，称为“五位八十四法”。但若论诃梨跋摩之本意，其归根结底是为了落脚在主观与客观皆空的立场上。其论中并不可见下面这样的（有部和法相宗都有的）诸法分类。《成实论》中并未列举法数，甚至连无为法数这一类都没有提到。为使读者了解诃梨跋摩的态度和《成实论》的说法，列出下图。这是日本学者境野黄洋氏的考证成果。

五位　　八十四法

- 万有
  - 有为
    - 色法14 —— 眼、耳、鼻、舌、身、香、味、触、地、水、火、风
    - 心法1 —— 心王
    - 心所法49
      - 想、受、思、触、念、欲、喜、信、勤、忆、觉、观、不放逸、不贪、不瞋、不痴、猗、舍　（遍行别境善法）
      - （本惑）贪、瞋、无明、骄慢、疑、身见、边见、邪见、戒取见睡、眠、掉、心、悔、谄、诳、无惭、无愧、放逸、诈、罗波那、现相、傲切、以利求利、单致利、不喜、频申、初不调、退心、不敬肃、乐恶友（随惑与不定）
    - 不相应法17
      - 得、不得、无想定、灭尽定、无想处、命根、生、灭、
      - 住、异、老、死、名众、句众、字众、凡夫法、无作
  - 无为—（无为法3 —— 虚空、择灭、非择灭）

（图中字下加双横线══者系有部五位七十五法分类中没有的法数，而下为～～者，则在有部中别有异名。括号内者则有部、唯识宗中有而成实论中无此名数。）

依上图，可以判断《成实论》的名目分类大致继承有部的传统说法。其最有特色处，在其色法中添加四大。从根本上讲，四大成自极微，又成就五根、五尘等粗色。有部体系中，以五根、五境为组成器世界的要素。把四大另外加入七十五法，是本论的一个特色。

三、涅槃和佛身

诃梨跋摩的根本思想是俗有真空。而推究其根本理想，则是相对于空观之真空、主观之空心。归根结底，落脚于内外主客一应空无的立场。依据这样的认识论立场，作究极境地的涅槃，在《成实论》论主看来，完全没有什么积极的肯定性的德能，而只是消极的空寂而已。按诃梨跋摩的看法，所谓涅槃，从根本上讲，无有所名，无所能见，才是本义。若谓涅槃实有，名有相应之名与实，所以说："诸法灭尽，名为泥恒。是中尽灭，何法可住……（中略）阴灭余故称泥恒，是中何所有耶？"即是说，彼分内外主客于三心三谛。于真空上了客观之诸法空，于空心上了主观之我想空，以我法俱空作究极理想。而如果从实行上看，以假心观假有所生种种烦恼业故，先依实心观实有，灭假心和假有两者，次依空心观真空，以灭实心实有，空心亦灭。与此同时，所对既灭失，诸法悉已空，无所归去，是为涅槃。

其次，诃梨跋摩之佛身观，有与有部相同之人身观。其自说"佛者，名自然人"，其说佛身，具足戒、定、慧、解脱、解脱知见五品，有十力、四无所畏、十种功德等。显而易见，其不以为佛有法报二身。

以上据《成实论》说诃梨跋摩之教义大概。然若依此，显然可知，其现象论及佛身观出于有部；其本体论则向龙树之否定性空观靠拢。且两相比较，并无特色。唯其二门三心三谛之说，可以视为折中大小乘教义之某种努力。此可以算作其特色矣。具体而言，彼之涅槃观，仅文字上空寂虚无。从此意义，示其未堕于神秘之说。当然，若自另一面看，也透露出其思想立场未臻圆熟之大乘空观。

第十二章　笈多王朝的佛教

第一节　笈多王朝

孔雀王朝灭亡以后，中印度的势力减弱，贵霜王朝自北方侵入。更有一个时期，中印度受到南方案达罗王朝的控制。至四世纪，中印度政治势力才有所复苏。新的王朝诞生，政治中心在摩揭陀国华氏城。新朝沿恒河流域逐步扩张，渐渐控制繁华富庶的地区，最终成为了强大一时的笈多王朝。王朝的开创者为旃陀罗笈多（Candragupta，月护王），其即位在 320 年。王殂于六年后。其子海护王（Samudragupta）继位，国势更强，攻略而兼并整个恒河流域诸国，又向北印度和南方之憍萨罗国用兵，力量扩张向东直达海滨，转而向西及更南，威逼锡兰岛国入贡。375 年其子旃陀罗笈多二世即位，尽悉征服东印度。又向西直接控制印度河口。一时势力大张，消灭塞种王朝，直出西亚而入阿拉伯海，交通遂达埃及而欧洲。为便于统治开拓之西印度，其在阿瑜陀又立新都，完成自阿育王以来之另一大帝国。结束异族入侵骚扰数百年之苦。旃陀罗笈多二世薨于 413 年。其子鸠摩罗笈多（Kumaragupta，童护王）即位。到此，王朝已达顶峰，领土少有扩张，五世纪中期，白匈奴（五、六世纪时的中亚游牧民族）自北方侵入，昔日繁花强盛遂成过眼烟云，国势日衰，至六世纪该王朝灭亡。

笈多王朝前数代君主向外扩张，内善治理，行富国强兵之策，奖掖文化，推崇宗教，当时可称安乐之世。其政治统治良善堪，与阿育王朝时相媲美。中国求法僧人法显于东晋隆安三年（399年）至该王朝统治下之印度。期间法显在天竺盘桓六年，学习梵语，研究佛教，搜集经典，参访圣迹，其亲眼目睹月护王二世治下之政治与宗教，对其曾有褒赞之词。据《法显传》，笈多王朝时期之印度，处处有施疗病院，称福德医药舍。其救济贫困孤独、病卧、无助之人。凡有求助者，药舍均给予汤药及医师看顾。病愈后可自行离去。又此中印度之国，亦称“中国”，气候温和，无霜雪为害，人民殷盛，百姓淳良。国之刑罚多以罚金，虽亦有重罪然少斩杀。民众善持五戒，不肯杀生，亦不饮酒，厌恶屠宰为业，令从事此业之旃陀罗种姓别居部落。市中无有屠场，亦无贩卖酒肉之店铺。其国货币用贝壳。以是而言，国内和平，秩序安然。如斯安宁，可以认为笈多王朝此一时期之政治太平、文化昌隆，当是印度有史以来之文明高潮。特别在月护二世的朝廷上，有著名的九位学者，人称“九宝”，显扬文治。其中有被今人称为印度莎翁（莎士比亚）之迦梨陀莎戏剧家，有梵语辞典之编纂家阿马拉辛哈（Amarasiha），有梵语文法家瓦罗鲁齐（Vararuci），有空前绝后大天文学家婆罗哈米希拉（Varahamihila）等人。又该王朝之历代君主皆喜好且通晓文艺学术，尤其月护王二世，其制艺之业更是大家水平。笈多王朝之强盛繁荣有多方面之反映，宗教文化各个方面均产生不世之才。仅从佛教来看，无著、世亲也都活跃于这一时代。此为大乘佛教论师辈出之鼎盛时期。

第二节 笈多王朝的佛教态势

笈多王朝诸王，多信奉婆罗门教。海护王及童护王均行马祭（Aśvamedha）这样的婆罗门教大祭祀。又特别海护王，多次向婆罗门祭司行大布施。因之，整个笈多王朝，婆罗门教随梵语文学繁荣而渐臻炙手可热之地位。印度教的复兴也正在这一期间。数百年中，支配着印度的精神界，取代了佛教的显赫地位。然而，印度古代君主大都同时信奉婆罗门教及佛教，笈多王朝的君主亦然。彼虽信奉婆罗门教，同时也保护其他宗教。月护王就曾经以王家土地布施伽卡纳塔波塔寺（Kakanadabota）。童护王时代之石刻敕令上面有佛陀的雕像。更不必说者，《世亲传》还记录了这二位君主对世亲的尊敬供养。且童护王之母后及王妃都热心奉佛。又笈多王朝纪年一六五年（484 年）在位之某王，其称号为佛陀笈多（Buddhagupta）。以是可知，其人为佛教徒。该王朝之其他君主对佛教作施，建塔起寺布施僧伽者，为数亦不少。

由于婆罗门教与佛教都受到政治保护，前者复兴的同时，后者亦得到发展的机会。今依《法显传》来看当时的佛教状况，王家及富豪长者施舍僧伽起寺造塔，以求福祉者是为寻常之事。僧侣供养充裕，无衣食之虞，安心修禅诵经，虔行其本业。僧侣之间相互往来，送迎凭问，有无相通，也是平常的礼节。寺院中僧伽威仪严整，颇能为民间道德示范。当时各地之寺院，无论大乘还是小乘，僧人数量往往数百上千。中印度之摩揭陀、迦尸、摩偷罗及僧伽施（Samkaśya）都是佛教繁盛之城，荣耀非常。在北印度，佛事昌盛之地为以乌长（Udayana）、罗夷（Rohistan）、跋那（Bannu）以及毗荼（Bhida）最足称道。诸国也都大小乘并行不悖。东印度则有多梨摩帝（Tamralipti）佛法最盛。西印度及南印度，法显未曾记言，故不好判断。然法显之后约二百年，玄奘大师印土求法，其《大唐西域记》中言及七世纪时之天竺，大小乘流行，各地寺院亦大小乘兼有，也有大小乘僧人共住一寺者。至若西域地区，依《法显传》，鄯善、子合、竭叉等地，大小乘流行。于阗主要是大乘，僧人有数万。其国最有名寺院为瞿摩帝大寺（Gomati），寺中僧人有三千。以是可知大乘隆盛。至于于阗以外诸国，虽大小并行，然进一步猜测，估计大乘已经有相当发展，无论寺院还是僧人，比起小乘来，数量都不会太少。尚须指出者，当时之印度，除华氏城外，其他各地，昔时佛之遗迹名胜，多归荒芜。看迦比罗卫、拘尸那罗，民房不过二百余家。伽耶城则沦为空虚。佛陀伽耶，已是荒草丛林，满目凄凉，佛教在民间亦有衰败之相，反之，外道势力显得强盛与活跃。

第三节　锡兰佛教和觉音译注的经典

锡兰全岛自摩哂陀与僧伽蜜陀来此布道以后，佛教大行。加之岛上历代君主悉皆信奉释迦，时时奖掖僧伽，师子国几成佛教之国。然至公元前一世纪初。当时之无畏王（Abhaya）所敕建之无畏山寺与大寺之间发生内讧，导致僧伽分裂。无畏山寺自谓保守旧法，称为法味派（Dhammarucika）。相对之大寺一派受到指责，认为其所采用之律藏中有后世窜入之《附分》（*Parivāra*），因此被斥为不如法仪。此即是锡兰佛教最初之对立。无畏王批判僧伽中发生的对立，为止弥争端，于公元前 85 年召集五百比丘大德，在大寺内聚集，行三藏结集。此次结集属于南传系统，可譬之于北传方面后来在迦腻色迦王时的三藏结集。

其后，于三世纪初（209 年顷）锡兰帝须王时代，僧中有人执邪义分裂僧伽。该王遂以王家威势保护正统、排斥邪伪。其时有称为龙树弟子之提婆出世，得国王之皈依。然经四十年后，248 年无畏王统治时期，无畏山寺之僧友（Samghamitta）解说律藏而有异论，遂令无畏山寺与大寺派生出纷争，双方后演为暴力，竟至焚毁大寺。再后又有思想开明之国王施建祇园寺（Jetavana）。于是，锡兰佛教僧伽遂有三分之势，鼎足而立。

四世纪初，色云王（Meghavaṇṇa）统治时期，锡兰文学、美术一时兴盛，佛教文化艺术因之大呈异彩。佛牙崇拜之风即此时兴起，其仪式中明显加入婆罗门教之仪式。当时岛上政治安宁，与南印度方面交往密切。方兴未艾之印度教亦流入师子国，并产生了一定影响。然国王亦曾派二僧人往印度朝礼佛迹。二人归来后向国王禀告菩提伽耶之荒凉。王遂遣使往印度见海护王，遗以厚礼，请允许修复菩提伽耶胜迹，起造大精舍，以供外国来此巡礼之僧人寄宿。其次，又仿效佛陀施王（Buddhadāsa），以阿育王所行事为理想，自任锡兰医药道长，在全岛广设医舍施舍汤药饮食。尤其下令翻译流行之经典成为锡兰语。其又敕令整理锡兰大寺记录，编纂锡兰《岛史》（*Dipavamşa*）。时至今日，锡兰《岛史》仍然是研究锡兰及印度之重要历史资料。

因之，此四百年成为锡兰岛上佛教昌明之极盛时代。依 411

年渡来本岛的法显之见闻录，当时无畏山寺有僧五千，而大寺有僧三千，支提寺（Caitya）则有僧二千。整个岛上有僧六万。又无畏山之佛塔高四十丈。该塔金银珠宝所饰，塔寺庄严美丽之状不可尽述。塔中安置三丈大佛。佛像有七宝庄校。又有高达二十丈之菩提树。城中参拜佛塔佛像的人络绎不绝。每逢朔望布萨日，寺中严修法会。又传国王每日供养僧人达五六千。仅可知当时佛教兴盛。然锡兰佛教自其教理而言，始终不够发达。其所重视者，为上座部教义，且在信仰及仪式上用功。此诸情况，可见于法显对佛牙节之描绘。又锡兰佛教于教理讨论不多，异论也少。此种情况之改变在五世纪，有觉音尊者来楞伽岛，以其翻译著释活动给本岛佛教僧伽以开启指导。

觉音长者生于四世纪末或五世纪初，籍贯为中印度摩揭陀国之菩提伽耶圣地，出身婆罗门种姓。其自幼聪明博学，通晓诸艺，得离婆多（Rivata）大德教化，为其命名觉音，令学佛教教理。后因离婆多劝励，毅然渡海来到锡兰。是时约为430年。觉音投止大寺。尽阅三藏。将锡兰语之佛教三藏及注释书尽译为巴利语文，又添加了不少他亲自注释疏解的作品。以是今日南传佛教，方有巴利语文之三藏流传。锡兰佛教徒因之对觉音长老之卓越学德甚为钦仰，惊叹其是弥勒再世。对于其疏释文字，亦视为佛言圣典。据南方佛教传说，觉音长老完成译藏大业且续添疏释以后，（于450年左右）再渡海到缅甸弘施佛教。至于长老终焉之地，则不明矣。有说其仍归故乡，示寂于摩揭陀国。又中国方面资料显示，南朝齐永明六年（488年）有印度来华僧人众贤（Samghabhadrha）译出《善见律毗婆沙》（十八卷），是书即觉音长者对律藏之注释作品。又有一种说法，有某天竺僧来中国广东，自称其所携律藏为优波离以来师资相承之圣典。据此，前条所述之觉音恐非锡兰佛教史上之有名的觉音长者。然无论此之觉音为何人，就锡兰觉音在巴利三藏之翻译、整理、注释上之至伟功业而言，都是佛教史上永恒不灭之盛举。

第十三章 无著和世亲时代的佛教

第一节 无著传记及其著书

上距龙树之出世百年，五世纪恰当笈多王朝最盛时期。有佛教学者兄弟二人应世，是即无著与世亲。因彼二人之思想阐扬，大乘佛教进一步发展。相对于龙树之实相论，无著和世亲显扬诸法缘起论。大乘佛教因之进入第二个发展期。关于无著和世亲之生期，历史上有不同说法，有说在佛灭后第九个百年，亦有说在佛灭后一千年，甚或一千一百年。按本论推究，无著在四世纪中期出世，其入寂在五世纪中期。世亲之生期在四世纪之末，入寂便在五世纪后半期，约为公元 470 年顷。本论理由是：两师之大乘佛教在五世纪中期，应为佛灭后第一千年中。

先看《法显传》。此中国僧人法显在 405—411 年来印度。诚如所言，其往天竺之目的乃为搜集律藏。而彼居留天竺之时，恰当无著和世亲二师在中印度一带兴隆佛教。然法显无有只言片语说及此事。此说明二师之兴弘大乘是在法显离去以后之事焉？又唐之贞观七年（633 年）玄奘于摩揭陀国之那烂陀寺见当时已经 103 岁之戒贤（Silabhadra）长老。戒贤为护法弟子。护法之学上承陈那，而陈那是世亲门下。其间恰好经历四师。戒贤代替护法出面破斥外道时，年约 30 岁，此时护法已届晚年。又过约七十六年戒贤与玄奘相见于那烂陀寺。又护法之出家在其 20 岁时，护法之入寂在其 32 岁时。其布教弘法大约十年。而陈那想必是高寿者，因其布道时间长达七十年。加上护法晚年至戒贤与玄奘相见时之七十六年，这一历史时期约为一百四十六年。因之可以说在 480 年世亲尚在世。再者，玄奘和戒贤相见之时，那烂陀寺正在兴盛期。该寺情况后面第十四章当叙。如彼处所言，那烂陀寺之创立也正在 480 年顷。然而，《世亲传》中却未提到那烂经寺的创建（传说中世亲晚年到过那烂陀寺，恐系误传）。那烂陀寺初创时，世亲已届晚年或者新逝不久。又《世亲传》中言及超日王（Vikramāditya，力日王、正勤王）和新日王（Bālāditya）是笈多王朝之月护王二世和童护王。世亲兴隆佛教时值超日王晚年至新日王继其政治期间，恰好是五世纪初至该世纪之前半期。然以超日王死于 413 年，则世亲正在活动之盛期。以是世亲之出世应往前再推二十年，即 390 年顷。又无著之出世略前于世亲。亦以先二十年为计，即在 370 年。而无著入寂在 75 岁时，世亲之寿数是 80 岁。故无著逝于 445 年，世亲逝于 479 年。此之年代大略不会与戒贤和玄奘相会的年代，以及那烂陀创建的年代相抵牾。唯若如此，则无著之兴隆佛教时段与法显在印度的时间应有重迭。然若假定无著之佛教兴隆活动开始较晚（恐怕也真是如此），则上述之假定推测皆可以通顺无碍。因此，本论者以为无著和世亲二师之佛教兴隆活动应在五世纪的中期。

无著于四世纪半期生于北印度犍陀罗国布路沙城（Purusapura，丈夫城）之某婆罗门家。其父名为憍尸迦（Kauśika），母亲名为比邻持（Viriñci）。其家三兄弟，无著为长，世亲（Vasubandhu）

次之，比邻持子为季。又有说三男俱名世亲，同时出家后，长子易名无著，季子易名师子觉（Buddha-sinha），唯仲子保留原名。如此，则世亲本为在家姓氏，亦未可知。及无著长大后，弃婆罗门教而入佛门，随化地部（也有说随一切有部）学习小乘。又自宾头罗（Pindola）学习小乘空观。但其仍觉不足。后读大乘经典，大有所得。或有说其凭神通力而上至兜率天见弥勒菩萨，请益说法。又延请菩萨下世到阿瑜陀国入讲堂说法，连续四个月，夜夜闻法不怠。白天则为大众复演夜中弥勒所说之法。此故事显示，大约北印度一带很早便流行弥勒信仰。真实的情况是，无著自幼受弥勒信仰的影响。后无著借内观得证，能说弥勒之法。若果真如此，弥勒为后补之佛。无著从其闻法，又以弥勒名义宣讲，足见其已经自认为大乘菩萨。学成之后，无著即以阿瑜陀国为宣弘基地，显扬大乘。以后再至憍赏弥城和摩揭陀国布道。其一生著述弘丰。入寂之时其寿 75 岁。

无著所撰之书中国多有汉译本。今汉文大藏中称为弥勒所著者都应归在无著名下。今以影响重大者列名于次，虽称弥勒所著，却是无著所作。

署弥勒名者：①《瑜伽师地论》（*Yogācārya-bhūmi-śāstra*）百卷，玄奘译；②《大乘庄严经论》（*Mahāyāna-laṇkāra-sūtra-śāstra*）本颂，波罗波密多罗译；③《十地经论》（*Daśabhumika- sūtra-śāstra*）本颂，菩提流支译；④《辨中边论颂》二卷，玄奘译。

署无著名者：①《显扬圣教论》二十卷，玄奘译；②《摄大乘论》（*Mahāyāna-samparigraha-śāstra*）三卷，真谛译，（异译）《摄大乘论》二卷，佛陀扇多译，（异译）《摄大乘论》三卷，玄奘译；

③《大乘阿毗达磨集论》（*Mahāyānabhidharma-sanghiti-śāstra*）七卷，玄奘译；③《金刚般若论》二卷，达磨笈多译，（异译）《能断金刚般若波罗蜜经论颂》一卷，义净译；⑤《顺中论》二卷，达磨般若流支译。

上面《瑜伽师地论》中所说的赖耶缘起之道理，即是瑜伽唯识佛教的根本理论，其对修瑜伽观行者说十七地的分别。而《大乘庄严经论》上来说大乘佛说论，接下来广说发心修行，再说种姓、第一义相、六度功德、敬佛等。《十地经论》有世亲为之作释论，其本颂称为弥勒所著。其意在释《华严经·十地品》，为说真如缘起思想之唯心著作。《辨中边论颂》主要说非空非不空的中道，以分说心性本净、客尘所染的道理，也说（遍、依、圆）三性、四谛、八正道、五根、五力、七觉支、十波罗蜜等修行法门。《显扬圣教论》叙述《瑜伽师地论》的核心道理，呈现瑜伽唯识教义。《摄大乘论》一书在中国引生了摄论学派。作为法相宗的基本经典，其先是申说大乘优于小乘的道理，即所谓的十胜相。然后解说第八识、三性、六度、三学、涅槃、佛身等观念。此论也是讲说赖耶缘起的唯心论作品。《大乘阿毗达磨集论》依据唯识立场，论述蕴处界、种子、四谛、胜义我等诸法。《金刚般若论》如其名所示，释《金刚般若波罗蜜经》中的空理，其与龙树之《顺中论》义理相符，略同于所有般若经的解释理路。

第二节　世亲传记及其著作

世亲之出世，晚于其兄无著约二十年。约当四世纪之末。世亲先学有部教义，然厌其烦琐而认同经部学说。其欲对二部之学说加以折中取舍，遂匿名投于迦湿弥罗国之有部僧伽，四年间潜心研习有部义。其间往往以经部立义质疑有部论师。时遇有部之悟入（Skandila）论师，知世亲内执异学，遂密作检举，世亲几蒙危难。盖因迦湿弥罗国以有部之学独步为尊，不许异学混入。不得已，世亲返回犍陀罗国。于彼处为门下讲授《大毗婆娑论》。每讲一回，结成一颂。终汇成六百颂子。以之赠迦湿弥罗国论师，意在促其反省。是即为《俱舍论本颂》。然其文简义深，该国学者初未能悉解，以为其也是弘扬有部正义之著作。继而延请世亲更作详释，以利有学僧。由是，世亲更著《阿毗达磨俱舍论》（*Abhidharma-kośa-śāstra*）以赠彼国。及至有部论师领会其意义，知其非属正统，而多有经部义混入论中，遂有深悔。更有前述悟入论师之弟子名众贤（Samghamitra）者，苦心孤诣，潜蛰十二年，撰成《顺正理论》（*Abhidharma-nyāyānusāra-śāstra*）八十卷，称《俱舍雹论》（然世亲名之为《顺正理论》）。众贤又撰《显宗论》（*Abhidharma-samayapradilika-śāstra*）四十卷，赠予世亲并求对论。其时世亲居揭奢罗城，知众贤欲来，于前一日先往他处，以避其锋。众贤又追至秣底补罗国（Maripura），至此地而卧病，后亦病逝于此地。传其死前曾致书世亲，言其见短而以谢过。

先是时，世亲曾在北印度弘宣小乘，彼时其尚执大乘非佛所说，因不信而加诽谤。其兄无著愍其愚浅。遣人招世亲往阿瑜陀，为其讲说大乘义，使其归入圣道。之后世亲为灭除自己早年毁谤正法之罪过，显扬正法，不遗余力，为大乘经典广作释解。又自作论书，斥小乘外道诸论，因此为大乘佛教之发展而立下不世之功。传说世亲某时曾遇住频阇诃山之外道频阇诃婆沙（Vindyakavāsa）来阿瑜陀求论辩。先是佛教方面有老僧佛陀密多罗出以应对，然因未能申扬其所主之诸行无常义而败北。世亲闻之，著《七十真实义》以破斥数论师。为奖励世亲申扬正法，戒日王施三十万金，在阿瑜陀为有部、大乘、比丘尼造三大寺。又戒日王王妃和其子新日王夫妇皆皈依世亲，受其教化。世亲论破婆罗门婆修罗多(Vasurata)后，王又以三十万金在布路沙城、阿瑜陀及迦湿弥罗各造一大寺以作纪念。如斯而论，世亲之弘法根据地主要在阿瑜陀国。其也时往赴憍赏弥、奢揭罗城宣教。世亲入寂之处在阿瑜陀城，其寿80岁。另外，世传有两位世亲。另一世亲在本论所说之世亲之前。然其著书不传，遂无从明了其思想主张。又今之世亲，其所著之《俱舍论》系小乘学说，如何评价，亦不在此赘言。

古来即称世亲为“千部论主”，以是足知其著述勤恳而成果丰富。以世亲之名传于中国之佛教论典有三十余部，今择其重要者列于次（仍然先列小乘后列大乘）。①《阿毗达磨俱舍论》（*Abhidharmakośa-śāstra*）二十卷，玄奘译。②《阿毗达磨俱舍论本颂》一卷，玄奘译。

以下为大乘论。①《唯识三十论颂》（*Vidyāmātrasiddhi-tridaśa-śāstra-kārika*）一卷，玄奘译。②《唯识二十论》（*Vidyāmātra-vimsati-śāstra*）一卷，玄奘译。（异译）《大乘唯识论》（*Mahāyāna-Vidyāmātra-śāstra*）一卷，真谛译。（异译）《唯识论》一卷，瞿昙般若流支译。③《大乘百法明门论》（*Mahāyāna-śatadharmavidyādvāra-śāstra*）一卷，玄奘译。④《大乘五蕴论》（*Mahāyāna-vaipulya-pañcaskandha-śāstra*）一卷，玄

奘译。⑤《佛性论》（*Buddha-gotra--śāstra*）四卷，真谛译。⑥《摄大乘论释》（*Mahāyāna-samparigraha-śāstra-vyākhyā*）十五卷，真谛译。（异译）《摄大乘论释》十卷，玄奘译。⑦《辨中边论》（*Madhyānta-vibhāga-śāstra*）三卷，玄奘译。（异译）《中边分别论》二卷，真谛译。⑧《十地经论》（*Daśabhumika-sūtra-śāstra*）十二卷，菩提流支译。

以下大乘释经之论。①《妙法莲华经优波提舍》（*sadharmapuṇdarīka-sutra-śāstopadeśa*）二卷，菩提流支译。（异译）《妙法莲华经论忧波提舍》一卷，勒那摩提等译。②《无量寿经优波提舍》（*Amidāyus-sūtropadeśa*）一卷，菩提流支译。③《转法轮经优波提舍》（*Dharmacakrapravartana-sūtropadeśa*）一卷，毗目智仙译。④《金刚般若波罗蜜经论》（*Vajraprajñāparamita—sūtra-śastra*）三卷，菩提流支译。

以上，《俱舍论》是小乘论，但以后为俱舍宗学派的理论根据。该学派最终完全取代了毗昙教学。作为佛教基础研究学科，一直沿袭到现在。《三十颂》及《二十颂》全称为《唯识论》，是世亲最后的论著，对于唯识佛教的教义是简明的论述。世亲以后，研究者甚众，不同意见纷繁。法相一宗即依据世亲所论。《百法明门论》为《瑜伽论》之“本事分”中名数的略录，意在分析说明诸法。《五蕴论》将百法置于五蕴中，对治一般的邪执，是了解唯识佛教诸法相的入门书。《佛性论》所依据的是《涅槃经》义。说明的是“一切众生悉有佛性”的教义，其中也兼带了对小乘诸部佛性见解的批判与破斥。同时，也说明成佛的三因（应得因，即是本因；加行因，即增长之因；以及圆满因，即满足因行之条件）、如来藏，其立场是真如缘起论之唯心见地。《摄大乘论释》解说的是无著的《摄论》，以后围绕该论在中国产生摄论学派；《十地经论》即释弥勒本颂，也释《华严经·十地品》，立场也是真如缘起论的唯心论。以后中国的地论学派即根据其教理成立。其他论释之书，皆随经名而来。若《法华经论》释《法华经》，《无量寿经优波提舍》释其本经，《净土论》说净土起源，等等。要而言之，世亲论师亦同龙树、无著一样，其所著书，今多不传。其存世者已足说明其识见高远、理论深刻，令后世至今得益。

第三节 无著和世亲的教义

一、序说

无著乃始终一致弘扬大乘之论师。同时其思想主体亦表现在其所独创之赖耶缘起论上。世亲本人，据其传中所见，早期是小乘论师，晚期为大乘巨擘。相对而言，思想较其乃兄更有多方面之异彩。即是说，其既有小乘诸部之学养，且又接受了无著之大乘赖耶缘起之思想。不但如此，世亲也有真如缘起的观念，以及净土思想等。如是说来，把世亲与无著放到一起，恐有不妥。然其学说，其中之有特色者皆得自乃兄无著。又其成就大乘之功，实与其兄之共同努力不可分离。故虽然世亲有其他理论特色，然为方便论述，仍然一依传统，同时叙述二人之理论贡献。又世亲之《俱舍论》为小乘教义之集大成者，足显有部教义之成就。与此相应，其《唯识论》又是大乘教义之集大成者，然此二论，就世亲本人而言，又非孤立且各不相关之学术体系。后期佛教唯识哲学都从此二论摄取营养。从此意义上讲，世亲又是整个佛教思想大厦之建造者。此之评语放在世亲身上，当无不妥矣。世亲与龙树堪称印度佛教史上最重要的二位理论奠基人，于此对他二人作一比较。先说龙树，其为大乘佛教之领军人物。而相对于龙树，世亲则是伟大之后继者。其二，龙树据南印度而兴隆大乘，世亲则主要在北印度弘扬佛教。其三，龙树之思想来源，上继大众部之教系；然世亲思想，主要继承北印度之上座部系理论。其四，龙树主要倡诸法实相论，坚持空的思想；而世亲坚持诸法缘起论，倡导的是唯识有宗的见解。其五，龙树的理论方法主要在于“破邪”，是排他的和否定性的；而世亲的理论活动则在“显正”，是一种说明性的论证性的包容的方法。当然其他的特点还有一些，但都不及上面的五点最重要。除以上相对而显的特征，其所继承的教理体系各别为大众部系与上座部系；从另一面看，二者共同之处，又在于其将大乘佛教带入新的发展阶段，且都是大乘祖师，各自开创前后出世的大乘基本派系。

其次，若探究无著和世亲共同的教义渊源——赖耶缘起之说，先看其作为万有本源展开的根本识如何成立。大众部、化地部、正量部、经量部并上座部之各个末宗，皆有相近的见解。无著之说是摄取了它们各部的思想而组织起来的，以阿赖耶识为根本教义的体系。这里明显可见的信息是，无著初时曾于化地部出家，也可以见到无著《摄大乘论》的思想，以及世亲为释本论而撰写的《摄大乘论释》中采取诸部根本识的做法；其次，从阿赖耶识包藏有漏与无漏种子，而自有漏种展开迷界的宇宙，又从无漏种展开悟界。从而这两类种子在三世之间相续现行的说法，可以看出犊子部的不可说藏以及经量部的胜义我等思想的痕迹。无著与世亲大约从诸部那里吸收了小乘的各种理论特色，加以统一的融合工夫，最终塑造出一个庞大的唯识体系。如这样看，可以说无著、世亲二人之前的小乘诸部仅仅是各自宣说其缘起论主张，而赖耶缘起论的完成则将以往的理论特点有机地统摄起来。因之，无著与世亲的缘起论之组织工作，显然也还受到了外道尤其是数论的缘起论影响。唯识理论在一定程度上也是外道理论刺激的结果。

另外，就成立本来自性清净之涅槃义而论，其也采取了大众部及马鸣论师的心性本净之说。以本体真如为无所作用的立场，继承的是上座部的无为无作用的见地；而说诸法实相，成立三种无性（三无性说），应当是来自龙树空论中的思想。这些都是确凿可辩的理论事实。要而言之，无著与世亲两位论师撷取了先前的各种思想，再将它们放置到自家的药炉中加以锻炼。因此，瑜伽唯识的理论体系是和合融汇的结果。

二、万法唯识论

无著和世亲之根本教义，在认世界万有不过是吾人心识所现。其唯心之论，亦即是万法唯识论。而以此万法能现的本源置于无始以来具有的根本识之阿赖耶识上面。一句话，所谓万有，皆自此阿赖耶识上缘生而起。因之，此缘起论便名为阿赖耶识缘起论，略称为赖耶缘起论。若依是说，吾人无始以来，各各具八种识，即眼、耳、鼻、舌、身、意之前六识，加上第七识末那识及第八识阿赖耶识，这八者相互为因而成果，整个过程现行相续，显现为万有的世界。即是说，前六识向外认知了别色等有形无形之一切万法，特别是第六意识又于过去、未来诸法记忆推度。无论如何，这些活动均在第八阿赖耶识上，产生熏附（即熏习）的作用结果，熏附即是印象。第八识阿赖耶识是展开万有的种子。种子又是势力。第七末那识是向内在的第八识上起作用，对之恒审、思量，误执其为实在我。这样的活动也会在第八识阿赖耶识上熏附而成种子。而第八识便包藏、任持这些种子，第七识依于我执而成迷妄，因此而展开了迷界的宇宙。

然而，在此赖耶缘起论中，前六识所认识了别的对境，并不像有部那样，将其当作外部实在，而是视其为吾人心识向外的映射。即令像下面所说，所谓六识了别对境其种子熏附于第八识，也只是就现在一刹那来说的。现在的对境并未落在过去阿赖耶识开展出来的万有之外，六识也好七识也好，甚至第八识开展以外，都无有任何的实在可言。六识了别所对之境，第七识之针对第八识所起的我执，说起来都只是发生在第八识上的作用而已。换言之，第八识的自体之分为主观与客观两分，主观之见分去认知客观之相分，这也不过是分别自识的活动作用。在这个意义上，万法即是阿赖耶，阿赖耶即是万法，因此万法唯识的道理得以成立，心外无别法的说法得以确立。

这样，第八识能够藏（蓄）前七识的熏附种子之所依，又是第七识起我执的对象，因此阿赖耶识上包含了能藏、所藏和执藏三种意义功能。再者，完全地包藏、任持开展之种子的功能，只有第八识才具有，其他的七识都不具备这种能力。比如，前六识若在熟睡中，均没有现起的作用；而第七识也不能改变其性质，不可能有不断任持一切种子的功能。但第八识不是这样，其不断地任持种子而无有中断，所以阿赖耶识又译名为藏识。

其次，第七之末那识，若作意译，也有“意识”的意思。此则同第六识一样了。但后者偏于指向外的认识、了别作用。第七识则偏于向内的恒审、思量功能。两者的作用是不一样的。第七识之恒审、思量，意亦是识（意即识也），但是第六识以此第七识之我执为本据而开展其作用，这样就成为意之识了。因此古来为避免混淆，第七识不作意译，而作音译处理。大体八识的命名也完全依据其各自的分别作用功能而定。然八识的关键在其分化仅限于第八识内，从现象方面来着眼，才有八识；若自本体方面来观察，八识之体只是同一个东西。换言之，八识不过只是依唯一之心体而分说其功能作用罢了。

三、万有的缘起

世界万有仅为吾人之心识所变。若依阿赖耶识而缘起者，万有经历何等过程由阿赖耶识而缘生出来呢？显明此道理，便是赖耶缘起说的内容：转变论与熏习论。而此二论，正是种子论的两个侧面。按此说法，即令阿赖耶识含藏的种子也是两种：一是万有得以展开的质料之名言种子，一是万有得以展开之动力，即业种子。此所谓名言种子，指吾人之前七识于平时之见、闻、觉、知、思、量都会在第八识上留下的印象（这也就是“熏习”的意思）。即是说，它是某种存续而有的潜在势力，是在未来展开而为万有的材料。比如说，吾人见花开与闻鸟啼，都会在第八识中留下印象，这就成为未来的花开鸟啼的材料。其次，所谓业种子，特别是第六意识之造作善恶业而熏习第八识之业力，所谓推动万有展开的动力。刚才说到的名言种子，只是在第八识上储备起来的为未来展开的材料，其性质非善非恶因而是无记的。又因为其势力微弱，未来展开成为万有。因此，若有业种子、名言种子受其感应推动，相应于业种子属性而展开成万有之表象。比如说，人若受果报时，相应之业种子作熏习，其力感动名言种子，便会展开在人之宇宙中。因此，再作譬喻，名言种子是建筑材料，业种子则是顾客的订单。

以上所说，谓现在的阿赖耶识是未来万有展开之原理。于此须知，三世之间都遵循同样的法则。现在之阿赖耶识之现行，取决于含藏了两类种子势力的过去之阿赖耶识。而阿赖耶识的自相因为是毕竟种子、七识等宇宙全体的缘故，阿赖耶识的现行及宇宙万有之开展，其实也是同一性的。种子一出现行，现地熏习种子。无始以来，展转相续，永无停歇。这是说的迷界缘起。从而阿赖耶识中有两类种子：过去它所继承的万有展开的本具种子，以及为了未来展开而新受熏习的种子。前者称本有种子，后者称新熏种子。

以上说的是依据有漏种子而迷界之展开。悟界宇宙的展开依据的是第八识中本来依附的无漏种子。此之无漏种，以听诸佛菩萨的教法作为增上缘而逐渐开发现行。最终将有漏八识完全转化，从而达到心识无漏，即现行之知慧。至此，便达到转识为智。于此悟界显现而达到佛果。不过，以此赖耶缘起论而言，把无漏种子放到有漏第八识上作为依附性的存在。大概无著和世亲的着眼点，主要在要说明迷界是如何缘起而生的。目的在于使吾人领悟万法唯识的道理，因此才对赖耶缘起论作这样的组织表述，不得不将悟界的展开之本因即无漏种子放到客位（从属性的位置上）。而在无著和世亲的眼中，无为法是没有功能作用的。作为心识的本体的真如，本身凝然不动，从而无漏种子对有漏种子就不可能有积极的行动。如是，依于无漏种子的缘起论便无从成立。大约无著和世亲的考虑也就在这里，才不得不将无漏种放到有漏第八识中，以等待悟之世界的显露开发。

四、万有的实相

无著和世亲据以说明世界实相的是万法唯识的理论。为此，他们亦成立了三性与三无性的道理。盖三性论者，以《解深密经》中的“一切法相品”上之三相以说明三性。无著发挥三性论是在《瑜伽师地论》中，世亲则通过他的《唯识三十论颂》发挥这个道理。又三无性则以《解深密经·无自相品》为本据，接下来在《瑜伽师地论》和《唯识三十论颂》中都有发挥。

三性中，第一性为遍计所执性。吾人若不知万法唯识的道理，误认为心外有如实之别法。此误认即在遍计上生出之客观（外在）现象，而此现象不过是吾人迷情所生之虚妄相，非有即空，所谓“遍计所执之自性所有无”（三十颂）。譬如黑夜中见绳而误以为蛇，而蛇之毕竟恐怖相于心上生起，只是虚妄之相，绝无实在性可言。因此，这也称为“当情现相”。若细分是诸现象，有：①主观的迷情之能遍计；②为主观之迷情所计执的客观现象之所遍计；③依此两种遍计而生出完全实在的执着相之遍计所执。一言以蔽之，此之三种便是依世俗所见的客观现象，但只妄执，无有实在。

第二为依他起性。万有毕竟莫非唯识所变，因为是依于他缘而生之现象，故无有自性，即“依他起自性分别缘所生”（三十颂），因之假有而不实。譬如见绳以为蛇，蛇非实有，而绳非实有，以其为麻所编织成，绳亦是假相。然因如此遍计所执性，不仅在迷情上生起之妄相没有，就是实性之假法也不存在，所谓如幻假有是也。

第三是圆成实性。此是万有之实相，即现象之本体。换言之，有依他起性之根本体性之真如法性存在，譬如绳之本性如麻。若知万有依他而生起，即其本体实相显现矣。而此本体，乃不可思议之绝对之物。以其已经超越吾人之相对性认知矣。吾人所能作为者，仅只从属性上看，形容其乃“圆满成就真实”矣。即是说，真如遍满一切处而无有缺减。因此圆满，不生不灭而常住，所以成就。无有虚妄实故为真实。然此真有之圆成实性，与前之依他起性完全不同。依他起之实性是圆成实性。圆成实性之假相是依他起性。因此，“圆成实于彼，常远离前性，故此与依他，非异非不异”（三十颂），唯识所变之现象，并非当下直接之本体，若悟现象为唯识所变，同时才有本体所显现。换言之，离圆成实性而有依他起性故不异，然依他起性作为生灭法是有为法，圆成实性作为不生灭法，因此其无为无用，所以是异。以下图示其区别：

万有——
- 以迷情而执实我法，故有遍计所执性，譬如见蛇（非实有蛇）。
- 唯识所变故，依他起性，譬如有绳（其实假有）。
- 以真智观实相，成圆成实性，譬如有麻（麻为真有）之本体。

其次，说三无性。前之三性，乃从客观方面看待诸法实相；此处所说，自主观方面来着眼。换句话说，三性是从有的方面说实在论；而三无性是自认识论角度出发，自否定之空性来观察认识本质。因此，三性与三无性，只是同一个实相理论的表里的差别。依三性而说三无性，即是说“即依此三性，立彼三无性”（三十颂）。

第一，依遍计所执性立相无性。于遍计所执上生出的诸法，仅仅为主观之迷悟上现出的实我实法。客观上没有任何体现。譬如眼有病，眼中生出幻花，其实幻相无性。

第二，依依他起性立生无性。诸法皆依他缘而生故，吾人所认识之体相，如前者（相无性）亦是假相而已。譬如依事实而生之幻事。事实虽有，幻事却无。

第三，依圆成实性立胜义无性。诸法实相之真如有无漏真智方能直觉之胜相，因此绝无可能以妄念妄想而能把握，譬如于虚空中，借妄念作认识，不可能获致任何体相。

客观之有	遍计所执——非有——蛇……相无性——如幻花	主观之空
	依他起性——假有——绳……生无性——如幻事	
	圆成实性——真有——麻……胜义无性——如虚空	

如是，依上可明，三性论与三无性论是对龙树实相论之继承。三性论从积极方面即妙有的角度来看待诸法实相，三无性论则自消极的方面来审视存在。而生无性所显示的是现象论之空，亦即俗谛之空；胜义无性，则为本体空，即揭示的是第一义谛空。但相对于龙树之论空，其称有为空、无为空、毕竟空等的彻底性，无著与世亲则依据依他起和圆成实二性而说有（即说不空）。这是从根源上来看两家的不同。相对于龙树，此之后者（无著与世亲）着力所务则在显正。也因为这个区别，龙树被称为大乘空宗的鼻祖，而无著与世亲则是大乘有宗的祖师。

五、万有的分类

关于万有（现象）之分类，无著与世亲见解有别。无著之《瑜伽师地论》中，法数有六百六十种，而世亲之《百法明门论》则列出五百种。不过，二人关于诸法的大类分别却是一致的，因为都来自有部分类法的缘故。有部的诸法范畴表是五位七十五法。又二人显然参考了《成实论》的法数原则。《成实论》与有部法数的区别，在于其仍然保留了五位范畴，而法数增加了二十五种。此二十五种中，有心王一法下面包含了展开的六识，因此，实际上增加的法数只有二十种。其他则只是相互之间的称呼不一样而已。因之，与有部不同虽有二十五种，然只有四法是《成实论》新成立的。又关于无为法，此处立六种无为，其中三种全同于有部，而另外三种，两种为化地部所立，所谓不动、真实二法。也因为此诸异同，可以看出其与有部、化地部和《成实论》之间的密切关系。不过，如果看其对待万有的态度，有部是一种朴素的多元论立场，七十五法中肯定了各别和实体，三世之间亦有恒常的诸法实在。而如果以无著和世亲与有部这一立场对照，前者显然采取了唯心论的立场。所谓百法只是从现象上来观察的分类，并没有什么自体的实在性。无著和世亲只承认心法为万有本源。其他的一切有为法不过是心法的变现而已。而所谓的无为法，说到底则是此心体佛性之真如的不同侧面的显示。论其分类，只是假说。因此之故，究竟而论，百法总归结到一心上，所以它是心识的一元论。

相应于此，有为与无为的关系，在有部学说中，便成为现象与本体的关系。又因为在有部那里，物心的对立关系是得到承认的，心必然是据心外之境而缘起的。若无色法则不能单独生起心法，所以色法是放在首位的。但若是依据无著和世亲的理论，今此唯心一元论则将色法放到心法、心所法的后面去了。又有部的心法是经验的或心理学意义上的六识，而今此唯心一元论则以某种形而上学的规定为出发点，即其指根本识和介于根本识与六识之间的末那识，加起来一共有八识。又有部立有无表色，而无著和世亲则将无表色归结到法处所摄色（即法境所摄之色法的意思）上，以作代替。又诃梨跋摩之五位八十四法，仅仅是世界门所立法数，不涉第一义门。就世界门内的诸法言，体性为毕竟空。而后者（唯心一元论）则立诸法体性为真有，即是真如本体。大致说，这些都是两家（有部与唯识家）的不同之处。

其次，唯识佛教所立之所谓不动无为，是色界的第四禅所生，离于苦乐二受之粗动时之真如；又所谓想受灭无为，是无色界之非想非非想处灭（又称有顶天）入于灭尽定，灭于想受心所之处所显现出来的真如。

五位百法图示如下：

五位　　百法

- 万有
  - 有为
    - 心法8—眼识、耳识、鼻识、舌识、身识、意识、末那识、阿赖耶识
    - 心所法
      - 遍行5—触、作意、受、想、思
      - 别境5—欲、胜解、念、定、慧
      - 善11—信、勤、惭、愧、无贪、无瞋、无痴、轻安、不放逸、行舍、不害
      - 本惑6—贪、瞋、慢、无明、疑、不正见
      - 随惑12—忿、恨、恼、覆、诳、谄、骄、害、嫉、悭、无惭、无愧、不信、懈怠、放逸、昏沉、掉举、失念、不正知、散乱
      - 不定4—悔、眠、寻、伺
    - 色法—眼、耳、鼻、舌、身、色、声、香、味、触、法处所摄色
  - 无为——无为法6——虚空、择灭、非择灭、不动灭、想受灭、真如

六、悟界的显现

若迷界之宇宙自阿赖耶识上缘起，那么悟界之宇宙则应当如何展开呢？这里就引出了四智论。盖无著、世亲继承上座部的思想，将本体真如看作无有功能作用的理体，并不以悟界之开展是真如实体的作用功能。这样一来，只能将开启悟界的本因放到依附于第八识的无漏种子，亦即无漏智上面。此之种子以听闻诸佛菩萨说法为增上缘。渐次开发现行，最后完成有漏第八识的转换，生出无漏的清净意识，即无漏智本身。从而得以证实本体真如，开展出或显示出悟界宇宙来。换言之，整个解脱过程之先，存在着客观的待所证得的理之真如，以及主观的能证之智，即菩提智慧。悟界的开展是在此能证之智，即从菩提智慧上来讲的。然而，菩提的功能是断除障碍智慧的所知障（此指妨碍正智生出而隐覆真如之理及作为所知障境界之有为无为诸法实相，由于执着实法为体所生的劣慧），转舍依他起性上的遍计所执，更转得依他起性之圆成实性。又真如的作用在转舍隐覆真如理体的心垢，亦即烦恼障（起实我邪执扰乱身心，障碍真如实理而流转生死的烦恼），断此烦恼障种子，于依他起性上转舍遍计所执，更进而在依他起性中转得圆成实性，并显露此圆成实性。这里的断灭与转舍，若自修证的功夫言，即名为涅槃。亦即是因真如显现而得涅槃之果。又若以依他起性为如上之转舍转得的所依，即名为“转依”。

此之菩提，即主观上之能证之智，其德能分为四者，按无性之《摄大乘论释》的说法，第一是转舍有漏之第八识得大圆镜智。此智离诸妄想分别，无一切染污，以其性清净故，得具无量功德。智中映现佛身、佛土及其他三智，恰如一大圆镜，于中一切影像毕现、无有遗漏。

因此，譬喻而称，名之大圆镜智。大圆镜智是四智中的根本智。它是悟界宇宙的全体。第二则是转舍有漏之第七识，而得到平等性智。此智平等性，亦即顺真如之理，于一切诸法均离我他彼此的差别，得自他平等观。以大慈悲之心救济一切众生。第三是转舍有漏第六识而得的妙观察智。此智观察诸法自相（自身特性）及共相（普遍共性），随众生之根机而自在说妙法，以断诸疑惑。第四是转前五识而得之成所作智。此智为利益一切众生，普于十方示现种种三业所作（身口意）以成就教化。

得以上之四智，达彼四智之境，即能客观地显示出本体真如，同时也就开展出悟界来。由是便谓为得涅槃妙果。得是智者即是佛陀。另外，智者、识者自其体而言，完全一如，无有差别。有漏之心了别对境，作用胜故，以名为识；无漏之心，辨别邪正事理，作用胜故，以智为名。若论本体，便是真如。若言其体，俱是无为，因其作用令种子生，故同有为。

四智		八识
	大圆镜智……转舍第八识	
	平等性智……转舍第七识	
	妙观察智……转舍第六识	
	成所作智……转舍前五识	

七、涅槃和佛身

客观所证之真如，即是涅槃。其体为一。至若其性，依证得种类，分为四者。依世亲之《摄论释》，第一名为“本来自性清净涅槃”。

此言其为真如之理者，其本性纯净无垢，具无量妙功德，以离生灭而常住本体故，故有斯名。第二则是“有余依涅槃”。以智证得涅槃，尚在以过去业因所报之现在依身存在境界。第三是“无余依涅槃”。此境地中业报已尽灭余依之身体，证得涅槃，至断灭生死苦果之境界。第四谓“无住处涅槃”，得大智而同时不住生死。因大慈悲心而不入涅槃，出入生死界而无有染秽；又善利乐众生而住寂静境地。因此第一之涅槃通一切有情（一切有情皆可以实现此境界），而四种涅槃皆已证者，唯有佛陀一人。以是言之，世亲教义中，其涅槃观已经大进一步。显而易见，它统一了世亲之前所有对于涅槃境界的价值判定。

其次，世亲在其《摄大乘论释》中又区分了三种佛身。第一即“自性身”，谓其以真如之理为万有本体之自性，其与四种涅槃之第一相当，乃为最普遍广大之根本法身。有情皆等有是身。第二名“受用身”。相对于法身之报身，以自性身为所依，为自利而依广大因行，感得之佛身自证境界，即自受用身。为利他的缘故，为诸大菩萨现微妙身说法教化，是他受用身。因此，前者是佛陀智慧，以大圆镜智为体；后者即佛陀慈悲，以平等性智和妙观察智为体。第三是“变化身”。亦即是应身。为教化下位菩萨和二乘凡夫，化现于十方世界，于其中说法教化。其以成所作智及妙观察智为体。四智与三身之配合图如下（亦有谓四智配四身者，然本论今此但说三身）。

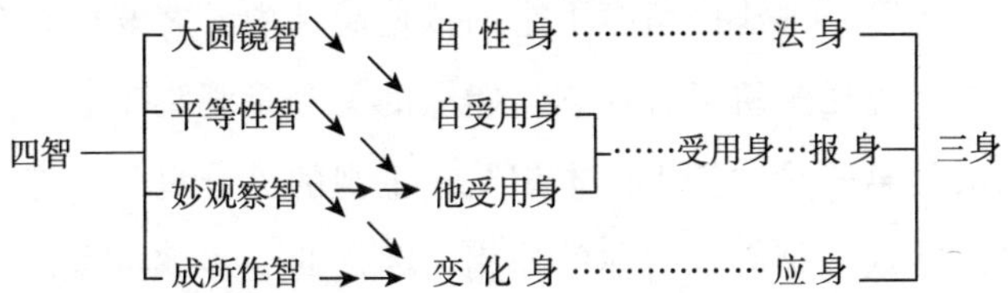

依此，可以知道，彼之佛身观与涅槃观均较前有相当之进步，也可以就此而推断彼已经统一了之前所有的佛身观和涅槃观。

八、实践修行法

唯识佛教之理想在证悟“万法唯识”的道理，以转舍有漏八识，令无漏智现行，所谓得二转依之妙果，住四涅槃而成佛三身。因之，其实践修行也即是以达妙果为目标之宗教践行。而其修行法，即正行之修行，是谓六度三学。其助行法则指往生之法。即以无著而言，其《摄大乘论》中的唯识大乘特色：第一是阿赖耶识，第二是三性，第三是万法唯识，第四是六度，第五为菩萨十地，第六为大乘戒学，第七为大乘心学（亦即是定学），第八是大乘慧学，第九则为无住处涅槃，第十则为佛果之三身十胜相。此中的第四、第六、第七、第八是修行法。不过，此处所列的是修行的形式，若说修行内容，指的是观万法唯识的道理。因此，虽然同样是讲三学六度，但小乘的修行法与此是不同的。其世间学亦有三学六度，然却没有出世间的三学六度。此是大小乘不同的地方。这样一来，唯识宗学在这里所讲的观万法唯识的道理之径向，由粗而细分为五个步骤。这也称作“五重唯识观”。此中之第一步是“遣虚存实识”的观法。即通过观想遣去遍计所执的虚妄，而留下实有之依他起和圆成实两者。第二步是“舍滥留纯识”的观法。在第一观法中留存下来的依他起性中，客观的相分是所缘境，恐外境泛滥所以舍掉它。能缘的见分是观察工具，所以应加以保留。第三是“摄本归本识”。主观的见分也好，客观的相分也好，毕竟只是心识自体的作用，因之此一步骤的观法，末了应摄归于自体分之根本。第四是“隐劣显圣识”。经第三观法而留在的自体分中，隐去劣法之心所，显出胜法之心王。这便是观“万法唯识”的工夫。第五则为“遣相证性识”。经第四步的观法而保留下来的心法，仍然是依他而起的事相。进一步遣去其相，此观法期证于唯识本性之圆成真如，它是相对于事理之证悟的最后的证真如的手段。此为观法的极致，于此显四智妙用，得佛果三身。

以上是唯识修行的正行途径。此外，世亲同龙树一样，也讲修行之助行，亦即是往生之法。前面说的正行之法是观法，是难行的途径，因此为修行者还需开出容易实行的道路来。彼之往生，有往至西方弥陀净土，或去往兜率天弥勒往处的区别。前者之往生观得之于《无量寿经》，后者则来自于北印度早有流行的信仰。不过两相比较，对后世影响最大也最深远的是弥陀净土。

第四节　《大乘起信论》的教义

一、序说

如前节所述，无著与世亲构筑了博大的唯识学说体系。这一体系中最称难解的是阿赖耶识和真如的观念。总而言之，阿赖耶识是万有展开的本源。此识究竟是妄识还是真识，并不明确。若是妄识，万有的展开便自无明开始。相对而言，若此识是真识，则万有之展开便是真如所致。与此相关，如果说真如凝然不动，那么会不会它便没有任何的活动性及作用呢？这样一来，如果假定万有是真如缘起的，则作用从哪里出来？又是怎么发生作用的呢？即是说，如果真如有作用功能，阿赖耶识便是真识了。反过来讲，阿赖耶识便应该是妄识。然而依赖耶缘起论，真如凝然不动，应当是没有作用的。阿赖耶识之转舍在通过依附于它的无漏种子（之功能），因此阿赖耶识是被当成妄识。然而，世亲的《十地经论》和《佛性论》中讲了真如缘起的思想，又无著的《摄大乘论》中也容许真如随缘的讲法。那么，阿赖耶识就不会是妄识了。因此，究竟无著、世亲的真意在哪里呢？他们关于阿赖耶识的真妄到底执什么态度呢？真的不好讲。正是在这里，以后出现的地论宗（他们所依的《十地经论》）采取了真识之说；相对地，摄论宗则采取了妄识说。而他们的经典依据在《摄大乘论》。后者也因此而提出真如与第八识之间有叫做第九识的媒介。这第九识便是称为"菴摩罗识"（Amala-vijñāna）的清净识。不过，因为有无漏种子依附于阿赖耶识，便把阿赖耶识当成妄识，似乎也不甚妥当。因之，便有了将其视为真妄之间的和合。还有一点，理和智之区分，理是所证，智是能证。理之所得又依赖的是智。然而从根本上讲，如果万法唯识，万法之本体是真如的话，那么离于真如之理的智这东西如何存立呢？恰当的解说余地还真的不太好寻找。相应于此，智只能说是真如本体上的某种作用，或者是将真如之随缘当作并不那么绝对的东西。也就是只好承认真如也有一定的作用。大概也只有这样才可以讲得通。不过，无著和世亲既然已经像这样来叙述他们的唯识体系，当然也就不会自认为自己的体系中有说不过去的矛盾。也即是说，他们并不认为，不许真如有其作用（功能活动）与阿赖耶识是真妄和合这两个论断之间，有什么说不通的地方。

如果吾人的推测不错，许可真如随缘以及以阿赖耶识为真妄和合这两者，从思想渊源上，应该是有所依据的。这个依据便是《大乘起信论》，也就是本论中的真如缘起说。《大乘起信论》的立场显然认为上面的两个论断不相妨碍，也是顺理成章的事。而如果吾人关于上面的推测有什么错误，则只能说无著与世亲利用了《大乘起信论》的立场，进行了融合与折中的工夫。

但是，如果这样说，很有可能，《大乘起信论》并不是为此目的才撰写的。圆融二者（真如缘起和真妄和合之阿赖耶识）也许只是该论中间理论的一小部分。即是说，如《大乘起信论》中之"因缘分"所宣告的"欲为总摄如来广大深法无边之义故造斯论"。换言之，该论是为了从大乘诸经典教义中搜精拔萃，就像诃梨跋摩之站在小乘立场上制作佛教的总论一样。

这里《大乘起信论》欲以大乘立场来试行总结教义体系。所以才宣布"诸佛甚深广大义，我今随顺总持说"。古来即有以《大乘起信论》为大乘通申之论的讲法，可以认为这也是一种得当的评价。因此，从本论的思想上看，近有无著和世亲之缘起论继承了它，远则有实相论与其相绍。再往回溯，本论又摄收了小乘的许多教义。就拿其中的真如本性来讲，实相论中讲到它；而言真如一理、万法由中生出的缘起论，也同缘生之说密切相关。如果说到缘起之论，小乘的业感缘起以其为约要，而自外部显明人生存在变化（生住异灭），更是以其为枢纽；更不必说的是，若要明确心识之开展，离开缘起根本无法详论的。又修行论也不可以缺少缘起之说。它是皈依三宝、信真实、行念佛、修六度，乃至正行助行、难行易行等的理论前提。大乘小乘修行道，若离因缘之说，寸步难行。加之《大乘起信论》的根本所据在《楞伽经》，且又参照了《法华经》《涅槃经》《般若经》等诸大乘经，内容丰富，实行简明。实在可以算得上是一种佛教概论。又彼之缘起论除了来自无著和世亲的赖耶缘起论，更又从许多方面可以看到印度思想的背景。例如，数论的影响就非常明显。

于此，关于《大乘起信论》的作者，世颇有不同意其为马鸣所撰的看法。以往也有说《大乘起信论》乃中国地论宗学者所伪造的。不过，此书在不同时代——若南朝之陈或若唐代——均有不同译本。陈之真谛及唐之实叉难陀各有译出。而且本论译出以后普遍受到重视。若是观察它在佛教史上的影响力，可以认为不仅仅限于中国地区（唐代之翻译是本论第二次进入中国）。其次，该论原本在中国以外的地区也发现过。至于说究竟是不是马鸣所造，就译者而言，他们都相信本论为马鸣所撰的，不曾怀疑作者身份。在没有其他有力反证的情况下，只好承认《大乘起信论》的作者是马鸣。这也没有什么不合理的地方（退一万步说，哪怕它真的是伪撰的也罢）。另一方面，造本论的马鸣真的就是那生活在二世纪的马鸣吗？对此，也是有不同的说法的。依余之意见，余在前面他处也已经说过，应属别有其人。即令彼马鸣并未撰写《大乘起信论》，丝毫不影响本论在佛教史上的思想地位。因此，为避免与前马鸣相混淆，余在此特意仅标明书名《大乘起信论》而不提及作者之名。

其次，以《大乘起信论》为马鸣作品，其出世之年代，再晚不可以晚于546年。因为其汉译本的译者真谛来华之时即梁大同十二年（546年）。而如前已说的，无著与世亲的理论活动年代是在五世纪前半期。那么，马鸣出世的年代便应该落在这两个时限中间——即五世纪后半期至六世纪中期以前。这样一来，撰《大乘起信论》的马鸣与迦腻色迦王时代的马鸣就有了差不多三百年的时间距离。又若讨论《大乘起信论》的发生地，翻译它的真谛来自西印度，而实叉难陀则来自于阗国。玄奘在那兰陀寺时曾说起《大乘起信论》的真如缘起说。当时的印土学者听来，似乎只是新说。恐怕不像北印度人或西印度人那样（对《大乘起信论》更熟悉一些），即令知道这种新义的人不很多，但该论也还是有一定程度的流行。

二、万法唯一心论

按撰《大乘起信论》之马鸣之根本教义，以有为无为、世间出世间之物心一切诸法，完全摄于一心之中，全宇宙法界但只唯此一心。心外无有一物，亦无有一理。这便是万法唯一心之论。而无著、世亲所说，谓吾人无始以来，各具八识，因之吾人各自有一宇宙展开。这样的说法可以称作相对之唯心论。与无著、世亲的唯识论相对，有绝对之唯心论。依此绝对唯心论，此心并非心物相对之心，实是非物非心，然又囊括物心在内之超然绝对之心。其中含有有形而不实之一切万法。因此，后世称其为总该万有之心。若如是，它既是佛心，亦是众生心。只是毕竟同一之心的别名。话虽如此，它并不是被妄想分别遮覆着的众生就能认知的。众生要想知道此绝对之心，就要经历转迷为悟的工夫。经修证而且对机，众生才能知道本具之一心即是众生之心，非如此不能明了人生本性。《大乘起信论》曰：

> 所言之法，谓是众生心，是心则摄一切世间法与出世间法，依此心而显摩诃衍义。

此心本来自性清净，因之又名自性清净心；又是心与作为如来清净身之法身同一，故又称如来藏心。

此众生心若自本体论方面观察，即是宇宙本体，以其不生不灭、不增不减，是平等常住之真如的缘故。若自现象论方面看，此心又是倏忽变化、生灭异常，迁流而不居的。《大乘起信论》曰：

> 依一心之法，有二种门。云何为二？一心真如门，二心生灭门。

这就是所谓的“一心二门”。此之二门不离，因其任一门都能总摄一切法的缘故。总之，无论其谓真如，或是其谓生灭，都只是对一心的观察不同而已。所以说二门不离一心。此之一心，自众生心一面看，初有二门分别而知一心之总体故，于此意味上，二门不离。

又此一心即众生心。自其本心及德用上言，不生不灭、不增不减、平等真如之实性，含藏无量功德性能，持有世间出世间、有漏无漏一切善法之作用；此之实性即是一心之相大，其性能即是相大；又其作用即是一心之用大，故称名其“三大”。盖所谓“大”，尽无边义也。以上一心二门三大，马鸣用以说明万法唯一心之基本原理。如图示：

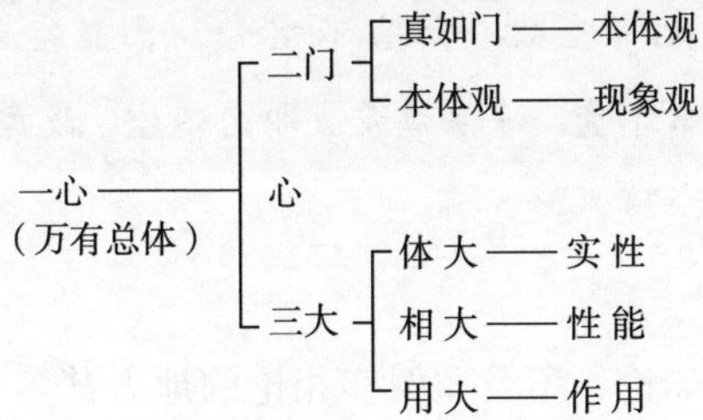

三、万有的本体

马鸣自两面来说明一心即万有之本体真如：一曰“离言真如”，二曰“依言真如”。①所谓“离言真如”，以不可说义故，宇宙本体不生不灭、平等一相、超绝一切相对观念和差别妄想的缘故，因之离言说思虑，即当龙树之第一义空也。②所谓“依言真如”，以假说义，强依离言本体而说显，谓为真如。此是本体之说明，然彼只是依言真如。马鸣更从两个方面说依言真如。一说其为消极之真实空；二谓其为积极之如实不空。所谓如实，因与真实同义故，可以称为“空真如”与“不空真如”。亦即是：①所谓“如实空”，言真如本来为一，非是染法，离一切差别，绝对无相，离一切虚妄心念，与诸妄念分别无有相应，故名。即当龙树之无相皆空。②所谓“如实不空”，言此之无妄无染真如，恒常不变，具诸净法，故名。即当龙树之妙有。然此“不空真如”，既不可取相，以离念之境界，又离“空”与“不空”之观念，唯与正智相应。换言之，即真如自体，离差别妄想之境界而显现也。曰：

> 一切众生以有妄心，念念分别，皆不相应，故说为空。

> 若离妄心，无可空故。所言不空者，已显空无，法体妄故。若是真心恒常不变，净法满足，即名不空。故亦无有可取之相，唯证相应离念境界故。

马鸣之此真如论，不及龙树实相论的地方甚多。于此意味上，可以说是龙树实相论和无著、世亲缘起论的两相调和。

- 真如
  - 离言真如
  - 依言真如
    - 如实空（空真如）—— 消极的说明
    - 如实不空（不空真如）—— 积极的说明

四、万有的缘起

如是，真如便成为万有之本体。宇宙实相是以为不生不灭、平等一相。但吾人现实中所居之宇宙，却是呈现相对差别、生灭变化之现象世界。缘何吾人竟离彼不生灭之本体界而寓此生灭之现象界呢？马鸣认为这是因为吾等的妄念所造成的。即是说，

> 心性不生灭，一切诸法唯依妄念而有差别。若心离妄念，则无有一切境界之相。

由此，依马鸣之说，吾人所以会有生灭变化之现象界，以有妄念生起的缘故。这就是一种缘起论，即“依如来藏故心生灭”，亦

即是说，生灭变化的现象界是由于因缘而自本体真如上生出来的。马鸣称此缘起过程为“真如缘起论”，它区别于无著、世亲“赖耶缘起论”。所以，马鸣的教义在佛教史上也就占有特殊的地位。

不过，据此依真如而有生灭的道理，在这里不生不灭之清净真如上，妄念即因无明的熏习而生出来。而于此真如上，被无明所熏习的状态，也便就是阿梨耶识（此为音译，马鸣虽称此名，然其实还是阿赖耶识）。阿梨耶识就是不生不灭之真如而能缘起生灭的根源所在。随此道理，而谓此识乃真妄和合之识，立于真如和生灭之境的缘故，但不可谓其与真如完全同一而又与真如别异，是曰：

不生不灭与生灭和合，非一非异，名为阿梨耶识。

因此，以此识为真妄和合识的缘故，其内有智用，能觉知一心之本体，即能复归于真如之性；不能觉知，则愈远离真如之性。前者是向上的还灭之用，亦是悟界之生起的原因；后者是向下的令迷界生起的流转之因。相应而言，迷悟染净之一切诸法，统统是由阿梨耶识中之此二种性质所产生的。若联系到阿赖耶识缘起论上，则此二种性质相当于第八识上的有漏无漏种子。如二者之间有什么不同，则是“觉真如”与“不觉真如”的不同。在马鸣称前者为“觉”，以后者为“不觉”。这就是所谓：

此识有两种义，能摄一切法，能生一切法。云何为二？

一者觉义，二者不觉义。

所以，觉即就不是真如，不觉即是无明。

阿梨耶识 ┬ 觉 —— 真如
　　　　 └ 不觉 — 无明

然而，吾人应当注意这里所说的无明起源。按上面的说法，马鸣应当是二元论者。既承认有真如，亦承认有无明。但如果观察更前边的内容：诸法唯是一心，一心之本体即为真如；则心外无有一物，亦无有一理。即是说，若离真如，不可能有任何事事物物存在的余地。若究其本性，真如之外就不应有无明存在。盖众生因为不知其一心本体是平等一味之真如，所以才出种种差别的现象。如果因为断定有“真如”，便以为也可以断定有对应的“非真如”，这就是误解了“平等一味”的真相，本身就陷入了无明。因此，若论无明的起源，从对生灭门，亦即从现象论一面来观察，前念之无明相续是无始以来的；而对真如门，亦即从本体论上来观察，它只是向着本体的复归而已。

此处，吾人之看迷界缘起的展开，无明熏习真如。也就是说针对平等一味的真如，有差别妄念生起，成真妄和合之阿梨耶识，阿梨耶识中的“不觉”即无明生出来的主客观分别，主观与客观相接触又造成种种的业。有业，便会感招苦果，成为苦报。此称为枝末无明，也就是迷界宇宙展开的缘由。对此过程，马鸣区分了一心起动的粗细，其分为三细六粗，一共九相。三细内容如下。①无明业相。其依不觉无明之一心而发动、尚未有主客分化的开始状态。其相当于赖耶缘起论说的自体分，即是阿梨耶识的自体。②能见相。指无明业相上的主观之见分生出来。③境界相。指因能见相而起的客观相分生起的状态。这三者便是阿梨耶识内的三分。

所谓的六粗，其内容如下。①智相。指滋生出来的主观各各对客体，误认心外之境，起妄想分别，生出爱憎和好恶意念的状态。②相续相。指因智相而觉苦乐，念念相续不断的状态。③执取相。指因为缘接而致念头取著客观境界，住于苦乐之念，心起耽著的状态。④计名字相。指由执取相之作为，分别执取怨亲、美丑、是非、善恶种种假名即概念的状态。⑤起业相。指依于计名字相而生出之种种烦恼，造作种种善恶之业的状态。⑥业系苦相。指依于起业相感生苦果的状态。因此，若以三细六粗这九种相，以配搭惑业苦三道，“计名字相”以前的诸相是“惑”，“起业相”是“业”，而“业系苦相”则是“苦果”。又此九相是心之起动的形相。马鸣以之为心识变化时所现的“五意”。

所谓的“五意”，其内容如下：①业识。指寂静之一心受根本无明熏习开始发动，相应于“无明业相”。②转识。指业识一转，成为认识主观之际，与能见相相应。③现识。指转识再转，成为所认识之客观之际，相应于境界。④知识。指智相。⑤相续识。指相应于相续相之心的状态。而此相续相及以下各项，名为意识。相对于前之总称五识，名为“五意”。盖“意”之与“识”其所以有区别，前五识者自业识至相续识是前识生后识，后识依于前识的缘故，所以别称为意识。不过，虽有如斯之种种分别，实则只是阿梨耶识之转化而已。皆不外是一切诸法悉唯一心所作的意思。

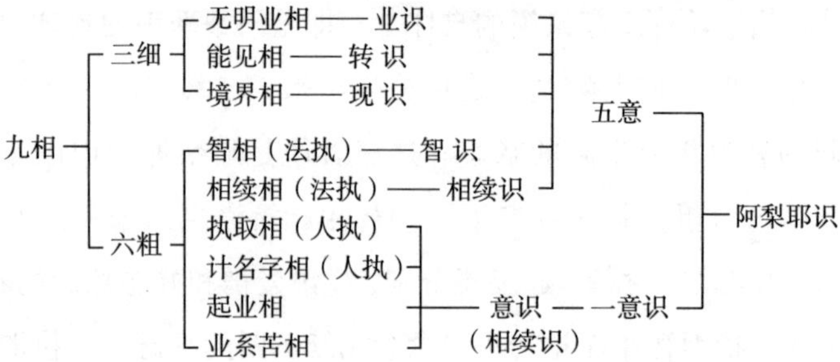

又马鸣用生住异灭四相来区分从无明业相到起业相的各个步骤。①生相。此为妄心所生之最初无明类相所现。此之“生相”之“生”，即初始义也。②住相。其涵盖了自能见相到相续相之四相。此之四相共同处在以无明熏习力为依而自无明相展开。四相自身特性是固坚住，无有减退，所以称为住相。“住”者，坚住义也。③异相。它包括执取相、计名字相二者。此之二相，积种种恶业，所以相有变异，故得此名。“异”者，别异，变异之义。④灭相。它现于起业相之上。起业相与业系苦相，都是招未来苦果之直接因，都处在现生已尽的阶段，因之称灭相。“灭”者，终义也。

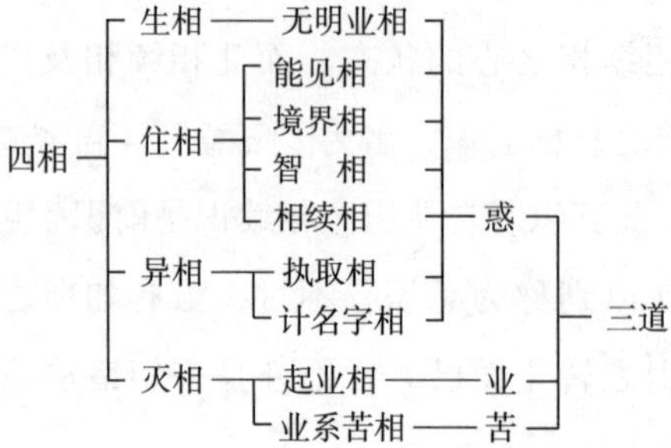

五、悟界的展开

下面为悟界展开步骤。如迷界宇宙是依阿赖耶识内的“不觉”而展开，悟界宇宙则依该识内之“觉”而展开。“觉”，谓觉知真知本性的智慧。因从根本上说，真如原本就有觉悟，所以称为“本觉”。然今若考察悟界开展之起因，使“不觉”还归于“觉”者，谓之“始觉”。盖本觉与根本无明对应，始觉与枝末无明对应。因此，所说始觉，关键在枝末无明的断灭。而马鸣相对于枝末无明之生住异灭四相，分出始觉之四位。若迷界之开展，如因相对于真如的无明之熏习，令悟界展开，也就因为相对于无明的真如的熏习。

所谓四位，其内容如下。①不觉者。其谓断四相之灭相状态，乃是始觉之初位。觉知只有惑业为苦之因。仅仅能悔前念之非，及止后念之非。就“觉”而言，尚处在“未觉”的状态上，因此，称“不觉”。②相似觉者。其断四相之异相的状态，觉知异相乃梦幻，舍粗分别与执着，烦恼不生，渐始认得本觉微光。然仅破除人执得人空，以尚不断法执故，称“相似觉”。③随分觉者。其断四相之住相状态，能觉知住相为梦幻，离于主观彼我之分别。证得诸法唯心的道理，因将还本觉而以住相中之四相，自相续相起，顺次渐断能见相，分分渐断而证真如，故名“随分觉”。④究竟觉者。其断四相之生相的状态，能觉知最细微、最难辨之一心的起动，亦即觉知初起心原，破阿赖耶识中之真妄和合，令心之本性得本来寂静，观自性清净之真如，全断枝末无明。与此同时，全灭无明之“不觉”，因还归本觉而得“始觉究竟”。此即是悟界之展开过程，也就是迷界之消灭过程。因此之故，亦即是涅槃境地，其中自然会有佛果。

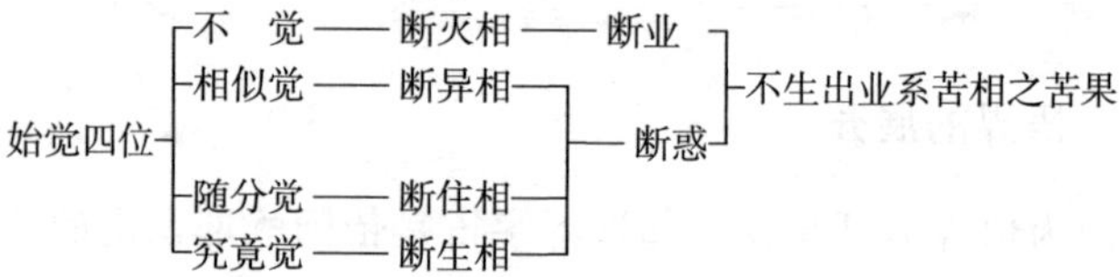

如是而言，这便是对未来将出现之四种状态的断除，然此四相本来因妄念而生，无有体性。因此，所谓断灭只是恢复本来寂静之无（妄）念状态。此状态便称作“觉”，而就其本义说，则是“无念”而已。

六、熏习论

关于马鸣之真如缘起论，不可疏忽的乃是其熏习的说法。所谓熏习，本义是“印象”或者“同化”。在赖耶缘起论中也有这样的活动，但赖耶缘起论中，熏习的作用只限于阿赖耶识上，而不涉及真如本身。但在真如缘起论中，真如是受无明熏习的。因此，这种熏习，在赖耶缘起论中称为染熏，而在真如缘起论中，称作净熏。也就是说，染熏指向下的流转门之熏习，而净熏指向上的还灭门之熏习。随染熏是迷界的展开，随净熏是悟界的展开。

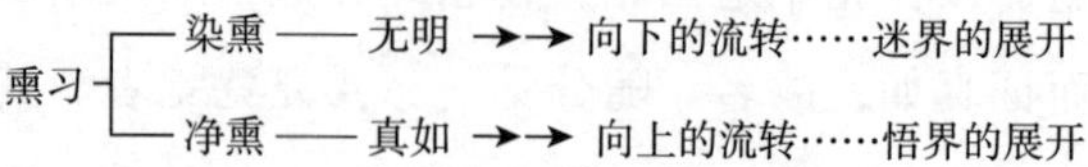

先说染熏。染熏有三。第一，无明熏真如，起不觉之妄心，谓之无明熏习。第二，此之妄心更受无明所熏，不觉益强，遂起客观妄境，谓之妄心熏习。第三，此之妄境更受妄心熏习，惑著益加增长，谓之妄境界熏习。于是惑著造业，业招苦果，苦果生无明，染熏相续不止，或业苦三者无始无终相续不断。

染熏	无明熏习 —— 无明 →→ 真如 —— 生妄心	迷界的开展
	妄心熏习 —— 妄心 →→ 无明 —— 生妄境界	
	妄境界熏习 —— 妄境 →→ 妄心 —— 生诸惑	

其次说净熏。净熏有二种。第一，真如熏习。真如熏习无明，于妄心上起净化作用的缘故。第二，妄心熏习。妄心因为真如而发生净化时，进一步转向真如熏习，努力显现真如本来面目的缘故。但妄心并无能力自发而起净用，导致悟界开展，实现涅槃及佛果。以上染净大致分成五种熏习，此中的妄心熏习，能于染净，成以成一熏习，合而称其他四熏习之名也。

净熏	真如熏习 —— 真如 →→ 无明 —— 妄心的净化	悟界的开展
	妄心熏习 —— 妄心 →→ 真如 —— 真如的显现	

如上因无明熏习，本来寂静之真如起动有妄心生起。《大乘起信论》曰：

> 真如净法实无染，但以无明熏习故则有染相。

譬如水之本无功能，有风动之，初生动相。又以无明熏习，真如自体不灭恒存，譬如因风水面生波，而水之本性不以波生而失之。因此，无明虽无始然非无终，即此无明本来依真如生起故。换言之，真如本性不觉时有其化生，并非真如别有其性。然显而可见者，虽有此无始有终之说法，马鸣之真如缘起犹不是二元论的见地。

七、涅槃和佛身

由无明熏习，迷界展开。由真如熏习，悟界宇宙展开。由此之真如熏习，根本无明灭尽；不觉之妄念消灭，觉知一心本性，始觉完成，合于本觉。换言之，差别变化之生灭，还归于一心本体之平等寂静真如时，就是涅槃。因此，

> 以无明灭故心不起；以心不起，境界随灭。以因缘俱灭，故心相尽，成自然业，名得涅槃。

涅槃即是佛所证境界，随能证此能见之时，此中无有差别，一切一如，遍满一切处之真如理体，即是一心本体，亦即是如来法身。此曰：

> 心体离念。离念之相，等虚空界，无所不遍。法界一相，即是如来平等法身。

然此法身，是众生心之本体真如故，一切众生本来具此法身。只因众生被无明所覆，不能觉知其本体，因此不知不具法身。若此众生离无明心垢，其处法身自然显现，即是

诸佛如来之法身平等遍满一切处，故说自然，但依众生之心而现。众生之心犹若镜。镜若有垢，色相不现。如是众生之心苦有垢故，法身不现。

如是，法身是一味平等、遍一切处之心体，故亦无形。依此众生机根，显现相用故，于是生出报身与应身。但报应二身并非就是法身之自所化现，其体不变而恒常存在，仅只随众生之心眼而显不同现相。即是说，于菩萨心眼，所映现者是报身胜相；于二乘凡夫之眼，现劣相之应身。是曰：

自诸菩萨初发意，乃至究竟地心之所见，皆名为报身。身有无量色，色有无量相，相有无量好，所住依果亦是无量。种种庄严，随所示现，即无有边，不可究尽，离分别相。

若依是观察，马鸣有明确之三身说。其法身相当于世亲所说之自性身，报身相当于后者之受用身，应身相当于后者之变化身。因此，三身之明确分别成立，可以证明其为龙树以后的事。

八、实践修行法

以上是《大乘起信论》之基础门要领。马鸣于此理论门中显明理论与现实之后，更依据现实以说归著于理想的方法。此即为其实践门。而理论门与实践门之相交涉之处，是熏习论处。熏习中，以染净分为二种。因染熏而沉沦于现实迷界的众生，非依净熏而不能达到理想境地。然而，净熏，即真如之熏习力又如何起用呢？

此必依根本之内因，即真如自体的熏习。即是说，其必因自体相熏习而有是作用。但此起用，需要借助外缘，即必得“用熏习”。这里的“用熏习”，便是马鸣在实践门上所说的“正行”（或四信或五信）以及“助行”（即念佛法门）。

所谓“四信”，其内容如下。①信真如。真如者，谓诸法本体；诸法者，于因地证真如而成佛者。故笃信于此，是一切修行之根本。②信佛。此之所谓佛，即是法身。即真如之理显现之报身佛。此佛具足微妙胜相且有无量功德故，依是所信，可达于自身心内，令佛自然显现。③信法。所谓法，指行法，即六度之行是也。诸法所以成就，依此行法而得佛果。凡修行此行法，当先信是法。④信僧。僧人乃传教弘法之人。故常信于僧，可以亲近自利利他之菩萨众。以有如是信，故得三宝及真如，因此增加真如之熏习力，遂可以绝灭无明矣。

其次说“五行”，其内容如下。①施门。此中谓财施、无畏施及法施。财施者去自己贪欲同时有利于他人；无畏施者，谓救助他难，增长自家慈悲心；法施者，谓圆满自利利他之所行。②戒门。其以五戒十善为开始，重视如来制戒。以是出家沙门特别留意远离愦闹，住寂静处，少欲知足而修清净行。③忍门。能受他恼害，忍而不起报复心。一切毁誉褒贬皆能安忍。④进门。做善事而无有懈怠。志坚固而无有怯弱，自利利他，努力不倦。若遇种种障碍，勇猛精进而礼诸佛。至心忏悔以得菩提。⑤止观门。“止”为梵语奢摩他（Samatha）之意译。心于外境，无起动摇，能住于寂静状态。“观”者，同于毗婆舍那（Vipaśanā）之意译。详细言之，观谓分别因缘生灭之相而知其原理。因此，“止”是消极地对心之收摄，相当于“定”；“观”是积极地观察诸法实相，相当于“慧”；止观，则可以分别指定与慧二门。因此，五行并不在六度之外，止之与观也相续不离。在这里，止观摄于一行，曰：

> “若人唯修止，则心沉没，或懈怠起，不乐众善，远离大悲。是故修观……以是义故，止观之门其相助成，不相舍离。若止观不具，则不能入菩提道。”

而此处又宣称，如修止观，可以入真如三昧，知诸佛法身与众生身平等无二。成法界为唯一相，无有一切生灭之相，知一切无有差别。以此真如三昧，是诸三昧根本，从中生无量三昧，得种种功德。又因修此止观，知一切众生，无始以来，因无明熏习，心现生灭。于现在身心受诸大苦，于未来亦受苦恼。由此亦说大愿：愿一切众生于此脱离诸苦恼，得第一涅槃乐。因而此处为马鸣所欲显明者，当以止观修行置于一切修行之首。

不过，这里所说的四行五行皆是正行，但以其难行，故马鸣另外开出易行之修行道，亦即念佛一门。若有众生心力薄弱，畏惧信行退转者，可借愿力专心念佛，以期往生他方佛土，然后得将来见佛，永离恶道。马鸣以为，他方佛土中，有一弥陀净土：

> “若人专念西方极乐阿弥陀佛，所修善根回向，愿求生彼世界，则得往生，住正定故。”

如斯所说，彼以自力修行之四行五行以及他力往生之念佛一行，为众生之选择。马鸣在此，同龙树、世亲一样，设计了难行与易行两种方便，以便一切众生皆可成就成佛之道。

- 修行
  - 正行
    - 四行 ---- 信真如、佛、法、僧
    - 五行 ---- 施、戒、忍、进、止观
  - 助行 ---- 念佛（弥陀、弥勒）

第十四章　大乘佛教的二大教系

第一节　实相论的诸论师

前有龙树、提婆之出世以倡实相论，后亦有无著、世亲、马鸣以宣说缘起论。因此而成就印度大乘佛教之两大体系。史家通常谓前一体系为实相论系，而谓后者是缘起论系。若论二者的中心思想，前者观诸法实相至空不可得而作为特色；后者说真假二法缘起，以显真有作为特色。故又一称“空门”或“空宗”，一称“有门”或“有宗”。又若从修行上看，前者以去八迷观无所得之中道为胜，故称“中观宗”；后者修瑜伽行务在显示真如，故称瑜伽宗。然此区分，不过就某一方面之特点，而谓其各是一家。实际上，两宗两门之间并无彼此不相容之鸿沟。总而言之，若穷究诸法至于根本上，完整之认识，依据从时空这两面而来的纵横观察。而横向看来之实相论，正是纵向看来之缘起论。同理，实相论中有缘起论的思想，缘起观也离不开实相观。在龙树说因缘生的理论，在世亲便说的是三种无性论。而在马鸣，说真如生灭之二门存在，归根结底也还是为了显示同样的道理。总之，实相论体系与缘起论体系两者之间有亲密性和亲缘性。但因各自坚持其理论优势，便发展出来了不同的结果。这也是自然发展出来的结果。坚持各自的优势与特色，便会有两个体系间的论争，也就演成了印度佛教在暮年的热闹景象。今为权宜方便，循此两大教理体系，对世亲以后之佛教理论作一概览。以按章节分叙。

龙树之实相论，在提婆与罗睺罗多之后如何发展，情况不甚明了。或者，罗睺罗多之学由青目、清辨及智光所继承。不管如何，其基本势力主要在南印度和中印度，由那里向全印度都有流布。如前已论，诃梨跋摩、无著、世亲、马鸣都是受到龙树之学的影响。今者，对被认为于龙树正系之学者，择其重要之人分叙于次。

首先说青目（Pingala）。其人之生期在四世纪左右，恰为罗睺罗多之后，其所释龙树《中论》与本颂一道流传下来。又有名意坚者（坚慧当是另外一人），其撰《入大乘论》（二卷）。二人俱传龙树之无相皆空论。其次，五世纪南印度有佛护（Buddhapalita）出世，其所宣扬者乃龙树之非有非空之中道。其主张一切因缘所生法，无有自性，故其实空。世称此说为“具缘说”（Prasanga）。此说传于西藏，成为那里的中观宗。又六世纪，南印度有清辨（Bhāvaviveka）出世。其对抗作为瑜伽行派重镇之护法，借用唯识宗之术语，盛倡无相皆空论。六世纪末，清辨弟子智光（Jñānaprabha）始立教相判释，置龙树教义于佛教理论体系之首。其对抗那烂陀寺之戒贤法师，将中观宗教义推至极盛。

再次，有南印度月称（Candrakīrti）出焉。其著《中论释》（*Madhyamika-vṛtti*）一书。下一个世纪（七世纪）之初，玄奘法师渡来印度，智光之门人师子光于那烂陀寺讲三论弘传中观宗。七世纪将终了之时，义净法师渡来印土，又有胜光法师于那烂陀寺传中观学。其他有名学者尚有智护、世友、智友诸辈，皆为此时代之翘楚，都是闻名当世之那烂陀寺中龙树学说之巨擘。

然亦从此诸论师中，产生不少异说。清辨与佛护虽同为龙树实相论之阵营中，但各有主张，致使门人之间对立排攘。如月称其人，其吸收佛护之流的学说以对抗清辨。与之相对的一边，有智光尊奉清辨以抨击月称。

此外，又有龙智（Nāgabodhi）者出锡兰，传龙树之密教，于南印度兴盛其学。据传其人年700岁而面容不衰。龙树在历史上确有其人，当无问题。然若谓龙智为龙树直弟子则无可信。今列举实相论系之重要人物如次：

实相论系……龙树—提婆—罗睺罗多—青目—清辨—智光—师子光—胜光

第二节　缘起论系的诸论师

无著、世亲乃组织唯识佛教，倡导赖耶缘起论之祖师。其以中印度为根据地，因其教理精微，体系博大，令当时佛教界仰承其学，使唯识之学风靡五天。唯识瑜伽与中观空论乃当时并立于印度之两大教义体系。后来祖述唯识的学者颇不少。由世亲出世到六世纪，二百年中唯识阵营有十大论师担纲，先后涌现出无数杰出论师，宣弘其学，光大本宗。今若举其贡献卓绝者，后辈中有亲胜（Bandhuśri）及火辨（Citrabhāna）二人。前者著《唯识二十论颂》之初行略释，以其善得作者深义而声名远闻。后者以其文辞善巧著称，其亦著有《唯识二十论》之论释书。世传火辨面相极俗，然其德行远胜一般出家僧。又有无性释《摄大乘论》（十卷，玄奘汉译）。又在南印度之钵伐多（Parvata）有名德慧者出世，著有《随相论》（一卷，真谛汉译）。其以摩揭陀及伐腊比为中心，化布中印度、西印度。因善破斥外道名噪一时。其曾住锡于那烂陀寺。

又有陈那其人（Mahādignāga，亦名大域龙）。其生于南印度，传其学术贡献在完善因明逻辑，且又推进赖耶缘起论。至六世纪，南印度之罗罗国（Lala）出德慧论师之弟子安慧（Sthiramati）。除撰《唯识三十颂释》，尚有宣扬唯识学说之《大乘中观论释》（九卷）、《大乘广五蕴论》（一卷）、《大乘阿毗达磨杂集论》（十六卷）等。又有难陀（Nanda）者就种子说成立一家之见。有净月（Suddhacandra）出而著《集论释》、护月（Candrapola）著《中边论释》。其关于种子说之意见适与难陀形成对立。

如斯之多的论师都在宣弘唯识教学，其间免不了有不同的见地与主张。例如，如果讲到赖耶缘起论中的认识如何成立的问题，像安慧法师这一系的，就讲的是三分法：依他起的现象是从自证分上生出来的。只有自证分是心识自体，而认识所成的两个方面——见分与相分——是没有自体的，只能依存于自证分。与其相对的是亲胜、难陀、德慧、安慧之辈。他们坚持认为，认识的产生出于相分与见分之间的作用。又有火辨及陈那，则主张主相分、见分与自证会三分说。在他们的眼中，三分既是自有其体的，也是属于依他而起的。而如果讨论到种子的本质，则难陀认为，只有新熏种子，此外别无其他的。难陀这一派被称作“唯新熏家”，即只承认种子为新熏的一派。其他的是护月，坚决主张种子是本有的，所谓的新熏种，也还是本有种子的势力增长，造成这种增长的是外缘的扶助。护月这一派因此也就称作“唯本有家”。当此之时，后有护法出世。其统一各家说法，确定唯识学说。他成为世亲以后唯识学说的明灯。

护法之后，其门人有戒贤、最胜子（Jinaputra）、胜友（Viśesamītra）、智月（Jñānacandra）、亲光等人。七世纪初到印度求法的玄奘见到戒贤时，后者已经百余岁。其传授唯识学与玄奘，又与为中观一派成立教判原理的智光论战。至于最胜子，在钵伐多国著《瑜伽论释》，亲光又著《佛地经论》（十七卷），继护法之说而继续破斥名无性的论师。又戒贤之后，西印度之苏刺陀国有刹帝利种姓之居士名胜军（Jayasena）者，深通内外诸学，学究大小二乘。其受学于戒贤，潜心山林，读经写经，三十年间不废修学。年至百岁，受世尊重，国王沙门以及婆罗门悉敬重之。然据传，胜军之唯识学，上承难陀，亦倡亲胜的新熏种说。是说有别于护法与戒贤。

以上所叙，为当时重要之论师。此中亲胜、火辨、德慧、安慧、难陀、净月、护法、胜友、最胜子及智月，俱称为“唯识十大论师”。中国玄奘宗护法之说，其杂糅诸论师而撰成《成唯识论》（十卷），并翻译而流传东方。

其次，仍说缘起论系，其与前面说到的赖耶缘起论不同。缘起论系同世亲之《十地经论》《佛性论》属于相同的唯心论体系。马鸣之真如缘起论，亦属缘起论系中。五世纪末，与马鸣差不多同时之晚辈中，有坚慧（Saramati）其人等。坚慧出生于中印度，后来弘法也以中印度和南印度为基地。与他同享盛誉的是德慧法师。二人名声高腾，响彻五天竺。坚慧著有《大乘法界无差别论》（*Mahāyāna-dharmadhātu-śāstra*）（一卷）以及《究竟一乘宝性论》（*Mahāyānottara-tantra-śāstra*）（四卷）。其中所宣说者，都是如来藏心说，竭力宣弘的是真如缘起论。但关于坚慧之生卒年，后世有不同说法。有以为在六世纪者，亦有以为是四世纪人。彼时彼世亦有另一同名之坚慧。坚慧之著书在六世纪初的中国就已经有汉译。若如此，则其生期必不能晚于五世纪末。然此之坚慧与另一坚慧是不是同一人呢？前面说坚慧可能生活在五世纪末期。同时，如果观察他的著作中的思想背景与思想特点，加上他在那烂陀寺出名的时间。余以为，此坚慧并非彼坚慧。

又有与坚慧差不多同时的金刚军。其人也倡真如缘起论。还有人称金刚仙的世亲之弟子。据传其曾著有《金刚仙论》。该书是无著的《金刚般若论》之释论。不过，此诸论师果真是上继马鸣之说耶，抑或继承世亲之学耶？于此并无明确之证据。吾等所知者，仅为：此之时代倡真如缘起之论的人，除了马鸣，还有好些。有一种说法，谓著《三身论》的龙军，其宣扬真如缘起思想，也正在此时代。具体事实很难确认。

第三节　那烂陀寺的兴盛

同大乘佛教之两大系统皆有密切联系的，是印度佛教教育与学术中心那烂陀寺。盖龙树、提婆之学自南方兴起，次第向北印度传播；无著与世亲之教学，虽兴起于北印度，然亦渐次而南向波及。因是之故，两体系均交汇于中印度一带。那烂陀即是中印度的枢纽。

当时五天竺的学者，或为弘宣其说，或为交流切磋，大都必到此寺。那烂陀寺自创立以后数百年中，一直是印度佛学的渊薮，乃全印度之最高学府。据传，平时该寺聚集的学僧达几千人。都在寺内僧房著述积学，或者相互辩难。当时若有想进入那烂陀深造者，须经过严格的能力考试。能在那烂陀寺完成学业的，都受到整个五天竺的敬仰。

言此那烂陀，在王舍城之北。此地当初乃智慧第一之尊者舍利弗的故乡，是其诞生地和入寂地。舍利弗也是同佛教学术有深厚渊源之佛弟子。那烂陀寺初创年代，今已不明。可能还在龙树出世之前，此地就已经是佛教学术的中心。不过，提婆为破斥华氏城之外道而自南方来时，并未言及此寺。而五世纪初，中国僧人法显渡来印度时，虽然其笔下记叙了不少中印度的大小寺院，竟也未有提及那烂陀寺。《法显传》仅言其在舍利弗塔前礼拜。据推测，大概法显来时，尚未有那烂陀寺。当然也有另外一种可能，寺虽然已经创立，但仍未有伽蓝大殿。该寺的学问名声尚在起步阶段，不算有名。然再过二百年（七世纪前半叶），当玄奘法师再来印度时，那烂陀寺已经有美轮美奂的伽蓝佛殿及佛塔了。玄奘之学习唯识教义，就在此寺中住持戒贤长老的座下。因之，那烂陀寺之成为印度佛教学术中心，学僧济济，学问倡明。应就在五世纪中期至七世纪前期的二百年间。

关于那烂陀寺的历史概况，可以参见玄奘的《大唐西域记》。其中言及该寺的历史沿革。寺经几代笈多王朝君主的扶持经营，才发展成巨大的伽蓝学府。先是有创建者帝日王（Śakradītya）于本寺建大伽蓝，后其子觉护王（Buddhagupta）在寺之南边再增建伽蓝。再后又有如来护王（Tathāgatagupta）于本寺东边再增建伽蓝。后来的幼日王（Baladitya）在西边也建伽蓝。幼日王之子金刚王（Vajra）也继承乃父的事业而续在西边增建僧房等。第六位在北边院中大兴土木者是中印度某王。七世纪后半期，中国僧人义净来此，其称那烂陀寺有八院，仅僧房即三百余所。其中大部分或为玄奘来后方才陆续起造的，亦未可知。

将玄奘在记叙那烂陀寺之功德主的君王名号，与历史上诸王统中帝王宰相的名字相对照，所提及的许多名字与笈多王朝的君主颇为相似。比如，第一位觉护王践位于484年（按笈多纪年当在第165年），其为西印度摩腊婆（Malava）王；第四之幼日王应为幼日王二世（Narasinhagupta），其在位应是528年顷。因此，作为那烂陀寺初创者的帝日王，其为觉护王的父亲。其在位时间应为484年或之前。该王即为484年登基的普拉笈多王（Puragupta）。当然也不那么确凿，也有可能是指该王的前一位或者后一位。又第五位之金刚王，因其为幼日王之子，有可能即是535年左右在位的童护王二世（Kumāragupta）。最后一位中印度王出世在此后的六世纪末，但最晚不能晚于玄奘之来印时间。笈多王朝之衰落始于白匈奴之入侵。入侵之年在五世纪下半期（470年），是年塞犍陀笈多王死。之后，该王朝在中印度尚保留有部分国土。玄奘所记叙的诸王，都是匈奴入侵后的君主。

若以上推定不误，那烂陀寺建于五世纪后半期，约当480年顷。然后逐年扩建增加，与历史事实大致不违。即是说，其初创阶段在法显渡来后，也是世亲入寂以后的事。成为大乘佛教空有二宗的学术重镇，及五天竺佛学的渊丛。法显到印度在五世纪最初十年中，故未提及此寺名，似为理所当然。另外，据此还可以考定与那烂陀寺发生关系之诸论师的出世年代。余之主张坚慧有二人，前之坚慧在四世纪，后之坚慧在五世纪，其理由也与那烂陀寺的创建其繁荣时间有关。不管怎么样，玄奘所记叙的那烂陀寺情况，言及德慧、坚慧二位论师，称其名声高迈，深为当时敬仰。而若以此断定坚慧生期在四世纪中，特不可能。其出世成名，必在那烂陀寺创立后且经一定岁月发展，方有可能。须知，与坚慧齐名之德慧，其出世之时也已经是五世纪之末了。

第十五章 陈那至戒贤时代的佛教

第一节 陈那

世亲之后，大弘赖耶缘起论最得力者，是陈那菩萨。其人又称“大域龙”（Mahādignāga）。陈那所处年代，若据真谛所译其所著书来看，当在五世纪末。据传，其可能出于世亲门下。陈那为南印度人，大约是罗毗荼国之建志补罗城（Canciputra）。初时其从学小乘，后转归大乘。因此，颇通大小乘，又特别擅长称为“印度逻辑”之因明学。陈那在案达罗国完成了对古因明的改造，其新的逻辑体系也称“新因明”。后来他到中印度，在那烂陀寺以新因明方法与外道辩论，做破邪显正的工夫。据说，他的对手在论辩中一一受挫，无不望风披靡。因此，陈那当时享誉五天竺。陈那对于佛教缘起论多有贡献，其在印度思想史上所占重要地位，仍然是他对新因明的组织之功。观彼所著书，现存者有如下这些。①《因明正理门论本》（*Hetuvidhya-nyayādvāra-śāstra-mūla*）一卷，玄奘译。（异译）《因明正理门论》一卷，义净译。②《无相思尘论》一卷，真谛译。③《取因假设论》一卷，义净译。④《观总相论颂》（*Sarvalakşāņadhyāņā-śāstra-kārika*）一卷，义净译。⑤《掌中论》（*Tārāntaraka-śāstra*），（异译）

《解捲论》一卷，真谛译。

是中之①为说明因明逻辑原理，而自②以下诸书为讲述赖耶缘起论的道理。先看《理门论》。古来印度即有逻辑学(Hetuvidhya，因明论)。其萌芽存在于佛教出世之前学派时代的婆罗门学术体系中。因明一学的正式成立，应在公元前三世纪顷。至此时有所谓"正理"一派专弘此学。然此被称为"古因明"。以后佛教论师认为这种论辩方法及推理方法可以宣弘佛教，达到"破邪显正"的功效。遂从传统印度思想中接受过来，当成一般的基础学科，在僧伽内部传授，使学僧论辩有力。当此之时犹未脱出"古因明"阶段。其论辩形式仍然是以五个步骤证明一个命题，称作"五支作法"。陈那改造因明之后，其认为五支冗繁，不能紧凑地直接而有力地自前提达至结论，因此，改五支为三支。"三支作法"或"三支论式"是新因明的形式特点。其论述道理更为简明亦更符合思想发展的三阶段，是印度特色的三段论法。以下比较三支与五支的论式区别：

古因明五支	宗	声是无常
	因	所作性故
	喻	凡有所作，必是无常
	合	声是所作
	结	故声无常
新因明三支	宗	声是无常
	因	所作性故
	喻	如瓶

陈那新因明，后世之祖述者及研究者很多。后陈那时代的二三百年间，因明一学在印土非常兴盛。据传是陈那弟子之一的商羯

罗主（Śankaraśvāmin）所撰的《因明入正理门论》（*Nyayadvara*）（一卷）扼要地解说了陈那的因明体系。而护法弟子中有法称（Dharmakirti）其人。对于因明学尤有研究，其从形式及内容两方面都对陈那因明有改造之功，成就了作为晚期大乘佛教特色之一的量论逻辑。其至伟之功因与此处本论无关，姑且从略。

其次，陈那之赖耶缘起论，全然继承世亲之思想。唯一不同者，陈那在成立唯识无境之主张时，其所接受的是火辨的说法，认为认识活动发生的情况下必须满足识中有三分的前提。即是说，其肯定了识的生成，即认知的发生，必须有见分、相分与自主分三者。

第二节 清辨

其次说清辨。清辨所继承的是龙树的实相论教学。作为南印度人，清辨出生在六世纪前半叶。其学术路子是初从学外道，后转归佛教，特别偏重龙树提婆一系。他以南印度为宣弘中心，在驮那磔迦国（Dhanakaṭaka）从事著述及论辩，以后向中印度布教。当时那烂陀寺有护法等盛弘缘起论之唯识学，清辨欲与护法对论，要求前来那烂陀寺。当时护法正在附近之佛陀伽耶大菩提寺退隐著述，不愿与清辨论诤。清辨未能遂志，怅然返南印度。世称其于彼处待弥勒出世，以判其学与护法之间的曲直。清辨栖于驮那磔迦国山中一洞窟。彼即其终焉之地。其所著书，现仅存两种。①《大乘掌珍论》（*Mahāyānatālaratna-śāstra*）三卷，玄奘译。②《般若灯论释》（*Prajñānadīpā-śāstra-kārikā*）十五卷，波罗颇密多罗译。以上，①说有为空与无为空的教义；②为龙树《中论》

之论释。

清辨之学，以龙树实相论为所宗对象自不必说。然其为学之方法与龙树多少有异。盖龙树系初期大乘论师，其所破斥者多外道或小乘辈，其中又以有部论师居多，后者所执诸法实有，如前已说。清辨生活的时代，唯识佛教已为显学，因之无论学术、传教，均不能不以唯识教义为批判对象。又对于现象论之批判，龙树多采用有部术语。即是八识、阿赖耶、种子、三性等。又龙树之阐弘本体论，在说诸法实相、超越真俗二谛非真非俗；对此，清辨所论，在以有无之见为俗谛，以实相作超越有无之真谛。

其次，看清辨对唯识佛教的批判，彼立足于龙树之一切皆空的根本思想，说有为与无为两种空；斥难唯识之以有为法为实有。又唯识宗方面说诸法实相时，仅以遍计所执为俗谛，而以空、依他起性、圆成实性为真谛；针对这种有论立场，清辨以为遍计所执与依他起性这样的空有之见，仍然没有脱离俗谛范围。而只有圆成实性，因为超越俗见，所以其不可说不可知之特征，正好显示出来。

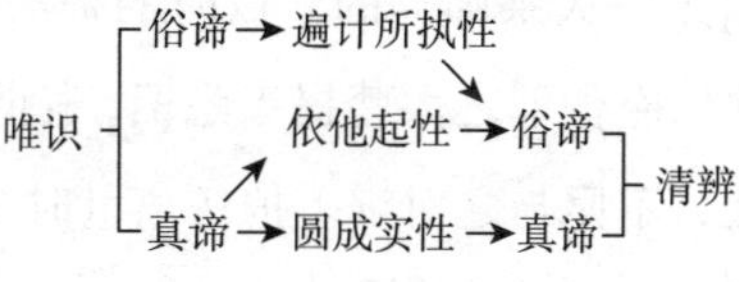

要之，清辨于现象论，借用唯识佛教之术语，以有为空为证明工具；而于实相论，清辨又据其本来立场，主张无为空，以缘生无性来显示阿赖耶识之不实。

第三节 护法

一、护法传记及其著作

护法与实相论系的清辨生活在同一时代。其所继承的是赖耶缘起论的教学体系，不过，其贡献在使该体系更加组织化，成就了更为圆恰而明确的唯识理论。护法出世年代，若据戒贤的生期来推定，无疑地应在六世纪前半期。跟陈那一样，护法也是南印度达罗毗荼国建志城人氏。家世显贵，为王家大臣。护法天资聪颖，多所研学，深谙诸宗学问，学识渊博而名闻当世。国王爱其有才华，其20岁时以王女妻之。然护法深怀厌世之感，于大婚之日，密出其家，遁往城外山中，请从寺僧法使（Dharmadāsa）出家。此后，先随法使习小乘，再随陈那修学大乘唯识。更远赴那烂陀寺深造。因其学德卓拔，虽年齿尚健，仍被推为该寺学匠。以是可知其显扬大乘唯识之功。护法长于问难，屡屡摧破外道、破折小乘。其或往恒河北岸之迦奢城（Kaśyara）破外道论，或往鞞索迦城（Viśoka）论难诸多小乘论师，以弘大乘。当时之小乘徒有称护法为“世亲以后第一大乘师”的。彼时的护法年方29岁。后护法离那烂陀寺前往佛陀伽耶之大菩提寺隐栖，避世之诤，著述为务。曾经拒绝清辨挑战，不愿与之对辩。护法离世时32岁。其所著书，今仍存者如次。①《成唯识论》（*Vijñāpti-mātrata-siddhi-śāstra*）十卷，玄奘译。②《成唯识论宝生论》五卷，义净译。③《观所缘论释》一卷，义净译。④《大乘广百论释》一卷，义净译。以上，《成唯识论》系唯识十大论师之释世亲《唯识三十颂》之作。玄奘以护法见解为正义，杂糅其他九位论师之说并译出成本论。该论为研究唯识佛教之根本著作与重要资料。《宝生论》是对世亲《唯识二十论》的解释。《观所缘论释》为陈那《观所缘缘论》的释解。《百论释》是对提婆《百论》的解说，述遍计所执性之空。

二、种子义

护法教义上继无著、世亲之赖耶缘起论，自不待言。然与清辨之基于龙树立场而利用唯识佛教不同，护法并不采用无著、世亲在其他地方所吸收之真如缘起思想。其所倡导者，乃纯然之赖耶缘起理论；而其所确立的是正统唯识教学。盖无著与世亲作为大乘佛教后期的巨匠，同时又倡立初期尚未宣说之赖耶缘起论，又采撷了龙树提婆之实相论，其体系中包摄了北印度上座部系和中印度大众部系的教义主张，调和而成真如缘起论。因之完成了庞大的组织化工作。但到护法时代，不但有既成之两大大乘体系对立，就是信奉无著、世亲教义的后学中，也是异说纷纭，相互抵牾。为捍卫自家学说，护法舍弃无著、世亲那样的包含态度，而以偏狭而明确的立场来倡导赖耶缘起论。因此，他的治学很像提婆之对待龙树，只是部分地继承。护法所发挥的只是世亲诸种主张中最有特色的部分。广博的无著、世亲体系，经过护法的处理，变得较从前狭窄了。而前辈的理论中一旦得到承认的，则被加强到无以覆加的地步。这可以算是护法对唯识教学的贡献。正是在这方面，与护法形成鲜明对照的是《大乘起信论》的论主马鸣，因为继承与发展真如缘起论的正是马鸣论师。

护法教义中，当以种子说最有特色。如前所述，护法之前，阿赖耶识之含藏种子，有新熏与本有两种说法。主张新熏的人以为，所谓种子是原始习气的异名，由于受到能熏习的气分的作用，其显示成新熏的模样。因此，如果考虑其本有的情况，能熏之法以及所熏之识都是无始以来存续的。这就是熏习种子的意思。与之相对，主张本有种子的人则说，原本第八识就有着功能势力。这是无始以来的原本存在。根本没有什么新熏的活动。因此，所谓的熏习，只不过是这种本有的功能势力的增长而已。但到了护法这里，他将两种说法统一起来。既承认种子有新熏与本有两种，又主张本（有）新（熏）合用说。第八识本来具有能够开展万有的势力，此即是本有种子。而此本有种子在开展万有之时，被开展之万有更反过来针对第八识而熏习新种子，此也就叫作新熏种。前一场合叫作种子生现行，后一种情况叫做现行生种子。两种活动是相伴而持续的。如此看来，本有家所执的是能使万有开展的原因，新熏家则主张的是被开展的结果。针对这两家的不同意见，护法做了调和统一工作。由此可见，护法的本有和新熏合用之说，也是极有见地的思想创造。

三、认识的四分说

其次是护法的认识论。如前章所说，护法以前，唯识学者中，说认识之所以能够发生与成立，其过程之先，已有自证分；或以为因先有见分与相分二者，也有认为是由于先有相分、见分及自证分三者的。几种说法又都自是非他，各各固执已说，相持不下。护法将此诸异说统一起来。他的统一关键，在提出证自证分之观念。这样护法便主张的是认识论上的四分说了。盖世亲之《摄大乘论释》

中说有相见二分，然因说法并未十分明确，故导致后来的异说纷纭。护法之四分说，可以认为是一大理论进步。这四分中，第一之相分为所认知的客观对境。然对于唯识佛教，相分毕竟只是心识中的映现，譬如镜中的影子。第二则是见分。它指主观上的认知作用或功能。此之功能恰如是对镜中影子的辨识。第三则是自证分，指对所得的认知的确认。好比认识者对自己说道“我已识此像”。第四就是护法所创的证自证分了。它指的是对于自证分本身的再确认。就好比认识者自己对自己说：“我已识此像，我之所识无谬。”以譬喻来说，相分好比布帛一类织物，见分好比度量布帛的尺子，自证分就像是用尺子量布帛。而证自证分则是对所量度的结果的核实确认。但凡正确的认识，都须要具备之四分。如此，则不许可成立心外有别法存在。否则，就是误认或者误识。而这四分，仅有相分是被认识的对象，算是客观境界。其余三分皆为主观之认识作用。说到底，只有见分与相分两者——能识与所识、能知与所知。又《大乘起信论》中说，所谓主观的通见相和客观的所见相，当视为阿梨耶识上自体之无明业相所转现。由是，相分、见分也可以归结为一分，即阿赖耶识之自体。然一分之分为四者，是为了方便解说认识发生的过程，因此作权宜的详细的解说。不过，如说到证自证分之确认自证分这一步骤，有人怀疑是否需要更进一步地再对证自证分加以确认呢（如果那样，认识过程中所需要的，就会是一个无穷确认的过程）？不过，对护法而言，他又主张自证分与证自证分之间是一个相互确认的关系。即是说，证自证分的确证功能本来就在自证分上面。这就像用尺子度布帛，那度出来的结果本身就是确认（所谓的“量果即证”）。量果即可以证明其认识无误。任何的认识，就像这里以尺子度量布帛织物，即“证自证分→自证分→见分→相分”这样的作用关系。而如果要论到它的功德，则成为这个样子：

客观……相分←见分←自证分 ⇄（互证）⇄ 证自证分……主观

四、五性各别

护法理论创造之第三方面是五性各别说。所谓“五性各别”相当于说悟界的展开。第八识中有依附存在的无漏种子。众生中，有具此种子的，也有不具此种子的。不具此种子者，永远不能得到涅槃或者佛果。但是，虽然可能具此无漏种，而这无漏种还是可以分出层次的。随其种别不同，得果自然也有不同。具上根者称菩萨种性，中根者为独觉种性，下根者为声闻种性。此外还有一类并不能确定其所得上三种性中哪一类的，这称作不定种性。这中间具有菩萨种性和部分不定种性者，可以得佛果；另外的独觉及声闻种性者，以及部分不定种性者，所说永远不能成佛。众生中的这五类种性都是先天而有的。这样的说法来自北印度之上座部佛教系之五种佛性说。这套理论认为，众生中有后天之修得佛性，无先天之唯得佛性；而对修得佛性者说来，又有定无佛性者与定有佛性者以及不定佛性者这三种情况；又在定有佛性中区分了三乘的差别。而如果是从中印度的大众部论来看，其所宣称的是心性本净说，后来的实相论及真如缘起论都是从大众部的这种思想发展来的。因之，其主张一切众生皆成佛，这是它不同于其他宗派的地方。然而，像世亲在其《大乘佛性论》中说的“一切众生悉有佛性”。换到有部的立场上看，后者恐怕很难承认有定无佛性者永远不可达于涅槃的说法。因此，上面的五性各别说，恐怕不是赖耶缘起论中原本的东西，至少不是世亲的本意。但在护法时代，唯识学者们大概也还都是这样声称的。正因为如此，护法是排斥中印度的佛性主张，他所声言者，仍然本于北印度的种性立场。但与有部之定无佛性立场相反，在唯识宗内部，都共同接受了众生中有本来自性清净的涅槃和自性之身，因此，所说的“成（佛）不成（佛）”，恐怕仅仅是从无漏种子来说的，即是从菩提这方面来说的，而并没有从法性遍有的立场上来否定“悉有佛性”的意思。换言之，性得佛性为众生平等具有，而修得佛性上的众生有不同的修为差异。在这里，它便同有部学说拉开了距离。

第四节　智光与戒贤

清辨弟子中有智光（Jñānaprabha）于那烂陀寺传其实相论。护法以后大乘两大系统之间的对立逐渐明朗起来。对包括整个大小乘在内的全体佛教，有必要加以一定的价值判断。智光最先提出了三种教判（标准）：心境具有教、心有境空教、心境俱空教。小乘教最劣，为心境俱有。无著、世亲之教属于中位，为心有境空。至若龙树教义则最胜义，其立场在于心境俱空。传智光奉持心境俱空教以对抗戒贤，因后者宗奉的是护法一系列教学的缘故。

护法之弟子戒贤（Śīlabhadra）是东印度三摩呾（Samatata）人。少而好学，历游诸国，遍访硕学。时护法于那烂陀寺弘传唯识佛教，名声远扬。戒贤遂投止其门下，学根本唯识之论，广而探佛教他宗。护法隐遁之后，数十年间，那烂陀寺唯戒贤为当世学匠。唐贞观十年（636年）玄奘法师到此寺。时之戒贤年106岁。其传法相唯识于玄奘，此后中国因有法相唯识之学派。戒贤又长于论辩质难。传其30岁时，南印度有外道欲来论破护法，求以辩诤。戒贤代其师出面以挫其锋。事前护法试立外道之说，而戒贤一一破斥无遗。于是在尼连禅河之东岸山丘上，戒贤与外道对论且摧破之。摩揭陀国王为奖掖其功在山丘上建大伽蓝以安僧伽。

戒贤继承护法教义而赖耶缘起之说。针对智光之三种判教，戒贤又立有教、空教及中道教三分标准。其以小乘配有教，以龙树实相之论以配空教，而以无著、世亲之学称为中道，认为是最胜之说。由此判教之法，使大乘两大基本教系，更显分明。戒贤殁后，后学弟子，各各执有证空，论诤更为剧烈。

第十六章　戒日王朝的佛教

第一节　戒日王

五世纪下半叶，白匈奴入侵印度。笈多王朝自此一蹶不振，势力日衰。六世纪下半叶，中印度之羯若鞠阇国（Kanyākupja）势力渐强。至光增王（Prabhākara-vardana）时竟驱逐匈奴而并吞周围国家，一时成军力强大之国。七世纪初，其王增王（Rāja-vardhana）继位，已有余力向西印度用兵，占领摩腊婆（Mālava）。该王后被东印度之索耳国（Karnasuvarna）王设赏弥（Śaśānka）设计所害。其弟喜增王（Harşa-vardhana）即位，是即戒日王（Śiladitya）。该王登基之年在 606 年。戒日王胸怀雄图，渐次征服北、西、东三印度，以为其兄雪恨。更欲向南印度用兵。然遭遇南方霸主摩诃剌他国（Mahārattha）国王补罗稽舍（Purikeśin）之阻，军滞于纳尔马达（Narmadā），颇为窘迫。然该王在位时，能善治其政，百姓安乐；奖励文学，宫廷中供养学问之人。著名的佛教戏剧《龙喜记》（*Nāgānanda*）和印度教戏曲《宝列珠》（*Ratņāvalī*）均定作于此时。戒日王有意仿效阿育王，在民众中倡佛教而兴教化，成就一时之盛。其行政轻赋薄税与民休息；又下令禁民间杀生，常施沙门婆罗门，广建佛塔佛寺；设立药舍医院，救济病饿、孤独、鳏寡，如是等等。

其又曾在国内例行无遮大会，往往参加之外道和佛教宗派达五千人之数。玄奘法师参加过此大会，那烂陀寺当时有三千人与会参与辩论。

除善治其国政，戒日王又与外国交厚。以玄奘来印，王向东方唐朝遣使，唐太宗于是令王玄策回问。该王殂于648年。薨后有权臣阿罗顺（Alamashun）自立篡位。唐使王玄策拒之。以后玄策又受吐蕃及尼波罗兵之围攻，战而胜之，擒其首领而归唐。自此以后，笈多王朝失雄踞之势，五天竺遂陷于割据形势。所幸者自五世纪下半叶匈奴入侵以来数百年间，西北印度局势稍安，无有异民族来犯。印度文明虽在政治分割中，而终未受彻底损害，不至完全沦亡。

第二节 戒日王朝的佛教态势

戒日王初信小乘，后改宗大乘。笈多王朝建立以后，大乘论师先后涌出，大乘佛教一时兴盛。佛教在整个印度次大陆，当时是重要的宗教力量。然小乘诸部古来即在各地有自己强固之地盘，因之依然能够持续流传，与大乘并行不悖。贞观三年（629年）玄奘发自长安，经西域沙漠、帕米尔高原来到印度，遍游天竺各国诸地，于贞观十九年（645年）返回中国。其记叙在五天竺所见之状况，谓大小乘皆有流行。中印度之摩揭陀国和羯若鞠阇两国大乘流行。北印度完全奉行大乘教者，有乌仗那国（Udayana）。此外，西印度之摩腊婆（Malava）、信度（Sindhu）为首，多流行小乘正量部。南印之憍萨罗（Kosala）行大乘，达毗荼罗国（Dravida）则以小乘上座部为主，而恭建那国（Konkana）是大小俱行。东印度的乌荼国（Odra）多有大乘寺院，而小乘上座部、正量部居其次。

以上诸国之佛教寺院，数目计有数百乃至上千。僧人数则有一万或至两万。其他各地，寺数及僧数等而其次。所有诸国寺、僧，因玄奘之行和遑迫，未有一一详细罗列。估其大概，寺有十数万，僧则过百万矣。以此状况可称佛教隆盛。通观当时印度，大乘已成主流，小乘中有其特色者是上座部，其次为有部、正量部和经部。其中最有势力者是大众部。几乎大众部流行的地方，都有大乘渗入。其中特别引人注目者，为有部隆盛之迦湿弥罗国。此地小乘渐衰而大乘势力增长。此当是可以确信之事。

其次，尚可以参考对照三百年前法显留下的《佛国记》（即《法显传》），便能知道大小乘佛教相互间的消长信息。这样的态势，即令在玄奘到印土后的半个世纪中，仍然可以观察到。671 年，中国僧人义净自南中国经海路而来到天竺，其在《南海寄归传》中所记叙的，与玄奘之前所述大略相符。

其他方面，义净也提供了一些新情况。在东印度，以往之设赏迦王，暴虐施政，迫害佛教，致使寺院堂塔多毁；其到中印度拘尸那罗国，言佛教受迫害；来摩揭陀国，言佛陀当初入定之座石被投入河中，菩提树亦遭砍伐。以此种种坏佛之逆行，可以推知其他诸，佛教势力均已衰落。而势力增长的亦有耆那教等。然若谓迦摩缕波国（Kāmarupa）之婆塞羯罗伐摩王（Bhāskaravarman），似已放弃佛教信仰。不再像以前那样礼敬沙门，常随大德闻法。该王在玄奘来印时还三番五次地遣使凭问招待，还参加过戒日王举行的无遮大会。至于别的地方，比如南印度的摩诃剌他已经成为印度教流行地。西北印度也是外道通行了。佛教此时明显已经衰落下去。而在此前大约六十年，即七世纪上半叶中间，玄奘说，摩腊婆之戒日王（并非之前说的那位）信奉佛教，兴塔造寺，供养僧伽，又例年举办无遮大会。所说其在位五十年间一直护持佛法。

另外，亦应关注当时有名论师的情况。他们多半是南印度人，这也反衬出南印度之外其他各地佛教都处于窘迫的状况。又当时五天竺之佛教界，触目可见皆是密教流行，若玄奘之《大唐西域记》所透露的大致衰相。八世纪前半期，印度之善无畏、南印度之金刚智、锡兰之不空金刚都先后来中国传密法。以是足知，当时的佛教内容已经有很大变化。作为某种变形，佛教的密教逐步离开了它原来持守的基础，从形式到内容都发生潜移默化的变化。

第三节 觉音以后的锡兰佛教

锡兰岛自古即不断遭受南印度之泰米尔人入侵。至近代，仍未能免受其威胁。南印度人之侵入锡兰每有寺塔遭受破坏。觉音以后，锡兰多次被入侵之异族王统治，佛教因之元气大损。五世纪末，有界军王（Dhātusena）恢复了僧伽罗人的王统，佛教因之转向复兴。该王尤其支持无畏山寺，以在锡兰岛上多处恢复佛塔寺院，并保护佛牙、菩提树等佛教圣迹，该王还倡行对摩哂陀长者的祭祀。对于佛教僧伽的不法行为往往干预，清肃整理过支提寺的僧伽。该王在经济民生方面，颇注意发展农业。其兴造了巨大的灌溉渠及蓄水池，其功德甚为显著。当特别注意者，即该王有祭祀弥勒像的历史纪录。此则可以视为锡兰佛教中有过大乘佛教的信息。

又（据为要的）研究古代印度及锡兰佛教，提供了可靠的重要资料。

在界军王之子迦叶王（Kassapa）时，岛上开始祭祀佛发舍利。又六世纪中期即位之胜智王（Aggabodhi）时，因无畏山寺的僧人大倡邪义，该王出面用行政力整顿僧伽，排斥邪伪，维护正法。胜智王与前代的目犍连王（Moggalāna）又都是奖掖学术的君主。后者就是有名的诗人国王。胜智王之后，锡兰再遭泰米尔人入侵，其沿海和低地均由泰米尔人统治。僧伽罗族之王统只得迁往之东部的波罗纳鲁瓦（Polonnaruwa），佛教重心亦因之转移至新都。此后数百年中，佛教与僧伽罗王统荣辱与共，兴衰相伴。至七世纪，楞伽岛上之祇园寺有两位住僧，指责大寺僧人私自篡改制造佛典。两寺之间，争吵不已，最终反目而火拼。

僧伽罗王迁都波罗纳鲁瓦后，佛教惨淡维系，不绝如缕。至十世纪，王都再遭泰米尔人攻陷。此后佛教几乎完全绝迹。然又经一百五十年后，有王名维贾耶巴护（Vijaya-bāhu，无敌王）出世，领导僧伽罗人恢复王统及佛教。至十二世纪中期，无敌王统一整个楞伽岛。仗其余势竟至渡海进攻南印度沿海。这位令锡兰中兴之英主即是有名的帕拉卡玛巴护王（Parakramabāhu）。佛教虽然逐渐恢复起来，然岛上原来分立的三大寺派别依然鼎立。为平息僧诤，该王出面调停，使大寺为主，统摄其他二寺。

第四篇

佛教衰颓的时代

第十七章　佛教的衰颓

第一节　印度教的隆盛

公元前六世纪以来，差不多一千三百年的漫长岁月中，印度的宗教思想界一直是佛教占据着统治地位。佛教为印度文明发展做出了巨大的贡献。其更进而向东方和南方，即是东亚和东南亚布洒佛教的光芒，佛教由此全面走向整个古代世界。然印度佛教的衰落即笃于七、八世纪，至十二世纪，中印度一带已经不见佛教的踪影。佛教之兴若是必然，佛教之衰亦必有其因。衰落源于至少两个方面：就其外部环境而言，乃因印度教在五天竺的复兴，以及伊斯兰军队日益深入地侵扰印度；若自内部而言，佛教的发展带来其理论之烦琐化及世俗化。后者即是鄙俗化或庸俗化的过程。在此过程中，佛教对民间巫术迷信不断屈从，直至丧失其大部分纯正教义。

印度教亦称新婆罗门教。其复兴过程正好与佛教之没落同步。印度教之思想渊源，如第一章中所说，原因可以远溯至《阿闼婆吠陀》。而印度教之宗教实践仪式等，更远在此前。新婆罗门教所以复兴，自其内部观察，乃是印度民族之宗教需求所致。此明显可见于印度人生活中浓厚的迷信与世俗方面。然如果从外部着眼，佛教的兴盛和梵语文学的发展，却也助长了社会生活中的这一世俗化过程。可以这么说，由于佛教兴起，大大打击了婆罗门势力，因之迫使其改造自家阵营以挽回颓势。且婆罗门教方面因目睹佛教中兴起的佛塔、舍利崇拜，从中受到启发，感受到一般印度民众中的宗教需要，因之改变了古来的“礼不下庶民”的宗教傲慢。一方面积极投合民间信仰的需要，软化了古代婆罗门教僵硬的神格及教义，制造出许多改变过的信仰观念及仪式。其中最为巧妙的，便是把吠陀神话中就存在着的古老神祇，同现时民间信仰中的最高威神等结合乃至等同起来。例如，吠陀经典中的楼陀罗（风雨之神）便同湿婆神合成一体。又在此专司毁灭与保存二种功能之外，另外造出一个造化之神大梵（Brahman）。这样一来，民间的信仰几乎大细无遗地都被吸收进婆罗门教体系。与佛教之三宝相应，新的印度教成就了三大神祇。以后佛教之三身说之完成，婆罗门教亦有三神为一本体之显示的讲法，成为了三位一体的三种化现。而此三体，各有功德能力，各各负责宇宙中的开发（发生与开展）、维持以及破坏。又用梵语字音 a 来表示“开发”，以 u 来表示“维持”，以 m 来表示“破坏”。又这三个梵语字音结合起来，即 aum 按梵语读音规则成为 om（唵）。唵被认为是宇宙的本体本源。其形象表示，是一个三角形。

婆罗门教吸收民间信仰的过程，具体开始于什么时候，年代甚不分明。估计当在公元纪年开始之时。此为一个逐步发生发展的过程。吾人所知，最初，在马鸣之《大庄严论经》中即有“摩醯首罗”“毗纽天”（毗湿奴）和“大梵”之名。五世纪初在中国被汉译的经典《优婆塞戒经》上，也有“大梵天王、大自在天、毗纽天悉皆第一”的说法。又提婆之《外道小乘涅槃论》上提到“摩醯一体三分”，举此三分，便是梵天、那罗延天以及大自在天。因此可以说，晚至三、四世纪顷，“三神一体”的说法已经在印度形成了。由是可知，新婆罗门教一方面从民间信仰中汲取养分，另一方面又从民间流传的史诗体的口头文学中吸纳其英雄人物，将他们神化，从思想上宣称这些角色都是大神的权现与权化。例如，史诗《大婆罗多》中的罗摩（Rāma）与克里希那（Kṛṣṇa）都经过了这一神化过程。当然，这种改造民间神话及史诗，使其纳入婆罗门系统的做法不单是涉及人类，更涉及种种传奇中的动植物，鱼类或走兽，若狮子、猴子等。在权化权显的理论发展起来后，甚至连佛陀本人也成为了印度教大神的权化。民间的大母神崇拜也成为了印度教中相对于男神女神系列。被吸收进来的还有自然崇拜中的各路神祇，如山岳、河流、森林、城邑等的主管神都在新婆罗门教系统中占有一席之地。这样的兼收并蓄、大小不遗，极大地丰富了印度教的神谱。成千上万的神灵让人眼花缭乱。古来以祭司为专职、以吠陀为思想骨干的婆罗门教，因此在民间社会中渗透下去，一直到达社会底层。完成了庞大信仰文化的体系改造，使民间习俗匍匐在古老的贵族宗教的阶下。

其次，使印度教复兴的另一原因是梵语文学的发展流行。本来这一传统的梵语文献只是流行于西北印度。它的流播走向是自西北而东南。最初的流行期发生于公元前后。经一百年左右，到二世纪中期，其已经达到印度河下游。塞迦（Saka）王朝之卢头陀摩（Rudradāman）首先使用梵文来宣布王家的告示公文。自此梵语的地位不断上升，而到笈多王朝即四、五世纪，其达到顶峰。梵文政治地位的提高，有助于其成为宗教语言，也就间接地助长了婆罗门教的复兴。梵语的文献中包括有印度教的教理与神话创造。在一定意义上，可以说，正是梵语文学的兴盛，完全地改造并重组了具有丰富内容的往事书（Purāna）这一文学体裁。在笈多王朝下面，借着梵语文献的改造与阐释，新婆罗门教正在从佛教的地盘上夺取信仰的主导权。不过当时的大乘佛教也正处在理论创造的繁盛期，因此尚能够维持其思想统治地位。仅就宗教信仰而言，还有相当的权威性。然后进入八世纪以后，印度教内出现了一位旷世（的吠檀多）学者。其家学渊源非常深远，精通古代贵族宗教之内容与形式，其据婆罗门教的教理，再吸收大乘佛教的思想成果，又从民间信仰中吸取世俗的观念成分，重新塑造了新印度教。新宗教中包含了印度传统宗教中的基本内容，并且具有系统化和理性化的色彩。这样一来，它对当时尚处在有利地位的佛教便形成了严峻的挑战，佛教也在许多方面受到重挫，丧失了有利的地位。

此前一直以婆罗门教正统派自居的吠檀多派，在同佛教的对抗中一直吸收对方的教相与教理。据估计，大约在五世纪才形成的《曼杜基耶本颂》（*Mandukhya-karika*）就明显地可以看出这种理论吸纳痕迹。而后来到七世纪，有库马立拉（Kumarilavhaṭṭa）出世，其人大大发扬了弥曼差派的教理。又对佛教展开批判，在与后者的争论中发展了自宗学说。就当时而言，婆罗门诸派与佛教的理论竞争对双方都是某种促进。约八世纪，即780年，吠檀多派大大兴旺起来。当时有南印度之商羯罗阿阇梨（Śankarācārya）出世。后世称他为婆罗门教中的龙树大师。他就是上文中提及的统一新古婆罗门教的旷世之才。由于其多从佛教采撷学问，被他的对手称为“伪装的佛教徒”。他是一位多产的辩论家、思想家与著述家，无论哪一方面都是锋头很健的传教大师。然而天妒英才，他非常年轻就早早逝去。死时才 32 岁。身后留下后继者再也无法追步的成就——复兴吠檀多。

吠檀多教义分为两个部分：内密教以及外显（即公开义）教，也称为真俗二谛。其分施教对象为两分：上智与下智。信奉宗教的结局也分为两种：真解脱与渐解脱。整个吠檀多教学，其理论与实践都是按两分法组织的：内密教与外显教。内密指古代婆罗门教的教理大成。外显教则形式虽新，而内容实古。外显教是内密教的基础。商羯罗阿阇梨是提倡复兴古教的，但又认为宗教形式可以呈现新的形式。吠檀多在发展过程中，不断猛烈地抨击佛教理论体系，使后者在理论上和信众基础上都受到重创。

当然，当世的佛教徒倒也不是束手无策或者望风披靡。面对商羯罗的进攻，有部学者如达磨诘（Dhrmakirti，法称）就站出来与其对辩，对其痛加驳斥。又当时在东印度，波罗（Pāla）王朝下面从八世纪至十一世纪中叶，佛教仍然受到王家保护。又在佛初转法轮的鹿野苑还新建了佛塔（虽然该塔一再拖延晚至 1017 年方才建成，旋遇伊斯兰军的入侵而被毁坏）。又恒河北岸之超戒寺（Vikramasila）大约也建成于此期间。再有，南印度之德干地区至今尚存有 1095 年建成的两座佛寺。又摩揭陀国在犀那（Sena）王朝下面，民众虽然归宗婆罗门教，但统治者对佛教仍有保护政策。王朝境内虽然婆罗门教得以大发展，然佛教犹可存身。当时从北印度逃亡而来的佛教僧侣均安置在佛陀伽耶的精舍内。此后相当长的时期，自缅甸而来的僧人还可以在此挂褡。据传，当时的摩揭陀国，佛教僧人有一半是外国渡来的。以此可见，佛教虽因商羯罗之破斥而受损失，但在许多地区仍然勉强存续，苟延时日。虽然，亦不得不承认，一代圣教也到了日薄西山、气若游丝的地步。

第二节 佛教的理论化和通俗化

凡世之宗教，若有二教并立者，总会有相互排斥的倾向。当然，相互排斥也就有相互影响，两者之间不免有相互的吸收、调和与折中。任何国家的文化宗教发展史上都可以看到这种现象。这也是屡见不鲜的事。像印度这样的国家，自古以来就存在着不同的宗教主张与宗教体系。彼此之间的对立、斗争，又相互吸收而互补的现象就更加明显。就佛教而论，当然概莫能外。从教理看，佛教既受到印度教体系的波折，也受到对方的刺激影响；在实际的生存中还有一定的调和。影响与调和的结果，表现在佛教自身的发展变化上。如同婆罗门教系的理论系统化进程，佛教的自身理论也在体系化，同时日趋烦琐化。换言之，其教学细琐化，仪式神秘化，这就造成了密教的滋生。佛教既以密教方式继续存在，潜移默化中佛教自身的形态乃至性质都有所变化。因此，考察佛灭后千百年间的佛教史，明显可见的事实之一便是，佛教内部的组织在自然发展，其外部则因诸教学的冲击而加强自身理论建设，教理基础不断得到补充强固；教义体系日趋细密化甚至烦琐化。理论化与系统化的副作用，便是宗教的超越性不可避免地被名相概念的滋生而掩覆起来。更为直接的影响体现在宗教与民众之间的隔膜。为弥补这一缺陷，佛教必须更多地向民间习俗靠拢。而民间的宗教习俗，其背后正隐伏着内在的宗教需求和心理的惶惑。

需求渴望得到满足，惶惑需要安慰，这就催生了神秘的操作仪式。事实上，从原始佛教以来，佛陀就在其教学中保留了不少神秘性的因素。且不谈佛祖释迦牟尼在人格上的宗教感化力。仅看佛灭后留下来的那些佛教胜迹，佛的足迹、佛当初坐禅的地方（金刚座、菩提树）、佛的舍利……所有这些都成为了崇拜与宗教感动的资源。而这些都非常形象地从遗留至今的建筑、雕刻上充分流露出来。对佛像和佛塔的崇拜正是普通民众的宗教心理需要得到满足而推动或驱使的。然人性深处的宗教渴望永难满足，因之宗教情感流露、表达和满足的方式也在不断发展。佛教在印度的生活环境中，一直在从外部吸收印度民俗中宗教感情的表达手段，而这些东西是婆罗门教，甚至可能正统婆罗门教形成以前就存在着的，真可谓源远流长。外部的宗教资源不断流入佛教，对它的宗教实践仪式进行补充。佛教的民俗化标志着它进一步地接近和深入民众，迁就民众的宗教心理，也塑造着民众的宗教需求。佛教在兴起之初对于婆罗门教有一定的批判，但从思想深处和实践仪式中，但也接受后者中现成的观念与实践。比如，佛教为了对抗异己的文化环境，如果单纯以释迦牟尼佛作为唯一的崇拜对象，就很难满足信众的崇拜心理。正是这种多神文化环境中的宗教心理，使佛教的神谱中充满了种种的神灵，多数的佛菩萨、诸天神龙虽是佛教的形象，但却带着婆罗门教的身影。佛教的通俗化，其理论依据在大乘佛教教理上的相对主义和宽容。正因为如此，在实践中，佛教才不断与婆罗门教调和，并不断走向世俗化乃至庸俗化。从笈多王朝到戒日王朝，佛教的发展与印度教的复兴一直相并而行。走向繁荣的同时也就埋下了消亡的种子。从法显、玄奘和义净这些来印度求法的中国僧人的行记中，明白地显露出来佛灭后印度佛教的盛衰状况。繁荣与衰落事实上正是佛教发展的轨迹。一方面，当时的大乘佛教，教理上生气勃勃，而寺塔建筑也光辉夺目，那些佛教法会的场面盛大，令外来的游学僧人兴奋莫名；对佛菩萨与诸天神龙的崇祀在所有的佛教遗迹场所都进行得热火朝天。但也正是在这背后，不断透出暗淡的景象：破败的寺庙、废弃的圣所、困蔽的僧侣……

佛教的通俗化使其消融于印度原来的婆罗门教文化背景上。宗教的宽容是印度宗教文化的一般特征。无论佛教还是婆罗门教，相互之间势同水火、不共戴天的对立局面几乎是不存在的。更多的时候，两大宗教之间呈现了“你中有我，我中有你”的情况，而且双方都能安然相处。在印度，上至王侯下至庶民，同时信仰婆罗门教和佛教的大有人在。他们在自觉意识上从不认为这里有任何的冲突与相违。两种宗教的僧侣也可以同时接受一位施主的布施，同时参与同一场法事。这些都是那个文化环境中的人们丝毫不以为意的事。在民众中间，两大宗教的融和与混同一直在自然地发生着。伟大的阿育王就同时向婆罗门和沙门实行布施供养。该王还同时奉行了两相和平的教诫命令。印度古代史上，哪怕是虔诚信奉印度教的君主，也多半不会对佛教痛下毒手。同样，虔诚的佛教法王自视为转轮王的君主们，也都能够善待其他的外道异教。以戒日王为例，其虽广造佛寺佛塔，供养十方僧伽，但他也并不迫害佛教以外的宗教，婆罗门教和耆那教都在他的治下安享和平。他举办的无遮大会，可以接纳任何宗教意见与主张，婆罗门的学者在会上与佛教学问僧都受到同样规格的款待。该王在自己所写的《龙喜记》中明白地赞美了佛教与婆罗门教之间的和谐无诤。像这样的例子在印度历史上还有很多，而在实际的民间生活层面，普通人其实很少有人能够分辨佛教与婆罗门教的不同。这样的混合与混同，对佛教而言，结果便造成大量婆罗门教仪式化了的密教成分进入其自身实践中，最终产生了秘密佛教，简称密教。

而如果从根底上观察佛教与它立足的社会关系，可以知道，佛教最初的繁荣都与佛教的宗教立场相关。释迦牟尼当初所批判的是婆罗门教中不平等的社会观念，以及它在宗教义务上的烦琐与支离，佛陀并未拒绝传统宗教的通俗性。正因为如此，佛陀所宣扬的教义才是简明的、易行的。佛陀之感动其追随者，主要凭他的人格力量。这些都是佛教早期发展的基本原因。至于佛灭后最初的论师们，无论他们如何致力于理论构造，但其本意绝非只是搬弄概念。何况这些人也都是具有非凡人格的导师，其中许多人的道德风貌足以令后人永世钦羡感叹。彼等的理论创造工作，对于所有宗教的存续与发展而言，都是非有不可的。但这种教理的系统化、理论化过程，在佛灭后的漫长时间中，总会多少偏离佛陀的初衷，这就使佛教的现状与释迦牟尼的理想拉开了距离。造成这种差距并加大这个差距的是现实的社会生活。宗教的发展不能不受社会环境的制约。强大的婆罗门教传统不断推动着印度社会的心理取向，这也不能不说是某种自然之势。何况时过境迁，像释迦牟尼那样的伟大创教者总不是时时会出现的。现实中的佛教领袖也就很难保证能够永远审时度势，并取人之长以补己之短。在致力于宗教理论系统化，同时又在迁就信众世俗化的过程中，佛教终于陷入了不利的境地。这也是无可逃逸的命运所致吧。

第三节　密教的兴隆

佛教与印度教即新婆罗门教的相互接近和混合的极致，最后造成了两种宗教的混血儿。这就是变形了的佛教密教。然如果仔细观察，究竟从什么时候起，密教才渗透进入佛教的呢？这几乎是不可确证的事。因为密教的发展与印度教的复兴同步，所以推测起来，可以说密教化过程的起始期在三、四世纪顷。印度教的快速发展也正在那个时期。西晋怀帝时，永嘉年间（四世纪初）有西域人帛尸密多罗译出《大灌顶经》十二卷、《大孔雀王经》一卷以及《孔雀王杂咒经》一卷，一共三部。这是有明确记载的。进一步，吾等再假定龙树并非佛教自己说的密教始祖，也假定那位生活在七世纪的龙智（Nāgabodhi）并非三世纪的龙树的弟子，那么我们就可以认为，密教成分渗入佛教大约在龙树的时代。而到了后来，即五、六世纪的笈多王朝统治下，佛教与婆罗门教同时发展起来，因为无著与世亲的瑜伽唯识思想的发展，密教的思想成分也被吸收到他们教学的理论基础中。这样的里应外合，密教便逐步形成并不断发展。法显来到印度时，正是五世纪初。然而，从法显的记叙看，尚无这方面的信息。七世纪上半叶以后到印度来的玄奘，明白无误地提到当时的印度佛教中已经有密教存在。因此，可以认为，印度佛教中的密教兴起，是笈多王朝时代，正是五、六世纪。

密教之崛起，先见于南印度。这是《大唐西域记》中明说的。南印度之驮那羯磔迦（Dhanakataka）国之清辨时代（六世纪前半叶），即有奉祀金刚神（Vājrapāni，金刚手）诵金刚陀罗尼

（Dharanī）的仪轨。又七世纪，佛教密教大师龙智出世。其人生在锡兰岛，后至南印度弘密法。而此龙智以密法传给八世纪来华的金刚智（Vajrabodhi）。后者是南印度摩罗耶（Malāyā）人。另外，那位称作不空金刚的大师，与金刚智一同来到中国，携来的密教经典有一百四十三卷之多，并在中国将它们翻译出来。不空的出生地是锡兰，其携来的梵本得自南印度。因之，说密教兴起于南印度当无问题。同时可以说，七世纪中期的中印度密教亦颇为兴盛，当时的达磨鞠多（Dhargupta）传密法于善无畏（Śubakarasinha）。此事在金刚智入华前四年。又若依玄奘，西印度也曾是风行密教的地方。至于印度其他地方，凡有佛教之印度教，或印度教之佛教存在的地方，密教兴起的机运也已经启动了。

如是，崛起的密教，伴随着印度教的复兴一道炽隆起来。到商羯罗出世时，正统佛教已经衰颓，变形了的密教佛教进一步向印度教靠拢。与之相混合的是作为印度教一支派的、人称“萨克蒂”（Śakta，其狂热祀奉女神萨克蒂，故亦名女神派）的性力派，该信仰认为女神的性力生起一切也庇护一切，因此其祭祀仪中有生殖器崇拜的内容。与佛教相混迹的还有湿婆教一派。这种混合产生的流弊其多，流毒甚广，危害也烈。到十二世纪，伊斯兰教军队从西印度和北印度来袭，正统的大小乘很快消亡。仅有密教分散存身于各地的印度教信众中，艰难地保存下来，一直到今天。也有一部分密教僧人逃遁到了边地或者印度境外。简而言之，佛教与婆罗门教都共同走向密教化，也就完成了印度教化。两家的密教行法在教理、仪式、信念上都达到了难以分辨的程度。从根本上讲，这也是印度民族文化特性的表现。总之，这是一种奇特的文化现象。

第十八章　印度佛教的终结

第一节　匈奴民族的逼迫

印度教的隆盛与佛教的理论化和世俗化是造成佛教衰亡的内外两个方面的原因。佛教自身的和平本性及异民族自外部入侵印度，则是让佛教绝迹于印度的最后一击。在印度，对佛教的迫害，史载最初是在公元前二世纪，当时篡夺了孔雀王朝王位的补沙密多罗（Puṣyamitra）毁寺弃佛，大兴迫害。此后，对于佛教实行的政治迫害时有发生。到七世纪初的设赏迦王时，也有过排佛的政策。对于佛教的打击波及东印度。这就使佛教从很早就产生了对末法时代的忧虑。不过需要指出的是，所有这些对佛教的迫害，都只是限于一时一地，在某国某邑地域中存在。总的看来，范围比较狭窄。真正对于佛教实行大规模迫害并造成深远影响的，在印度史上只有两次：一是六世纪时从北印度入侵的白匈奴。另一则是更晚八至十二世纪伊斯兰教军队反复的入侵，最严重时伊斯兰的骑兵横扫印度次大陆。其消灭佛教的行动，凶猛剧烈，莫此为甚。

匈奴民族的南侵，大约在五世纪中叶，恰当笈多王朝之第四代君主童护王晚年。最初从西北印度入侵的匈奴，被塞犍陀笈多王击退。史载十余年后，匈奴军卷土重来，进入北印度并向南深入。470年其迫近王都。此时的塞犍陀笈多王已经无法招架，势力大衰，几近灭国。王国大大萎缩，仅局于中印度之一个地区。而后匈奴逐渐侵入摩揭陀国之一部，又攻掠西印度之摩腊婆国，旋又占领北印度大部，控制跨西北远至波斯之广大幅员，成为强大的匈奴帝国。

此时统治印度的匈奴王名为托拉马纳（Toramana）。其王都在奢揭罗。至510年，其子密希罗底库拉（Mihirakura）继之，向佛教发动凶猛迫害。其时僧尼被屠杀，寺塔尽遭毁。因其种种暴行，佛教达到前所未有之衰微。然匈奴不单对佛教如此暴虐，其从根本上全然不以印度民族为生类，无情杀戮，无有丝毫怜悯。最终激起印度民众的无比怨恨而揭竿而起。各地各国的民众及小邦众国联合起来。528年，摩揭陀幼日王及中印度某王耶输达磨王（Yaśodharma，善法）的联军俘虏了匈奴王。于是，佛教在中印度暂时获得喘息。联军释放了被俘的密希罗库拉王，其表示愿回北方，不再侵扰中印度。但其弟已经篡位，不许密希罗库拉王入国。于是，后者只得转往迦湿弥罗，弑其王而夺其国，旋又攻下犍陀罗国，灭其王族。再兴兵南来，所到之处，排佛杀僧，焚寺毁塔。整个北印度不啻遭遇万劫不复之灾难。从七世纪初渡往天竺之求法僧玄奘的纪行来看，当时北印度、西北印度佛教所受凌夷极其惨痛，应该就是这场异族入侵的灾难过后，尚未抚平的满目疮痍。又观佛教史，六世纪后大乘论师多半都是出身于南印度。当时的北方，佛教衰颓至极，此亦为外力入侵的一种间接证据矣。

第二节　伊斯兰军队的迫害

匈奴人的暴虐之行直到540年密希罗库拉王死后才算停止。而后佛教获得短暂的安宁时期。然不久再被投入战乱的旋涡。匈奴军队刚走，伊斯兰军的威胁又降临印度。伊斯兰教崛起于七世纪上半叶。由于其明确地宣称要用武力传教，其政治地盘和宗教势力都迅速得以扩张。至公元七世纪下半叶，伊斯兰的马队已经到了西北印度的边境一带。八世纪大军进入西北印度的印度河流域。继而更向南向东进兵。然此南下军队遇其首领暴亡，故来势稍缓一时。又印度各地诸王同盟抵抗，南亚次大陆遂再得勉强保有惶恐之中的安靖约二百年。十世纪末，伊斯兰大军再度袭来。同盟诸王的联军旋被瓦解。随后二十五年间，伊斯兰军队反复劫掠印度，数量达十七次。大军所到，势不可挡，自西北而西印度，自西印度再向南、向更西，一路扫荡，势如破竹。至十二世纪，中印度之摩揭陀犀那王朝败亡，整个中印度完全落入伊斯兰的统治。1206年，在今天的德里建立起信奉伊斯兰的莫卧儿帝国首都。

伊斯兰的入侵，目的在改变政治和宗教的局面，除了抢掠财物，对于所谓异教徒都实行消灭政策。因此，印度当地的居民，无论是印度教徒还是佛教徒，都同时蒙受灾难。由于佛教以寺院为僧团中心，又主要依附于城镇、村落，所以成为入侵大军的明确目标。军队所到之处，焚烧寺塔，毁灭经像，掠夺珍宝，屠杀僧侣……1017年，佛教圣地鹿野苑的巨大佛塔被捣毁，恒河岸边的超戒寺被夷为平地，中印度的僧尼死亡过半，幸存者向南或向北方山区逃窜。佛教的灭亡先从北印度和中印度开始。伊斯兰军队以马队为主，流动性极大，攻击力极为强悍，其奇袭突击的战法，有若疾风，出人不意，往往对手未及备战，即如飙风而至。因之，无人能挡其锋，印度人闻之胆寒。凡其所攻略之地，尽悉杀光一切生口，入城则城空，入村则村尽。恐怖而残忍之手段，完全有异于以往印度的战争。对所有宗教僧侣，无论婆罗门祭司还是佛教僧侣，都没有丝毫怜悯。史载其在西印度、中印度，凡攻城略地，在大寺院者，专挑僧人聚集供餐之时，将人尽行杀戮。事后，往往是成百上千的尸体横卧于血泊中，有的直接将尸体塞进水井。拘尸那罗城（佛涅槃地）之近代考古发掘显示，全城地下数尺尽为焦土和遗骸，可见当年城陷时的惨状之一斑。到此，可以认为印度佛教已经事实上灭亡。印度的边境地区纵然还有寺院和僧人残存，但也只是徒具形貌，兵火涂炭，须臾至前。

但如就印度民众的内心感情而言，佛教存世已经有千百余年，毕竟不能在朝夕之间以兵火荡涤净尽。又伊斯兰军队在中心地带和人烟稠密之聚落的屠杀，在入侵之初尤其暴虐，其残酷血腥，令人发指。随其统治建立，其目标已经转向掠夺财产与奴隶，大规模的杀戮虽未完全中止，然亦有所收敛。史载，以大马士革为中心之苏丹王派遣之远征印度的伊斯兰军队，多次从印度押解青壮年妇女和儿童及少年向苏丹后宫进献战利品，每次人数都达数万甚至十数万。

进入十一世纪后，在印度境内佛教寺院和僧侣仅仅零散地存在于南印度一些交通极为不便的地区。历史记载表明，当初有释迦室利（Sakyasri）、若那迦罗笈多（Juñākaragupta）、佛陀密多

（Buddhamitra）等大德率众逃往南印度羯陵迦及恭建那等地栖身，建立寺院。名为宝护（Ratnarakśita）的大德也率众南来投靠，继续传持佛法。晚至十五世纪中期，南方之奥利萨某土邦王名曰“狮子大力”（Mukunda Deva Hariścandha）的，虽然信仰印度教，但仍然护持佛教，施僧造寺，以是佛教在该地也还兴盛。随着伊斯兰政权在中心地区建立并不断向四围扩张，佛教的生存空间日渐逼仄。有名的硕学大德只能向边境和境外逃亡。有的来到青藏高原，有的来到缅甸。至十六世纪，除尼泊尔、迦湿弥罗（克什米尔）、锡金、大吉岭等北方山区尚佛教僧侣主持的佛教民间信仰存续，或者有的寄身在印度教内苟延度日，严整的佛教制度已经完全绝迹。

近代以来，因殖民统治和基督教的传教活动，印度及周边的山地亦有基督教活动，佛教的续存范围进一步受到制约。由于受外国宗教弘宣活动的强烈影响，印度国内亦有不少有识之士，意欲在本土复兴佛教。惜罕见有效之成果，令人徒抱遗憾。

要之，印度佛教之烦琐的理论化和世俗化，是造成佛教最终衰落的内部原因。而商羯罗出世复兴印度教是对晚期佛教理论建设之一大破坏。印度教之复兴也迫使佛教走向世俗化。而侵入印度的伊斯兰大军则用最后猛力一击，结束了一代圣教在印土的生命。

图书在版编目（CIP）数据

印度佛教史 /（日）马田行启著；宋立道译．—北京：商务印书馆，2021
（宗教文化译丛）
ISBN 978-7-100-18318-5

Ⅰ.①印…　Ⅱ.①马…　②宋…　Ⅲ.①佛教史—印度
Ⅳ.①B949.351

中国版本图书馆 CIP 数据核字（2020）第 062258 号

宗教文化译丛
印度佛教史
〔日〕马田行啟　著
宋立道　译

商　务　印　书　馆　出　版
（北京王府井大街 36 号　邮政编码 100710）
商　务　印　书　馆　发　行
北京通州皇家印刷厂印刷
ISBN 978 - 7 - 100 - 18318 - 5

2021 年 5 月第 1 版　　开本 880 × 1230　1/32
2021 年 5 月北京第 1 次印刷　　印张 9 1/2
定价：58.00 元

“宗教文化译丛”已出书目

犹太教系列

《密释纳·第一部：种子》

《密释纳·第二部：节期》

《犹太教的本质》〔德〕利奥·拜克

《大众塔木德》〔英〕亚伯拉罕·柯恩

《犹太教审判：中世纪犹太－基督两教大论争》〔英〕海姆·马克比

《源于犹太教的理性宗教》〔德〕赫尔曼·柯恩

《救赎之星》〔德〕弗朗茨·罗森茨威格

《耶路撒冷：论宗教权力与犹太教》〔德〕摩西·门德尔松

《迷途指津》〔埃及〕摩西·迈蒙尼德

佛教系列

《印度佛教史》〔日〕马田行啟

基督教系列

伊斯兰教系列

其他系列

《印度古代宗教哲学文献选编》